LIDERAZGO
AL
MÁS ALTO
NIVEL

Autores

Ken Blanchard

Marjorie Blanchard

Scott Blanchard

Don Carew

Eunice Parisi-Carew

Fred Finch

Susan Fowler

Laurence Hawkins

Judd Hoekstra

Fay Kandarian

Alan Randolph

Jesse Stoner

Drea Zigarmi

Pat Zigarmi

LIDERAZGO
AL
MÁS ALTO
NIVEL

Cómo crear y dirigir
organizaciones de alto desempeño

KEN BLANCHARD
y los colegas fundadores y
socios consultores de
The Ken Blanchard Companies

Traducción
Efraín Sánchez

GRUPO
EDITORIAL
norma

Bogotá, Barcelona, Buenos Aires, Caracas, Guatemala,
Lima, México, Panamá, Quito, San José, San Juan,
Santiago de Chile, Santo Domingo

Blanchard, Ken
    Liderazgo al más alto nivel / Ken Blanchard ; traducción
Efraín Sánchez. -- Bogotá : Grupo Editorial Norma, 2007.
    448 p. ; 23 cm.
ISBN 978-958-04-9955-8
    Título original. Leading at a Higher Level.
    1. Liderazgo 2. Éxito en los negocios 3. Efectividad
organizacional I. Sánchez, Efraín, tr. II. Tít.
658.4092 cd 21 ed.
A1104863

    CEP-Banco de la República-Biblioteca Luis Ángel Arango

Título original:
LEADING AT A HIGHER LEVEL
Blanchard on Leadership and Creating High Performing Organizations
de Ken Blanchard
Una publicación de Pearson Education, Inc., publishing as Prentice Hall
Upper Saddle River, New Jersey 07458
Copyright © 2007 por Blanchard Management Corporation

Impreso por Editorial Buena Semilla
Impreso en Colombia — Printed in Colombia

Octubre, 2010

Edición, María del Mar Ravassa Garcés y Fabián Bonnett Vélez
Diseño de cubierta, María Clara Salazar Posada
Diagramación, Andrea Rincón Granados

Este libro se compuso en caracteres Adobe Garamond

ISBN: 978-958-04-9955-8

*Dedicado a todos los líderes del mundo
que día tras día procuran dirigir al más alto nivel.
Conserven su energía en alto y sepan
que lo que están haciendo marca la diferencia.*

Contenido

colaboradores remontar el vuelo • Dar alas a los colaboradores • Más allá del servicio al cliente • Para que todo se haga realidad • Crear clientes incondicionales requiere colaboradores que vayan ¡a la carga!

Listado de ilustraciones

Liderazgo al más alto nivel

Ken Blanchard

El año pasado, mi esposa Margie y yo fuimos a un safari en Sudáfrica con algunos familiares y amigos. Durante los últimos veinte años, ambos hemos estado en un buen número de safaris, pero esta vez vi cosas que, aunque ya las había notado antes, nunca las había apreciado de modo tan vívido. Lo que observé es cuán despiadada, competitiva y territorial es la selva. Si alguna vez el lector ha escuchado a un león rugir, habrá sentido escalofríos en la espalda. Cuando nuestro guía de siempre, Gary Clarke, de Topeka, Kansas, imita el rugido de un león, grita: "¡Es mío, mío, mío, mío!". Ello se debe a que, cuando el león ruge, lo que realmente está diciendo es: "Éste es mi territorio, no se metan conmigo". De hecho, los leones matan a sus propios hijos si éstos desafían su control sobre su territorio.

La razón por la cual sentí aquello de modo más vívido que nunca antes es que, para este viaje, había decidido averiguar todo lo que pudiese acerca de Nelson Mandela. Habíamos estado en una cena donde se pidió a los invitados decir con qué persona, cualquiera en el mundo, le gustaría cenar. Para mí fue una decisión fácil de tomar. Dije: "Con Nelson Mandela. Me encantaría cenar con un hombre que, a pesar de haber estado 28 años en prisión y haber sido tratado con crueldad, salió lleno de amor, compasión y reconciliación". En aquel viaje empecé a leer el libro de Mandela *Largo camino hacia la libertad*.

Cuando comparé lo que vi en la selva con la manera como Mandela había reaccionado al maltrato, me di cuenta de que en muchos aspectos nosotros, como seres humanos, somos simplemente animales inteligentes. Como tales, podemos escoger entre el cuerpo y el espíritu, entre servir a nuestro propio interés y servir a los demás. Los animales de la selva no pueden escoger entre estas dos opciones. Un rinoceronte no puede levantarse en la mañana y decir: "Hoy me voy hacer amigo del león". Sencillamente ésa no es su manera de ser. Por el contrario, tal como Mandela lo hizo, nosotros, los humanos, podemos elegir vivir y liderar a un nivel más elevado. Con todo, cuando se mira a los líderes de todo el mundo, bien sea que dirijan países, empresas, iglesias, instituciones educativas o lo que sea, muchos escogen su propio interés en lugar de servir; muchos prefieren el cuerpo en lugar del espíritu. ¿Por qué sucede esto? Porque no tienen un modelo diferente de liderazgo.

Al meditar sobre este dilema, mis pensamientos me llevaron hacia mis años de universidad cuando estudiaba a Paulo Freire, revolucionario brasileño que escribió un fascinante libro titulado *La pedagogía del oprimido*. Freire argumentaba que el problema con la opresión es que una vez el oprimido se libera del opresor, los únicos modelos de liderazgo que tiene son precisamente los de aquéllos que lo oprimieron. Por lo tanto, los oprimidos se convierten en nuevos opresores. Las consecuencias son desalentadoras, no sólo para los países sino también para toda empresa imaginable. Este fenómeno crea una nueva especie de líderes que sólo se sirven a ellos mismos y a un sistema en el cual el dinero, el poder y el reconocimiento se logran a través del ascenso jerárquico y no de las personas a las que la organización debe servir.

Pienso que la única respuesta a este ciclo recurrente es un modelo de liderazgo distinto. Tal es el tema de este libro: ayudar a los individuos y a las organizaciones a liderar al más alto nivel.

Liderazgo al más alto nivel

¿Qué es el liderazgo? Durante muchos años lo definimos como un *proceso de influencia*. Creíamos que siempre que se intentara influir sobre los pensamientos y las acciones de otros para el logro de metas, tanto en la vida profesional como en la personal, se estaba ejerciendo liderazgo. En los últimos años, las compañías que lidero han cambiado su definición de liderazgo, y la han planteado como *la capacidad de influir sobre otros mediante el desencadenamiento del poder y el potencial de las personas y las organizaciones para la obtención de un bien mayor*. Hemos hecho tal cambio por una razón importante.

Cuando la definición de liderazgo se concentra en el logro de metas, podría pensarse que el liderazgo sólo tiene que ver con los resultados. No obstante, cuando se habla de liderazgo del más alto nivel, concentrarse sólo en el cumplimiento de las metas no es suficiente. La frase clave de nuestra nueva definición es "la obtención de un bien mayor", es decir, aquello que es mejor para todos los interesados. Creemos que el liderazgo es un llamado superior y que no debe ejercerse simplemente por razones de ganancia personal o cumplimiento de metas: su propósito debe ser mucho más alto.

¿Qué es un propósito más alto? No es precisamente algo tan enfocado hacia el interior de la empresa y hacia uno mismo como hacer dinero. Como Matt Hayes y Jeff Stevens sostienen en *The Heart of Business,* cuando se vuelve obvio que el lucro, que es una meta legítima, es la razón que impulsa el ser alguien en el mundo de los negocios, todos —los accionistas, la altos ejecutivos, los colaboradores, los clientes, los proveedores y la comunidad— se dedican a servirse a sí mismos y se centran en su propios planes y su enriquecimiento personal. La lealtad y la pasión de un colaborador frecuentemente se desvanecen cuando el propósito del trabajo simplemente se vuelve el obtener el máximo con el menor esfuerzo posible[1].

¿Cuál es la respuesta a este dilema? Un propósito del más alto nivel, un elemento clave al cual nos referiremos a lo largo de este libro como una *visión convincente.* En palabras de Hayes y Stevens, un propósito de este tipo está dirigido hacia fuera de la empresa, requiere sacrificio —en otras palabras, tiene precedencia sobre cualquier meta de corto plazo como el lucro— y es honroso en sí mismo.

Los líderes pueden ser exitosos a corto plazo si sólo ponen el énfasis en el logro de metas. Lo que suele quedarse a mitad de camino es la condición de la organización humana. Los líderes no siempre toman en cuenta la moral y la satisfacción laboral, pues lo que cuenta son los resultados. Olvidan dónde está el meollo. No tienen un propósito del más alto nivel. En el mundo empresarial, con ese tipo de liderazgo, se está muy cerca de considerar que la única razón para estar en el negocio es hacer dinero. Parecería ser forzosa la elección entre las personas y los resultados. Los líderes creen falsamente que no se pueden concentrar en las dos cosas al mismo tiempo.

Cuando el liderazgo es al más alto nivel, la filosofía que se tiene es la de "ambas cosas a la vez". El desarrollo de las personas tiene tanta importancia como el desempeño económico. En consecuencia, el liderazgo al más alto nivel se concentra en los resultados de largo plazo y en la satisfacción humana. Por consiguiente, definimos el liderazgo al más alto nivel como *el proceso de lograr resultados valiosos a la vez que se actúa con respeto, cuidado y justicia, para bien de todos los interesados.* Cuando esto ocurre, el liderazgo egoísta no es posible. ¿Por qué?

Los líderes egoístas piensan que el liderazgo tiene que ver sólo con ellos mismos y no con los más altos intereses de aquéllos a quienes sirven. Olvidan que deben actuar con respeto, cuidado y justicia hacia todos los interesados. Todo se limita a su propio interés. Es sólo cuando uno descubre que no se trata sólo de uno mismo, cuando se comienza a liderar al más alto nivel.

Por qué escribimos este libro

Escribimos este libro por diversas razones. En primer lugar, nuestro sueño es que algún día todo el mundo conozca algún líder del más alto nivel. Los líderes egoístas serán cosa del pasado y en todo el mundo el liderazgo estará formado por personas que, como dijo Robert Greenleaf, "primero sirvan y después lideren"[2]. Escribimos este libro para ayudar a que nuestro sueño se haga realidad.

En segundo lugar, la visión de las Compañías Ken Blanchard se concentra en el liderazgo al más alto nivel. Este tipo de liderazgo comienza con una visión. Jesse Stoner y yo escribimos un libro llamado *¡A todo vapor!: Cómo liberar el poder de la visión en la empresa y en su vida** (Full Steam Ahead!: Unleash the Power of Vision)*, sobre el poder de la visión. Para nosotros, una visión convincente dice *quién es uno* (su propósito), *a dónde va* (su imagen preferida del futuro) y *qué orienta su camino* (sus valores).

El propósito de las Compañías Ken Blanchard es ayudar a los individuos y las organizaciones a liderar al más alto nivel. Nuestra misión refleja nuestra nueva definición de liderazgo:

Desencadenar el poder y el potencial de las personas y las organizaciones para la obtención de un bien mayor.

Nuestra imagen del futuro es:

- Que todos estén capacitados para liderar al más alto nivel.
- Que todas las organizaciones estén dirigidas por personas que lideren al más alto nivel.
- Que las personas estén motivadas para liderar al más alto nivel al observar a otras personas que así lo hagan.

---

* Publicado por Editorial Norma en el 2004.

Nuestros *valores* operativos son:

- **Ética**: Hacer lo correcto
- **Relaciones**: Desarrollar confianza y respeto mutuos
- **Éxito**: Operar una organización rentable y bien manejada
- **Aprendizaje**: Crecer, cuestionar y desarrollarse siempre.

Estos valores están organizados por orden de importancia. En otras palabras, para mejorar la rentabilidad de una compañía, nunca se hará nada que no sea ético o que no privilegie las relaciones con los clientes, los colaboradores, los proveedores y la comunidad. Nos hemos dado cuenta de que hacer dinero no es el propósito de más alto nivel de nuestro negocio.

Todo esto puede sonar demasiado optimista. Puede ser cierto, pero tales son los parámetros que nos hemos fijado para nosotros mismos, y son igualmente los altos parámetros que nos proponemos ayudar a obtener por medio de este libro al lector y a los miembros de su organización. Contribuir a que los individuos y las organizaciones lideren al más alto nivel es nuestra pasión, tanto para la organización del lector como para la nuestra.

Finalmente, en varios sentidos este libro explica en detalle nuestro punto de vista sobre el liderazgo. Amplias investigaciones han demostrado que los líderes eficaces tienen un punto de vista claro sobre el liderazgo y están dispuestos a compartir con otros sus creencias sobre cómo dirigir y motivar a las personas. Esperamos que la lectura de este libro produzca un impacto sobre el punto de vista del lector con respecto al liderazgo.

Cómo está organizado este libro

A lo largo de los años, me he persuadido de que en las organizaciones donde el liderazgo al más alto nivel es la regla antes que la excepción, las personas hacen bien cuatro cosas:

- Fijan su mirada en un objetivo y una visión adecuados,
- Tratan bien a sus clientes,
- Tratan bien a sus colaboradores, y
- Ejercen el tipo de liderazgo adecuado.

El libro esta organizado en cuatro secciones. La primera de ellas se concentra en *el objetivo y la visión adecuados* e integra nuestro trabajo sobre el triple balance, las características de una organización de alto desempeño y la creación de una visión convincente.

La segunda sección pone de relieve el principio de *tratar bien a los clientes*, e integra nuestro trabajo sobre el servicio legendario, los clientes incondicionales y la obsesión por el cliente. Hoy en día, todo el mundo debe darse cuenta de que sus clientes son la razón de que su organización exista.

La tercera sección se concentra en el principio de *tratar bien a los colaboradores*. Es aquí donde todo nuestro modelo se conjuga. Si no se otorgan facultades a los colaboradores y se les trata bien, no atienden debidamente a los clientes y, a la larga, no se obtiene solidez financiera. Ésta es la sección más amplia del libro, pues el trato que se dé a los colaboradores es el liderazgo en acción. En este aspecto las Compañías Ken Blanchard se han concentrado durante más de 25 años. Comenzamos esta sección con el facultamiento* y luego examinamos cuatro ámbitos del liderazgo: el autoliderazgo, el liderazgo uno a uno, el liderazgo de equipo y el liderazgo organizacional.

El liderazgo eficaz sobre las personas comienza con una mirada a sí mismo: quién se es, con qué se identifica uno y cómo se toma la iniciativa cuando no se está en una posición de poder. Sin este tipo de perspectiva, es difícil ser eficiente en el liderazgo uno a uno, donde es crucial forjar una alianza basada en la confianza. Una vez se sepa cómo trabajar con individuos, se puede comenzar a construir un equipo y un sentido de comunidad. El liderazgo sobre un equipo es mucho más complicado que el liderazgo uno a uno y sirve de precursor al liderazgo organizacional, el cual constituye el ámbito más complejo del liderazgo.

La cuarta sección presta atención al *tipo adecuado de liderazgo*. No se habla aquí del estilo de liderazgo; se habla del carácter y la intencionalidad. Mis viajes de muchos años por organizaciones de todas las formas y tamaños me han convencido de dos cosas: el liderazgo eficaz comienza desde adentro, y el tipo adecuado de liderazgo es el de servicio. No es éste un liderazgo basado en el falso orgullo o el temor, sino que está cimentado en la humildad y se concentra en el bien mayor. Con el tipo adecuado de liderazgo, liderar al más alto nivel se convierte en realidad.

Esta sección permite que el lector descubra su punto de vista sobre el liderazgo y transfiere el centro de aten-

---

* Es usual utilizar en español la palabra "empoderamiento", un calco del inglés con el cual supuestamente se traduce la palabra *empowerment*. Sin embargo, con el mismo sentido (conceder poder u otorgar facultades), hemos preferido utilizar facultamiento y sus derivados, términos que nos parecen más adecuados. (*Nota del editor.*)

ción a usted. Aquí lo ayudamos a reunir muchos de los conceptos aprendidos, a integrarlos y a aplicar ese conocimiento a su propia situación de liderazgo.

Escribir este libro ha sido una obra de amor. Reúne todo lo mejor de nuestro pensamiento, proveniente de más de 25 años de trabajo colectivo. Es, en verdad, el compendio del pensamiento sobre liderazgo de la Compañías Blanchard. No sólo comprende las ideas de Margie y las mías, sino también las magníficas contribuciones de los cofundadores —Don Carew, Eunice Parisi-Carew, Fred Finch, Laurie Hawkins, Drea y Pat Zigarmi— y otros excelentes socios consultores que realmente han hecho de Blanchard un "hogar de autores"; entre ellos se cuentan Alan Randolph, Jesse Stoner, Fay Kandarian, Susan Fowler, Judd Hoekstra y nuestro hijo, Scott Blanchard.

Creemos que cualquier persona puede liderar al más alto nivel, bien sea en el trabajo, en el hogar o en la comunidad. Esperamos que, sea cual fuere el cargo del lector, el tipo o tamaño de su organización, o la clase de clientes a los que atienda, este libro le provea importante información, que le ayude a liderar al más alto nivel y a crear una organización de alto desempeño que no sólo obtenga los resultados deseados sino que sea puerto seguro para todos aquéllos con quienes entre en contacto. Que la lectura de este libro traiga cosas buenas.

Ken Blanchard
San Diego, California
Otoño del 2006.

Fije su mirada en el objetivo y la visión adecuados

CAPÍTULO 1

¿Es su organización de alto desempeño?

Don Carew, Fay Kandarian,
Eunice Parisi-Carew, Jesse Stoner
y Ken Blanchard

En el tiro al blanco, los tiradores dicen que si quieren acertar, deben apuntar directo a la diana. La razón es que, aunque no le den a la diana, conseguirán mantenerse dentro del blanco. Pero si sólo le apuntan al blanco y no aciertan, no llegan a ninguna parte. Don Shula, autor con Ken Blanchard de *Everyone's a Coach,* siempre le decía a su equipo de fútbol americano, los Dolphins de Miami, que el objetivo al cual apuntaban era ganar todos los partidos. ¿Era esto posible? Claro que no, pero si no se le apunta siempre a la excelencia, nunca se tendrá la oportunidad de alcanzarla. Ésta es probablemente la razón por la cual los equipos de Don Shula ganaron más partidos que los de cualquier otro entrenador en la historia de la Liga Nacional de Fútbol de los Estados Unidos y explica por qué los Dolphins (creados en 1972) siguen siendo el único equipo en la historia que no ha perdido ningún partido durante toda una temporada. Por tanto, el objetivo al cual se le apunta tiene mucho que ver con el desempeño.

Hoy en día, Wall Street y las presiones del mundo empresarial hacen pensar a muchos que el único objetivo que vale la pena es el éxito financiero. Sin embargo, pocos hombres de negocios, si es que hay alguno, quisieran que su epitafio incluyera el balance final de su compañía, el precio por acción o el margen de rentabilidad. Podrían, empero, querer que la gente recordara su contribución a la creación de una organización de alto desempeño.

Quienes deseen liderar al más alto nivel deben entender cómo es una organización de alto desempeño y qué se necesita para crearla. Deben apuntar al objetivo adecuado.

El objetivo adecuado: El triple balance

En las organizaciones de alto desempeño, la energía de todo el mundo se concentra no en un solo balance final sino en tres: ser *el proveedor elegido*, *el empleador elegido* y *la inversión elegida*. Este triple balance es el objetivo adecuado y puede señalar la diferencia entre la mediocridad y la grandeza[1]. Los líderes de las organizaciones de alto desempeño saben que su balance final depende de sus clientes, sus colaboradores y sus inversionistas.

---

*Las utilidades son el aplauso que se obtiene
por cuidar a los clientes y crear un ambiente
de motivación para los colaboradores.*

El proveedor elegido

Ser el proveedor elegido es un desafío cada vez mayor. La competencia se hace cada vez más intensa a medida que surgen de manera inesperada nuevos competidores. Los clientes son más exigentes y tienen a su disposición muchas más opciones. Esperan obtener lo que desean cuando lo desean, y quieren que satisfaga a cabalidad sus necesidades. El mundo ha cambiado de tal manera que hoy en día es el comprador, no el vendedor, quien lleva las riendas. Ahora nadie tiene que persuadir a nadie de que quien reina es el cliente. Los individuos se dan cuenta de que sus organizaciones no van para ninguna parte si no conservan la lealtad y el compromiso de sus clientes. Las compañías se motivan a cambiar cuando descubren la nueva regla:

Si no se cuidan los clientes,
otros lo harán.

En *Clientes incondicionales: Un enfoque revolucionario para la atención al cliente* (Raving Fans®: Satisfied Customers Are Not Enough)*, Sheldon Bowles y Ken Blanchard argumentan que hoy, para mantener a los clientes, no basta con satisfacerlos; es necesario crear "clientes incondicionales". Éstos son descritos como clientes que están tan felices con la manera como se les trata, que quieren contarle a todo el mundo sobre el vendedor y se convierten en parte del equipo de ventas. Veamos un ejemplo sencillo pero impactante.

---

* Publicado por Editorial Norma en el 2005.

¿Cuál es la llamada más común que los hoteles de los Estados Unidos hacen hoy en día para despertar a los huéspedes? El teléfono suena a la hora designada, pero cuando se levanta la bocina no hay nadie allí. Al menos se logró que la máquina llamara a la habitación a la hora indicada. El segundo tipo común de llamada despertadora saluda al huésped con una grabación pero, de nuevo, nadie está al otro lado de la línea. Hoy, si se levanta el teléfono en una llamada despertadora y al otro lado hay un ser humano, alguien con quien en verdad se pueda hablar, el huésped no sabe qué decir. Hace algún tiempo, uno de nuestros colegas se hospedaba en el Hotel Marriott Convention, de Orlando, Florida. Pidió que lo despertaran a las 7 de la mañana y al contestar el teléfono una mujer le dijo: "Buenos días. Habla Teresa. Son las 7 de la mañana. Hoy habrá una temperatura de 23 ºC y un clima placentero en Orlando, pero su registro dice que usted nos deja. ¿A dónde va?" Desconcertado, nuestro colega balbuceó: "Voy a Nueva York". Entonces Teresa dijo: "Déjeme ver el pronóstico del tiempo de *USA Today*. ¡Oh, no! Hoy habrá 4 ºC y lluvia en Nueva York. ¿No podría quedarse un día más?"

Así pues, ¿dónde cree el lector que nuestro colega desea hospedarse cada vez que va a Orlando? ¡Quiere ir al Marriott para así poder hablar con Teresa por la mañana! Los clientes incondicionales son creados por las empresas cuyo servicio sobrepasa considerablemente al de la competencia e incluso excede las expectativas del cliente. Tales empresas tienen por rutina hacer lo inesperado y así disfrutan del crecimiento generado por clientes que espontáneamente entran a formar parte de su equipo de ventas.

El empleador elegido

Ser el empleador elegido es un desafío similar. Con la gran demanda existente de trabajadores competentes y con bastante movilidad, los empleadores deben hallar maneras de atraer y conservar a sus mejores colaboradores. Un buen sueldo ya no es la única respuesta. Es cierto que algunos trabajadores competentes pasan a otras partes por un salario mejor; sin embargo, los trabajadores de hoy por lo general desean más. Buscan oportunidades allí donde sienten que sus contribuciones se valoran y recompensan, donde participen y se les conceda poder, donde puedan desarrollar sus habilidades, vean posibilidades de avance y crean que pueden influir sobre los resultados.

Pocos objetarán hoy si se dice a los gerentes que los colaboradores son su recurso más importante. Algunos señalarán incluso que los clientes son secundarios, pues sin colaboradores comprometidos y debidamente facultados una compañía nunca podrá ofrecer un buen servicio. No se puede tratar mal a los colaboradores y esperar que éstos traten bien a los clientes.

Hace algunos años, un amigo nuestro tuvo una experiencia en una tienda de departamentos que ilustra bien este punto. Por lo regular hace sus compras en Nordstrom, pero en una ocasión se encontró en una tienda de la competencia. Habiéndose dado cuenta de que tenía que llamar a su esposa, preguntó a uno de los vendedores del departamento de caballeros si podía usar el teléfono. "¡No!", respondió el vendedor. "Tiene que estar bromeando", dijo él. "En Nordstrom siempre se puede usar el teléfono". Entonces el vendedor le dijo: "Mire, amigo, aquí no me dejan usar el teléfono *a mí*. ¿Por qué habría de dejar que usted lo usara?"

Los colaboradores que son tratados mal
tienden a trasladar esa actitud a los clientes.

Otra razón por la cual hoy los colaboradores son tan importantes es que actualmente las organizaciones se evalúan por la rapidez con la cual responden a las necesidades y los problemas de los clientes. Decir: "Tengo que hablar con mi jefe" ya no soluciona nada. A nadie le importa quién es el jefe. Las únicas personas que importan a los clientes son aquéllas que contestan el teléfono, saludan, toman nota de su pedido, hacen la entrega o responden a sus quejas. Los clientes quieren el mejor servicio y lo quieren pronto. Ello significa que se debe crear un ambiente de motivación para los colaboradores y una estructura organizacional que sea lo suficientemente flexible como para permitirles dar lo mejor de sí.

La inversión elegida

Independientemente de si una compañía es de propiedad pública, privada, gubernamental o sin ánimo de lucro, crecer o expandirse exige inversión. Todas las empresas requieren fuentes de financiación, ya sea mediante compras de acciones, préstamos, subsidios o contratos. Para estar dispuestas a invertir, las personas deben creer en la viabilidad de la compañía y en su desempeño a lo largo del tiempo. Deben tener fe en el liderazgo, en la calidad de los colaboradores y del producto, en las prácticas de gerencia y en la capacidad de recuperación de la organización.

Si las utilidades están en función de los ingresos menos los gastos, se puede aumentar la utilidad ya sea reduciendo los costos o aumentando los ingresos. Miremos primero los costos, pues en el actual ambiente competitivo, el premio lo ganan quienes hacen más con menos. Cada vez más compañías están llegando a la conclusión de que la única manera de ser eficaces financieramente es reducir su tamaño. No hay duda de que se necesita alguna reducción de personal en las grandes burocracias, donde todo el mundo tiene que tener un asistente y cada asistente necesita el suyo propio. Incluso así, la reducción de tamaño es una pérdida de energía y no es en modo alguno la única forma de manejar los costos.

Existe la creciente persuasión de que otro modo eficaz de manejar los costos es convertir a todos los colaboradores en socios empresariales. Como ejemplo, en algunas compañías, los nuevos colaboradores no obtienen un aumento salarial hasta que hayan aprendido a leer los balances de la compañía, y entiendan cómo y dónde influyen sus esfuerzos personales en la declaración de pérdidas y ganancias de la firma. Cuando las personas comprenden cómo sus organizaciones hacen dinero, están más preparadas a arremangarse y ayudar.

Tradicionalmente, los gerentes han sido reacios a compartir la información financiera. No obstante, en la actualidad, muchas empresas están respondiendo con una gerencia de libros abiertos, debido a que se dan cuenta de los beneficios financieros que pueden obtener al compartir información antes reservada. Así por ejemplo, al trabajar en una empresa de restaurantes, uno de nuestros consultores asociados se vio en la difícil tarea de convencer al presidente sobre los méritos de compartir importantes datos financieros con los colaboradores. Para descongelar el pensamiento del presidente, el socio consultor fue una noche a uno de los mayores restaurantes de la firma a la hora del cierre. Dividió a los colaboradores —cocineros, lavaplatos, meseros, meseras, ayudantes de mesero, recepcionistas— en grupos de a cinco o seis personas y les pidió llegar a un acuerdo en torno a la respuesta a la siguiente pregunta: "De cada dólar de ventas que ingresa a este restaurante, ¿cuántos centavos creen ustedes que llegan al balance final? Es decir, ¿cuál es el dinero que puede entregarse como utilidad a los inversionistas o reinvertirse en la empresa?"

El monto menor calculado fue de 40 centavos de dólar. Otros pensaron en 70 centavos. En un restaurante, lo que pasa en realidad es que si se pueden conservar 5 centavos por cada dólar habrá entusiasmo, y si son 10 centavos, ¡habrá felicidad! ¿Puede imaginar el lector la actitud de los colaboradores hacia costos como los de la comida, los laborales y los causados por roturas, cuando pensaban que la compañía era una máquina de hacer dinero? Después de compartir las cifras reales, el presidente se alegró cuando uno de los cocineros preguntó: "Esto quiere decir que si quemo un filete que nos cuesta 6 dólares y que vendemos por 20, con un margen de utilidad del 5%, ¿tenemos que vender 6 filetes sin esperar utilidad alguna para compensar por mi error?" El cocinero ya había entendido cómo era la situación.

Si a los colaboradores se les mantiene
bien informados y se les permite usar
su inteligencia, es sorprendente cómo
ayudan a manejar los costos.

¿Y qué decir de los ingresos? Si se desarrollan colaboradores comprometidos y se les faculta debidamente para crear clientes incondicionales, no se puede menos de aumentar los ingresos. ¿Por qué? Porque cada cliente incondicional se convierte en miembro del equipo de ventas o de relaciones públicas, lo cual incrementa las ventas y la visibilidad y hace que la organización sea más atractiva como inversión. Es entonces cuando se es líder de una organización de alto desempeño.

Una organización de alto desempeño siempre sigue el modelo SCORES^{MR}

Ser el proveedor elegido, el empleador elegido y la inversión elegida, los tres elementos del triple balance, configura el objetivo adecuado. Si se apunta sólo a uno de estos tres elementos, no se alcanzará el objetivo y la organización no podrá sostener un alto desempeño. Cuando los líderes comprenden la importancia del objetivo surgen naturalmente muchas preguntas, como, por ejemplo: "¿Qué es una organización de alto desempeño?" y "¿Cómo es una organización de alto desempeño que cumple su objetivo?

Para responder a tales preguntas, Don Carew, Fay Kandarian, Eunice Parisi-Carew y Jesse Stoner llevaron a cabo un extenso proyecto de investigación para definir e identificar las características de una organización de alto desempeño[2]. El primer paso fue definirla. Mientras que algunas organizaciones crecen con rapidez y luego se estancan o declinan, otras continúan prosperando y, de alguna manera, se reinventan a sí mismas según la necesidad. Los investigadores se concentraron en este tipo de organizaciones y llegaron a la siguiente definición:

Las organizaciones de alto desempeño son empresas que, a lo largo del tiempo, continúan produciendo resultados extraordinarios, con el más alto nivel de satisfacción humana y de compromiso con el éxito.

Debido a su flexibilidad, su agilidad y la receptividad de sus sistemas, las organizaciones de alto desempeño no sólo mantienen su éxito y respetabilidad actuales, sino que también están preparadas para el éxito futuro. Así mismo, las organizaciones de alto desempeño muestran resultados coherentes a lo largo del tiempo.

El modelo SCORES de las organizaciones de alto desempeño

Como resultado de su investigación, los doctores Carew, Kandarian, Parisi-Carew y Stoner crearon el modelo SCORES de las organizaciones de alto desempeño. SCORES, palabra inglesa que significa "anotación" (o "tanto" en los deportes), es una sigla formada por las letras iniciales de los seis elementos que son evidentes en toda organización de alto desempeño. Una organización de alto desempeño marca tantos (hace SCORES) de manera sistemática, es decir, cumple su objetivo, por cuanto demuestra fortaleza en cada uno de estos seis elementos. Las siguientes páginas ilustran y describen tales elementos de manera más detallada.

S = Información compartida y comunicación abierta*

En las organizaciones de alto desempeño, la información necesaria para tomar decisiones bien fundadas está a disposición de las personas y se comunica abiertamente. Compartir la información y facilitar la comunicación abierta genera confianza y anima a las personas a actuar como propietarias de la organización. Información es poder. Cuanto más fácil sea el acceso a la información, las personas se sentirán con más poder y más capaces de tomar decisiones sólidas, alineadas con las metas y los valores de la organización. La comunicación abierta es el alma de la organización. Estimular el diálogo reduce el peligro de la territorialidad y mantiene a la organización sana, ágil, flexible y fluida.

C = Visión convincente**

Una visión convincente es el sello distintivo de una organización de alto desempeño. Cuando todos apoyan dicha visión organizacional —que incluye un propósito, una imagen del futuro y ciertos valores—, ésta crea una cultura deliberada y altamente concentrada que orienta los resultados empresariales deseados. En tales organizaciones, la visión infunde energía e incita a las personas, que a su vez se dedican a ella. Los colaboradores pueden describir la visión, están profundamente comprometidos con ella y ven con claridad el papel de apoyo que desempeñan con respecto a ella. Tienen un noble sentido de la inten-

---

*　Del inglés *Shared Information and Open Communication*.

**　Del inglés *Compelling Vision*.

ción, que crea y concentra la energía. En consecuencia, sus valores personales están alineados con los valores de la organización. Pueden proporcionar un cuadro claro de lo que buscan crear. Todos están juntos en la misma nave, que avanza a todo vapor.

O = Aprendizaje continuo*

Las organizaciones de alto desempeño se concentran de manera constante en mejorar sus capacidades mediante sistemas de aprendizaje, la creación de capital de conocimiento y la transferencia de lo aprendido a toda la organización. El aprendizaje organizacional es distinto del aprendizaje individual. Las organizaciones de alto desempeño los llevan ambos a cabo. Todo el mundo está siempre esforzándose por mejorar, tanto individualmente como organización.

R = Concentración incesante en los resultados con los clientes**

Sin importar en qué sector se encuentren, las organizaciones de alto desempeño entienden quiénes son sus clientes y miden sus resultados en concordancia. Producen resultados sobresalientes, parcialmente porque tienen un enfoque casi obsesivo en los resultados. Sin embargo, lo que es único es la manera como se centran en esos resultados: desde el punto de vista del cliente.

---

*   Del inglés *Ongoing Learning*.
**   Del inglés *Relentless Focus on Customer Results*.

Figura 1.1. El modelo SCORES^MR de las organizaciones de alto desempeño

Poder compartido y alta participación
El poder y la toma de decisiones se comparten y distribuyen en toda la organización y no se guardan en la cima de la jerarquía. La participación, la colaboración y el trabajo en equipo constituyen una forma de vida.

Información compartida y comunicación abierta
Las organizaciones de alto desempeño utilizan una definición amplia en cuanto a qué es información pertinente y necesaria. La información que se necesita para tomar decisiones bien fundadas está al fácil alcance de los colaboradores.

MODELO S C O R E S^MR

PODER COMPARTIDO y ALTA PARTICIPACIÓN

INFORMACIÓN COMPARTIDA y COMUNICACIÓN ABIERTA

SISTEMAS y ESTRUCTURAS QUE INFUNDEN ENERGÍA

VISIÓN CONVINCENTE: PROPÓSITO y VALORES

Empleador elegido • Proveedor elegido

Desencadenar el poder y el potencial

Inversión elegida

CONCENTRACIÓN INCESANTE en LOS RESULTADOS CON LOS CLIENTES

APRENDIZAJE CONTINUO

Conocimiento y capacidades de la organización

Aprendizaje individual

Sistemas y estructuras que infunden energía
Los sistemas, las estructuras, los procesos y las prácticas se alinean en apoyo del propósito, los valores, la dirección estratégica y las metas de la organización; esto facilita a las personas cumplir con su trabajo.

Visión convincente
Todos entienden y apoyan con pasión la visión organizacional, incluidos su propósito y sus valores, lo cual crea una cultura deliberada y altamente concentrada que orienta los resultados empresariales deseados.

Concentración incesante en los resultados
Las organizaciones de alto desempeño producen extraordinarios resultados, en parte debido a una concentración casi obsesiva en ellos. Sin embargo, lo peculiar es la forma como se concentran en dichos resultados: desde la perspectiva de su cliente.

Aprendizaje continuo
Las organizaciones de alto desempeño se concentran de manera constante en mejorar sus capacidades mediante sistemas de aprendizaje, la creación de capital de conocimiento y la transferencia de lo aprendido a toda la organización.

Los seis elementos esenciales del Modelo SCORES^MR de las organizaciones de alto desempeño funcionan de manera interdependiente para producir un alto desempeño sostenido y satisfacción humana.

E = Sistemas y estructuras que infunden energía*

En las organizaciones de alto desempeño, los sistemas, las estructuras, los procesos y las prácticas están alineados en apoyo de la visión, la dirección estratégica y las metas de la organización. Esto facilita a los colaboradores cumplir con su trabajo. Los sistemas y las estructuras que infunden energía proporcionan la plataforma para una respuesta rápida a los obstáculos y las oportunidades. La prueba de fondo para ver si el sistema y las estructuras proporcionan energía es mirar si ayudan a los colaboradores a llevar a cabo sus tareas con mayor facilidad o las hacen más difíciles.

S = Poder compartido y alta participación**

En las organizaciones de alto desempeño, el poder y la toma de decisiones se comparten y están distribuidos en toda la organización; no se guardan en la cima de la jerarquía. La participación, la colaboración y el trabajo en equipo constituyen la forma de vida. Cuando las personas se sienten valoradas y respetadas por sus contribuciones, se les permite tomar decisiones que producen impacto sobre sus vidas y tienen acceso a información para la toma de decisiones adecuadas, *pueden actuar* y *en efecto actúan* como valiosos contribuyentes al propósito y la visión de la organización. En las organizaciones de alto desempeño existe cierta sensación de poder personal y colectivo.

Las organizaciones de alto desempeño utilizan lo mejor que las personas pueden ofrecer para el fin común.

---

* Del inglés *Energizing Systems and Structures*.
** Del inglés *Shared Power and High Involvement*.

El poder y la autoridad centralizados se equilibran con la participación y no se convierten en obstáculos para la agilidad y la capacidad de respuesta. Cuando los colaboradores tienen certeza sobre las metas y los criterios, y las fronteras dejan clara autonomía, actúan de manera comprometida hacia el logro de resultados.

El liderazgo es el motor

Si el destino es convertirse en una organización de alto desempeño, el motor es el liderazgo. Mientras que el modelo SCORES para las organizaciones de alto desempeño describe las características de tales organizaciones, el liderazgo las hace avanzar en esa dirección.

En las organizaciones de alto desempeño, el papel desempeñado por el liderazgo formal es radicalmente distinto del de las organizaciones tradicionales. Las organizaciones de alto desempeño no dependen del cultivo de un gran líder carismático, sino de la creación de una organización visionaria que perdure más allá del líder. El papel desempeñado por el liderazgo deja de ser el de una posición y un poder privilegiados *per se,* para convertirse en un proceso más complejo, participativo y de largo plazo. Como se subrayará de manera continua en este libro, una vez que los líderes establecen la visión, asumen la actitud y el comportamiento de líderes de servicio. Teniendo en cuenta su importancia, las actitudes y las acciones del liderazgo de servicio se examinan en detalle en el capítulo 12, "Liderazgo de servicio".

En las organizaciones de alto desempeño, las prácticas de liderazgo apoyan la colaboración y la participación. El liderazgo se asume en cada uno de los niveles de la organización. Los líderes de mayor rango viven los valores de la organización. Encarnan y estimulan el espíritu de indagación y descubrimiento, y ayudan a otros a pensar de manera sistemática. Actúan como maestros y como aprendices *de por vida*. Son visibles en su liderazgo y tienen la fortaleza para mantenerse firmes frente a las decisiones estratégicas y los valores de la empresa. Mantienen concentrada la energía de todos en la diana de la excelencia.

En las organizaciones de alto desempeño, el liderazgo no es un terreno perteneciente sólo a los líderes formales. El liderazgo surge en todas partes. Los individuos con pericia saltan a la palestra a medida que se les necesita en la organización. Las organizaciones de alto desempeño no dependen de un puñado de actores elevados que guían y dirigen; más bien, han desarrollado ampliamente las capacidades de liderazgo. Esto deja margen para la autoadministración, la apropiación y el poder de actuar con rapidez cuando lo exige la situación.

La prueba SCORES para las organizaciones de alto desempeño: ¿Cómo "anota" su organización?

Para comenzar a ver la puntuación de una organización, tómese algunos minutos para llevar a cabo la siguiente prueba. Está basada en algunas de las preguntas del perfil SCORES de las organizaciones de alto desempeño, evaluación organizacional desarrollada como parte del proyecto de investigación[3]. También hemos introducido algunas preguntas complementarias sobre liderazgo.

Prueba SCORES
para las organizaciones de alto desempeño

En una escala de 1 a 7, califique cada uno de los siguientes aspectos:

1 = **Totalmente en desacuerdo**

2 = **En desacuerdo**

3 = **Ligeramente en desacuerdo**

4 = **Neutral**

5 = **Ligeramente de acuerdo**

6 = **De acuerdo**

7 = **Totalmente de acuerdo**

Información compartida y comunicación abierta

__1. ¿Tienen los colaboradores fácil acceso a la información que necesitan para llevar a cabo su trabajo con eficacia?

__2. ¿Los planes y las decisiones se comunican de modo que se entiendan con claridad?

Visión convincente: Propósito y valores

__1. ¿El liderazgo de su organización está alineado en torno a una visión y unos valores compartidos?

__2. ¿Las personas de su organización sienten pasión frente al propósito y los valores compartidos?

Aprendizaje continuo

__1. ¿Las personas de su organización reciben apoyo activo para el desarrollo de nuevas habilidades y competencias?

__2. ¿Su organización incorpora de manera continua los nuevos aprendizajes en los modos normales de llevar a cabo los negocios?

**Concentración incesante en los resultados
con los clientes**

__1. ¿Todos los colaboradores de su organización mantienen los más altos niveles de calidad y servicio?

__2. ¿Todos los procesos de trabajo están diseñados para facilitar a los clientes hacer negocios con su firma?

Sistemas y estructuras que infunden energía

__1. ¿Los sistemas, las estructuras y las prácticas formales e informales están integrados y alineados?

__2. ¿Los sistemas, las estructuras, las prácticas formales e informales facilitan a los colaboradores de su organización llevar a cabo su trabajo?

Poder compartido y alta participación

__1. ¿Tienen los colaboradores la oportunidad de influir sobre las decisiones que los afectan?

__2. ¿Se utilizan los equipos como vehículo para cumplir con el trabajo e influir sobre las decisiones?

Liderazgo[4]

__1. ¿Piensan los líderes que liderar consiste en servir, no en ser servido?

__2. ¿Los líderes eliminan los obstáculos para ayudar a los colaboradores a concentrarse en su trabajo y en sus clientes?

¿Cómo "anota" su organización?

Es posible obtener un total de 14 puntos por cada uno de los elementos y por las preguntas complementarias sobre liderazgo.

Sume la puntuación de cada elemento para establecer qué tan fuerte es su organización en dicho elemento.

12-14 puntos = Alto desempeño
9-11 puntos = Promedio
8 puntos o menos = Oportunidad de mejorar

¿Cómo se usa la puntuación?

Aunque esta prueba puede ayudar a comenzar a establecer si su organización es de alto desempeño, no debe utilizarse como análisis organizacional. El principal propósito de la prueba es servir de guía a la lectura. Si bien las secciones y los capítulos del libro están distribuidos en cierta secuencia por buenas razones, dicha estructura puede no corresponder al orden que más conviene en la actualidad a usted o a su organización.

Aunque para nosotros es perfectamente razonable concentrarnos primero en hacer que usted fije su mirada en el objetivo y la visión adecuados, para usted puede tener más sentido comenzar por tener el tipo adecuado de liderazgo. Por ejemplo, algunos de nuestros clientes tienen amplia experiencia en cuanto a la meta y la visión adecuadas, pero en años recientes algunos líderes egoístas se han elevado a la cima y han hecho que se produzca una brecha entre la visión y los valores propugnados y la visión y los valores en acción. Otros clientes tienen un verdadero sentido de la meta y la visión adecuadas, pero ha surgido una cultura que no trata bien a los clientes. Si le suena familiar, puede empezar con la segunda sección, "Trate bien a sus clientes". Sin embargo, si usted apenas está iniciando su viaje hacia convertirse en una organización de alto desempeño, le recomendamos comenzar por la primera sección: "Fije su mirada en el objetivo y la visión adecuados", y siga la secuencia proyectada de las secciones, desde la manera de tratar a los clientes y a los colaboradores a una mirada detallada a si se tiene el tipo adecuado de liderazgo.

Le recomendamos que primero dé una ojeada secuencial a todo el libro. Luego regrese y léalo con mayor atención, comenzando por las secciones y los capítulos correspondientes que traten sobre cualquiera de los elementos de la prueba SCORES para las organizaciones de alto desempeño en los cuales se haya obtenido una puntuación de 8 o menos.

En seguida se mencionan las secciones y los capítulos que tratan sobre los elementos específicos de la prueba SCORES.

Información compartida y comunicación abierta

Sección III, "Trate bien a sus colaboradores"
Capítulo 4: "Facultar es la clave"
Capítulo 9: "El liderazgo situacional de equipos"
Capítulo 10: "El liderazgo organizacional"
Capítulo 11: "Estrategias para manejar el cambio"

Visión convincente: Propósito y valores

Sección I, "Fije su mirada en el objetivo y la visión adecuados"
Capítulo 2: "El poder de la visión"

Aprendizaje continuo

Sección III, "Trate bien a sus colaboradores"
Capítulo 4: "Facultar es la clave"

Concentración incesante en los resultados con los clientes

Sistemas y estructuras que infunden energía

Poder compartido y alta participación

Liderazgo

Sección IV, "Tenga el tipo adecuado de liderazgo"
    Capítulo 12: "Liderazgo de servicio"
    Capítulo 13: "Establezca su punto de vista sobre
        el liderazgo"

CAPÍTULO 2

El poder de la visión

Jesse Stoner, Ken Blanchard
y Drea Zigarmi

Cuando los líderes que dirigen al más alto nivel comprenden el papel desempeñado por el triple balance como objetivo adecuado —ser el proveedor elegido, el empleador elegido y la inversión elegida—, están listos para concentrar la energía de todos en una visión convincente.

La importancia de la visión

¿Por qué es entonces tan importante que los líderes tengan una visión clara?

---

*Porque el liderazgo consiste
en ir hacia algún lado.
Si usted y sus colaboradores no saben
hacia dónde van, su liderazgo no importa.*

Alicia aprendió esta lección en *Alicia en el país de las maravillas* cuando estaba en busca de una salida y llegó a una bifurcación en el camino. "¿Podría decirme, por favor, qué camino debo seguir desde aquí?", preguntó al gato Cheshire. "Eso depende principalmente de adónde quieras ir", respondió el gato. Alicia replicó que en realidad no le importaba mucho. El sonriente gato le dijo en términos inequívocos: "Entonces no importa qué camino tomes".

Jesse Stoner llevó a cabo un extenso estudio que demostró el poderoso impacto de la visión y el liderazgo sobre el desempeño institucional[1]. Reunió información de los miembros de los equipos de más de 500 líderes y los resultados fueron sorprendentes: los líderes que demostraban un fuerte liderazgo visionario tenían los equipos con mayor desempeño; los líderes con buenas habilidades de gerencia pero sin visión tenían equipos con desempeño promedio; y los líderes que se identificaron como débiles en cuanto a visión y habilidades de gerencia tenían equipos de bajo desempeño.

El mayor obstáculo que impide a la mayoría de los gerentes ser grandes líderes es la falta de una visión clara con la cual trabajar. En menos del 10% de las organizaciones que hemos visitado, los miembros tenían claridad sobre la visión. Esta falta de visión compartida hace que las personas se vean abrumadas por multiplicidad de prioridades, duplicación de esfuerzos, comienzos en falso y desperdicio de energías, nada de lo cual sirve de apoyo al triple balance.

Una visión genera confianza, colaboración, interdependencia, motivación y responsabilidad mutua para el éxito. Una visión ayuda a las personas a decidir de manera inteligente, pues toman sus decisiones con el resultado final en mente. A medida que se logran las metas, va quedando en claro lo que sigue. Una visión nos permite actuar con una postura proactiva, haciendo que avancemos hacia lo que queremos en lugar de alejarnos de manera reactiva de aquello que no queremos. Una visión nos otorga facultades y nos incita a buscar lo que en verdad deseamos. Como dijo el difunto gurú Peter Drucker: "La mejor manera de predecir el futuro es crearlo".

Una visión convincente crea una cultura de grandeza

Una visión convincente crea una cultura fuerte en la cual queda alineada la energía de todos los miembros de la organización. Esto genera confianza, satisfacción del cliente, una fuerza de trabajo vigorosa y comprometida, y rentabilidad. A la inversa, cuando una organización no está a la altura de sus valores declarados, se socavan la confianza y el compromiso de sus colaboradores y clientes, con el consecuente impacto negativo sobre el balance final. Así por ejemplo, Ford perdió credibilidad y participación en el mercado cuando su valor declarado —"La calidad es nuestro principal trabajo"— se puso a prueba por su vacilación en asumir la responsabilidad cuando debió retirar las llantas Firestone defectuosas de su vehículo utilitario deportivo Explorer en el año 2000[2].

Las organizaciones de alto desempeño tienen una cultura sólida y característica. No puede negarse que el elusivo fenómeno llamado cultura es un poderoso definidor de la excelencia organizacional. La cultura puede describirse como el contexto en el cual existen todas las prácticas. Es la personalidad de la organización, "la manera como aquí se hacen las cosas". La cultura está formada por los valores, las actitudes, las creencias, los comportamientos y las prácticas de los miembros de la organización. La cultura no sólo subyace a todo lo que hace la organización sino que también determina su preparación para el cambio. Cuando las organizaciones buscan la grandeza, a menudo encuentran aspectos de su cultura organizacional que deben cambiarse. Una cultura organizacional fuerte y concentrada comienza con una visión convincente y está apoyada por cada uno de los elementos cruciales.

La visión es el comienzo

Las investigaciones demuestran con claridad el extraordinario impacto de una visión o ideología nuclear compartida sobre el desempeño financiero de largo plazo. Los rendimientos acumulados por acción de las organizaciones de alto desempeño investigadas por Collins y Porras eran seis veces mayores que los de las compañías "exitosas" que examinaron, ¡y 15 veces mayores que los del mercado general en un período de 50 años![3]. Por tal razón, la visión es el comienzo si se desean mejorar los SCORES de la organización y cumplir la meta.

La investigación ha demostrado una y otra vez que una característica esencial de los grandes líderes es su capacidad de movilizar a las personas en torno a una visión compartida[4].

Si no está al servicio de una visión compartida, el liderazgo puede convertirse en egoísta. Los líderes comienzan a pensar que sus colaboradores están allí para servirles a ellos, en lugar de a los clientes. Las organizaciones pueden tornarse en burocracias egoístas donde los líderes concentran sus energías en el reconocimiento, el poder y la posición y no en los propósitos y las metas mayores de la organización. Las consecuencias de este tipo de comportamiento se han puesto recientemente con suficiente evidencia en Enron, WorldCom y otras empresas.

Una vez que el líder ha aclarado y compartido la visión, puede concentrarse en servir y ser receptivo a las necesidades de las personas, comprendiendo que el papel desempeñado por el liderazgo es la eliminación de las barreras y la ayuda a los individuos para que logren la visión. Los grandes líderes movilizan a otros y hacen que las personas se unan en torno a una visión compartida. A veces los líderes no lo entienden al principio, pero los grandes finalmente lo hacen.

Louis Gerstner, Jr. es un ejemplo perfecto. Cuando Gerstner asumió el timón de la IBM en 1993 —en medio de la agitación y la inestabilidad causadas por las pérdidas netas anuales de 8 000 millones de dólares, una cifra sin precedentes — se afirma que dijo: "Lo último que necesita la IBM es una visión". Muchas personas nos preguntaron qué pensábamos de tal declaración. Nuestra respuesta fue: "Depende de cómo Gerstner defina una visión. Si por ella entiende castillos en el aire, tiene toda la razón. El buque se está hundiendo. Pero si todo lo que hace es poner tapones en los agujeros, el buque no va para ninguna parte". Nos divirtió leer un artículo en *The New York Times*[5] dos años después. En dicho artículo, Gerstner admitía que la IBM había perdido la guerra por el sistema operativo de los computadores personales, y reconocía que la adquisición de Lotus significaba que la compañía no había logrado planificar su futuro de manera adecuada. Aceptó que él y su equipo gerencial ahora "invertían gran cantidad de tiempo en hacer previsiones". Una vez que Gerstner entendió la importancia de la visión, tuvo lugar un cambio increíble. Para él se hizo claro que la fuente de fortaleza de la compañía debía estar en las soluciones integrales y resistió presiones para dividirla. En 1995, en el discurso central de la feria comercial de la industria de los computadores, Gerstner puso de manifiesto la nueva visión de la IBM: la computación en red iba a orientar la siguiente fase del crecimiento del sector y sería la estrategia fundamental de la empresa. Ese año, la IBM inició una serie de adquisiciones que situaron los servicios como el segmento de más rápido desarrollo de la compañía, con un crecimiento anual superior al 20%. Tan extraordinaria transformación demostró que *lo más importante* que la IBM necesitaba era una visión; una visión compartida.

Si la visión de una organización es convincente, se logra el triple balance. El éxito va mucho más allá de las simples recompensas financieras. La visión genera extraordinaria energía, entusiasmo y pasión, porque las personas sienten que influyen en los resultados. Saben qué están haciendo y por qué, y se crea un fuerte sentimiento de confianza y respeto. Los gerentes no tratan de controlar, sino que más bien permiten a los demás asumir responsabilidades, por cuanto las personas saben que son parte de un todo alineado y asumen responsabilidad por sus acciones. Se hacen cargo de su futuro, en lugar de esperar pasivamente a que suceda. Hay espacio para la creatividad y la asunción de riesgos. Las personas pueden hacer sus contribuciones a su manera, y las diferencias se respetan porque todos saben que se encuentran juntos en el mismo barco; todos son parte de un todo mayor que avanza "¡a todo vapor!".

Una visión puede existir
en cualquier parte de una organización

No debe esperarse a que comience la visión organizacional. La visión es responsabilidad de todos los líderes en cada uno de los niveles de la organización. Es posible que los líderes de los departamentos o equipos creen visiones compartidas para sus secciones, aun cuando el resto de la organización no tenga una. Piénsese en nuestro trabajo al asesorar a un departamento de impuestos de una compañía de la lista de las 500 más grandes compañías reseñadas por la revista *Fortune*. Su líder manifestó:

> Comenzamos a comprender nuestras esperanzas y nuestros sueños y los de los demás, y descubrimos cuán cercanos eran. Como resultado, hallamos maneras de trabajar juntos de un modo más eficaz y empezamos a disfrutar mucho más del trabajo. Encontramos realmente en qué tipo de asunto estábamos: "Proporcionar información financiera para ayudar a los líderes a tomar decisiones adecuadas". En consecuencia, comenzamos a asociarnos de modo más eficaz con los líderes empresariales. Nuestro departamento ganó mayor credibilidad dentro de la compañía y otros departamentos comenzaron a preguntarnos qué habíamos hecho para lograr semejante transformación y se interesaron en crear visiones para sus propios departamentos. Fue algo contagioso.

Con demasiada frecuencia, los líderes se quejan de que no pueden tener una visión porque la organización en su conjunto no la tiene. Nuevamente, no es necesario esperar.

El poder de la visión funciona para usted y su equipo, independientemente de su nivel dentro de la organización.

Visiones eficaces y visiones ineficaces

Muchas organizaciones cuentan ya con declaraciones de visión, pero la mayoría de éstas parecen no tener importancia cuando se observa a la organización y el camino que lleva. ¿Son equivocadas tales declaraciones de visión, y si es así, cómo pueden mejorarse? El propósito de una declaración de visión es crear una organización alineada, donde todos trabajen juntos para la obtención de los mismos fines.

Una visión es una guía para las decisiones cotidianas, de manera que los individuos apunten hacia el mismo objetivo y no entablen entre sí un diálogo de sordos.

¿Cómo se sabe si una declaración de visión funciona? He aquí la prueba: ¿Está oculta en un archivo olvidado o enmarcada en un muro sólo para decoración? Si es así, no funciona. ¿Se utiliza de manera activa como guía para la toma cotidiana de decisiones? Si la respuesta es sí, la declaración de visión funciona.

Creación de una visión que realmente funcione

¿Por qué no hay más líderes que tengan una visión? Creemos que se debe a falta de conocimiento. Muchos líderes —como el ex presidente George H. W. Bush— dicen que sencillamente no entienden "eso de la visión". Reconocen que una visión es deseable, pero no están seguros de cómo crearla. Para tales líderes, la visión parece escurridiza, algo que se confiere de manera mágica sólo a unos pocos afortunados. Intrigado por la posibilidad de hacer de la visión algo accesible para todos los líderes, Jesse Stoner se unió con Drea Zigarmi para identificar los elementos esenciales de una visión convincente; una visión que inspirara a las personas y proporcionara dirección. Como resultado de sus estudios, Jesse y Drea identificaron tres elementos clave de una visión convincente[6]:

- **Propósito significativo**: ¿En qué negocio se encuentra uno?
- **Imagen del futuro**: ¿Cómo será el futuro si tiene éxito?
- **Valores claros**: ¿Qué guía su comportamiento y sus decisiones diariamente?

Una visión debe comprender estos tres elementos para proporcionar inspiración y ser perdurable. Exploremos dichos elementos con algunos ejemplos del mundo real.

Propósito significativo

El primer elemento de una visión convincente es un propósito significativo. El propósito es la razón de ser de una organización. Responde a la pregunta "¿Por qué?" en lugar de explicar simplemente lo que usted hace. Aclara, desde el punto de vista de sus clientes, en qué tipo de negocio *realmente* se encuentra usted.

CNN es "la empresa que lleva las noticias al instante". Sus clientes son personas ocupadas que necesitan las noticias frescas cuando las solicitan. Su negocio es proporcionar las noticias importantes a medida que se producen, no proporcionar entretenimiento. De acuerdo con CNN, la familia típica de hoy está demasiado ocupada como para sentarse frente al televisor a las 7 p.m. El padre tiene un segundo empleo, la madre trabaja hasta tarde y los niños participan en actividades fuera de la escuela. Por consiguiente, el propósito de CNN es ofrecer noticias las 24 horas del día. Esto ayuda a los colaboradores de CNN a responder a las preguntas de "¿Cuáles son mis prioridades?" y "¿Dónde debo concentrar mi energía?"

Walt Disney comenzó sus parques temáticos con un propósito claro. Dijo: "Estamos en el negocio de la felicidad". Esto difiere mucho de estar en el negocio de los parques temáticos. Un propósito claro orienta todo lo que hacen los miembros del elenco (colaboradores) con sus huéspedes (clientes). Estar en el negocio de la felicidad ayuda a los artistas a entender el papel primordial que desempeñan dentro de la compañía.

Una maravillosa organización de Orlando, Florida, llamada Give Kids the World [Dad a los niños el mundo], es una aplicación operativa de la Make-A-Wish Foundation (Fundación Pide un deseo). Los niños enfermos terminales que siempre habían querido ir a Disney World, SeaWorld u otras atracciones de Orlando, pueden tener la oportunidad por medio de esa organización. A lo largo de los años, ha llevado a más de 50 000 familias a Orlando durante una semana, sin costo alguno para ellas. La organización piensa que tener un niño enfermo es un problema familiar y, por lo tanto, la familia entera va a Orlando. Cuando se pregunta a los colaboradores en qué negocio se encuentran, dicen que están en el negocio de los recuerdos: desean crear recuerdos para estos niños y sus familias.

En una visita a Give Kids the World, uno de nuestros colegas pasó al lado de un hombre que cortaba el césped. Con la curiosidad de saber con cuánta amplitud se comprendía la misión de la organización, nuestro colega preguntó al hombre: "¿En qué negocio está usted aquí en Give Kids the World?" El hombre sonrió y dijo: "Creamos recuerdos". "¿Cómo crea usted recuerdos", preguntó nuestro asociado, "si usted sólo corta el césped?". El hombre replicó: "Es cierto que yo no creo recuerdos si sigo cortando el césped cuando pasa una familia. Siempre es posible decir quién es el niño enfermo, de modo que pregunto al joven si él o ella, o un hermano o hermana me quieren ayudar con mi tarea".

¿No es ésta una actitud maravillosa? Lo mantiene concentrado en servir a la gente que va a Give Kids the World.

Las grandes organizaciones tienen un sentido profundo y noble de su propósito —un propósito significativo— que inspira entusiasmo y compromiso.

Cuando el trabajo es significativo y está conectado con lo que verdaderamente deseamos, podemos desencadenar un poder productivo y creativo que jamás habíamos imaginado. Sin embargo, el propósito por sí solo no es suficiente, pues no dice hacia dónde se va.

Imagen del futuro

El segundo elemento de una visión convincente es una imagen del futuro. Dicha imagen del resultado final no puede ser abstracta. Debe ser una imagen mental que en verdad pueda verse. El poder de las imágenes lo han descrito muchos psicólogos deportivos, entre ellos Charles Garfield en *Peak Performance: Mental Training Techniques of the World's Greatest Athletes*. Numerosos estudios han demostrado que las imágenes mentales no sólo mejoran el desempeño, sino que aumentan también la motivación intrínseca[7].

La imagen del futuro de CNN no es algo vago como ser la principal cadena de noticias o "ser los primeros". Es una imagen de la cual realmente puede crearse un cuadro mental: "Ser vistos en todas las naciones del planeta en inglés y en el idioma de la región".

La imagen del futuro de Walt Disney quedó expresada en el encargo que su fundador dio a cada uno de los miembros del elenco: "Mantener la misma sonrisa en los rostros de la gente cuando sale del parque que la que tenía al entrar". A Disney no le importaba si un huésped estaba en el parque dos horas o diez. Sencillamente quería mantener su sonrisa. Después de todo, estaban en el negocio de la felicidad. La imagen debe concentrarse en el resultado final, no en el proceso para obtenerlo.

En Give Kids the World, la imagen del futuro es que en la última semana de vida de los jóvenes que han estado allí, todavía rían y hablen con sus familias sobre su visita a Orlando.

Algunas personas usan erróneamente el Proyecto Apolo a la Luna como ejemplo de visión. Es un notable ejemplo del poder de crear una imagen del futuro, pero no es ejemplo de una visión. En 1961, cuando el Presidente John F. Kennedy expresó una imagen del futuro —llevar un hombre a la Luna hacia fines de los años 60 y regresarlo seguro a casa—, los Estados Unidos ni siquiera habían inventado la tecnología para llevarlo a cabo. Para alcanzar esa meta, la NASA superó obstáculos aparentemente insalvables, demostrando el poder de expresar una imagen del futuro. Sin embargo, una vez se alcanzó la meta, la NASA no recreó su espectacular logro, pues éste no estaba vinculado con un propósito significativo. No había nada que respondiera a la pregunta de "¿Por qué?". ¿El propósito era "derrotar a los rusos", "comenzar la Iniciativa de Defensa Espacial" o —en el espíritu de *Viaje a las Estrellas*— "ir audazmente a donde nadie ha llegado antes"? Debido a que no existía un propósito claro, no había manera de guiar la toma de decisiones hacia el futuro y responder a la pregunta: "¿Qué sigue?" El segundo elemento —una imagen del futuro— es potente, pero por sí solo no crea una visión perdurable.

Valores claros

El tercer elemento de una visión convincente es tener valores claros. Las organizaciones de alto desempeño tienen valores claros. Los valores definen el liderazgo y la manera como los colaboradores actúan día tras día al llevar a cabo su trabajo.

Los valores proporcionan pautas sobre cómo debe procederse al buscar el logro del propósito y de la imagen del futuro. Responden a las preguntas: "¿De acuerdo con qué quiero vivir?" y "¿Cómo?" Éstas deben quedar descritas con claridad, de modo que se sepa con exactitud qué comportamientos demuestran que se vive el valor. Es necesario que se actúe sistemáticamente de acuerdo con los valores, o de lo contrario son sólo buenas intenciones. Deben ser consonantes con los valores personales de los miembros de la organización, de modo que las personas en verdad elijan vivir de acuerdo con ellos.

Los valores deben apoyar el propósito de la organización. Debido a que CNN está en el negocio del periodismo, no en el del entretenimiento, sus valores son "proporcionar un periodismo preciso y responsable, y ser receptivos ante las necesidades noticiosas de la gente de todo el mundo". Tales valores ayudan a los reporteros y a los productores a tomar decisiones inmediatas sobre el cubrimiento noticioso, que serían muy distintas si CNN estuviera en el sector del entretenimiento.

Robert Johnson fundó Johnson & Johnson con el propósito de aliviar el dolor y la enfermedad. El propósito y los valores de la compañía, reflejados en su credo, continúan guiando a la empresa. Utilizando sus valores como guía para la toma de decisiones, Johnson & Johnson rápidamente retiró todas las cápsulas de Tylenol en los Estados Unidos tras un incidente de manipulación en 1982 en el área de Chicago. El costo inmediato fue considerable pero, sin saber hasta dónde se extendía la manipulación, la empresa no deseaba poner en riesgo la seguridad de ningún ciudadano. Al final, se honró el triple balance de Johnson & Johnson, lo cual se demostró en las ganancias de largo plazo de la compañía en cuanto a prestigio y rentabilidad.

La mayoría de organizaciones que cuentan con valores, o bien tienen demasiados o no los han ordenado prioritariamente[8]. Investigaciones realizadas por Ken Blanchard y Michael O'Connor muestran que las personas no pueden concentrarse en más de tres o cuatro valores que realmente produzcan impacto sobre el comportamiento. También hallaron que los valores deben estar ordenados por rango para ser eficaces. ¿Por qué? Porque la vida está formada por conflictos de valores. Cuando surgen tales conflictos, las personas necesitan saber en qué valor deben concentrarse.

Los parques temáticos de Disney tienen cuatro valores ordenados prioritariamente: la seguridad, la cortesía, el espectáculo y la eficiencia. ¿Por qué es la seguridad el valor de mayor rango? Walt Disney sabía que si algún huésped era retirado de uno de sus parques en una camilla, no habría en su rostro la misma sonrisa al salir del parque que al entrar a él.

El segundo valor de mayor rango, la cortesía, se refiere a la actitud amistosa que se espera en un parque de Disney. ¿Por qué es importante saber que es el segundo valor en importancia? Supóngase que uno de los miembros del elenco de Disney está respondiendo una pregunta de un huésped de manera cortés y gentil y escucha un grito que no proviene de una montaña rusa. Si dicho miembro del elenco desea actuar de acuerdo con los valores ordenados por rango del parque, se excusa tan rápida y amablemente como le sea posible y corre hacia donde se produjo el grito. ¿Por qué? Porque el primer valor ha llamado. Si los valores no estuvieran ordenados por rango y el miembro del elenco estuviera disfrutando de la interacción con el huésped, podría decir: "En el parque siempre hay gritos" y no se movería en la dirección de aquél. Más tarde, alguien podría venir hacia ese miembro del elenco y decirle: "Usted era el más cercano al grito, ¿por qué no se movió?" La respuesta podría ser: "Estaba ocupado con nuestro valor de cortesía". La vida es una serie de conflictos de valores. Habrá veces en las cuales no se pueda actuar en dos valores al mismo tiempo.

Recientemente, una de nuestras colegas experimentó de primera mano lo que sucede cuando una compañía no pone de manifiesto sus valores. Al llegar una tarde a su casa en su automóvil, halló a dos personas que trabajaban en su jardín. Un adolescente local cortaba el césped en el patio de atrás y un hombre de su compañía de servicio forestal fumigaba con insecticida un árbol frutal del jardín de enfrente. El viento llevaba el insecticida hacia el patio de atrás, directamente hacia el joven que cortaba el césped. Horrorizada, nuestra colega saltó del automóvil, corrió hacia el hombre que fumigaba los árboles y gritó: "¡Deténgase! ¿No ve que el insecticida está volando hacia ese joven en el patio trasero?" El hombre respondió sin inmutarse: "Está bien. Yo le pregunté y dijo que no le importaba".

Esto sucede en las organizaciones que no manifiestan sus valores. Las decisiones se dejan a juicio de los individuos, para que determinen cómo cumplir mejor con su trabajo y con el propósito de la organización. ¿Cuánto mejor sería si la empresa forestal hubiera puesto de manifiesto valores como "la seguridad" y "la amabilidad con el medio ambiente"? Entonces el hombre que fumigaba los árboles de nuestra colega habría sabido que debía venir más tarde. Si viera una ventana abierta en una casa, sabría que debía llamar a la puerta y pedir al dueño de la casa que la cerrara. O si viera juguetes infantiles en el patio, podría retirarlos antes de fumigar. En este caso en particular, la empresa forestal perdió una clienta valiosa.

Para que una visión sea perdurable, se necesita que los tres elementos —un propósito significativo, una imagen del futuro y valores claros— guíen el comportamiento cotidiano. Martin Luther King, Jr. esbozó su visión en su discurso "Tengo un sueño". Al describir un mundo en el cual sus hijos "no fueran juzgados por el color de su piel sino por su carácter", creó imágenes potentes y específicas que surgían de los valores de hermandad, el respeto y la libertad para todos, valores consonantes con los fundacionales de los Estados Unidos. La visión de King continúa movilizando y guiando a las personas más allá de su muerte, porque arroja luz sobre un propósito significativo, proporciona una imagen del futuro y describe valores consonantes con las esperanzas y los sueños de las personas.

Haga de su visión una realidad

En su libro *¡A todo vapor!: Cómo liberar el poder de la visión en la empresa y en su vida** *(Full Steam Ahead!: Unleash the Power of Vision)*, Ken Blanchard y Jesse Stoner definen la visión como "saber quién es uno, hacia dónde va y qué guía su camino"[9]. *Saber quién es uno* supone tener un propósito significativo. *A dónde va uno* supone tener una imagen del futuro. *Qué guía el propio camino* significa tener valores claros. Sin embargo, la visión por sí sola no es suficiente. Para que un líder pueda asegurar que la visión se haga realidad, es decir, que sea una visión compartida que movilice a las personas, Ken y Jesse identificaron tres pautas importantes que los individuos deben seguir: Cómo se crea la visión, cómo se comunica y cómo se vive.

---

* Publicado por Editorial Norma en el 2004.

Cómo se crea

El proceso de crear la visión es tan importante como lo que ésta dice. En lugar de llevar simplemente a la alta gerencia a un retiro para redactar la visión y luego anunciarla a los demás, debe estimularse el diálogo sobre ella. Si bien la responsabilidad inicial en la redacción de una visión organizacional descansa en la alta gerencia, la organización debe establecer mecanismos que permitan a los demás tener la oportunidad de ayudar a darle forma: a poner en ella su huella digital.

Es posible construir una visión departamental o de equipo mediante trabajo de grupo. Aunque el líder debe tener cierto sentido de hacia dónde va, es importante que confíe y utilice el conocimiento y las habilidades de las personas del grupo para lograr la mejor visión.

Independientemente de cómo se redacte en un principio la visión, es importante obtener retroalimentación de aquéllos a quienes afecta antes de darla por finalizada. Formule a los colaboradores preguntas como éstas: "¿Le gustaría trabajar en una organización con una visión como ésta? ¿Puede ver cómo se inserta usted en esta visión? ¿Le ayuda a establecer prioridades? ¿Le proporciona pautas para tomar decisiones? ¿Es incitante y motivadora? ¿Hemos dejado algo por fuera? ¿Debemos eliminar algo?" Hacer participar a las personas hace más profundos su entendimiento y compromiso y crea una mejor visión.

Cómo se comunica

Crear una visión —para su organización o departamento, para su trabajo y para su vida— es un viaje, no una actividad para un solo momento.

En algunas organizaciones puede encontrarse una declaración de visión enmarcada en un muro, pero no proporciona guía o, peor aún, no tiene nada que ver con la realidad de las cosas. Esto hace perder el interés a las personas. La creación de una visión es un proceso continuo; se necesita mantenerlo vivo. Es importante hablar constantemente sobre la visión y referirse a ella tanto como sea posible. Max Depree, legendario ex presidente de Herman Miller y autor de *Leadership is an Art*, dijo que en su papel de visionario tenía que ser como un maestro de tercer grado. Debía repetir la visión una y otra vez ¡hasta que los individuos la dijeran correctamente! Cuanto más se concentre usted en su visión, más clara se hace y más profundo será su entendimiento. En realidad, algunos aspectos que usted pensaba que formaban parte de la visión pueden cambiar con el tiempo, pero su esencia perdurará.

Cómo se vive

En el momento de identificar su visión, usted debe actuar como si ella ya se estuviera verificando. Sus acciones deben ser congruentes con su visión. Cuando otros lo vean viviendo la visión, creerán que usted habla en serio y esto les ayudará a hacer más profundos su entendimiento y compromiso. Dos estrategias sirven de apoyo a sus esfuerzos por vivir su visión:

- **Concéntrese siempre en su visión.** Su visión debe ser el cimiento de su organización. Si un obstáculo o un evento imprevisto lo aparta del rumbo, puede tener que cambiar sus metas de corto plazo, pero su visión debe ser perdurable. El cambio tendrá lugar tarde o temprano. Los eventos imprevistos sucederán tarde o temprano. Encuentre una manera de reformular lo que sucede como reto u oportunidad en el camino hacia la vivencia de su visión.

- **Muestre la valentía del compromiso.** El verdadero compromiso comienza cuando se llega a la acción. Habrá temores; siéntalos y avance. Crear una visión exige valor, y también exige valor actuar para lograrla. En palabras de Goethe, "sea lo que fuere que usted haga o sueñe que puede hacer, empiécelo. La audacia tiene genio, poder y magia".

Visión y liderazgo

La visión siempre regresa al liderazgo. Los individuos miran hacia sus líderes formales en busca de visión y dirección. Si bien los líderes deben hacer partícipes a las personas al dar forma a la dirección, la responsabilidad última en asegurar y mantener una visión sigue estando en los líderes y no puede delegarse a otros. Crear una visión no es una actividad que pueda marcarse en una lista y dejarse. Es una de las funciones permanentes más cruciales de un líder exitoso. Supone la diferencia entre un desempeño alto y uno promedio, trátese de la organización entera, de un departamento o de un equipo.

Una vez que se llega a un acuerdo sobre la visión, el papel desempeñado por el líder es asegurar que todos los individuos de la organización respondan a ella. La tarea del líder es apoyar a las personas en el logro de la visión, mediante la eliminación de barreras; asegurar que las políticas, las prácticas y los sistemas les faciliten actuar sobre ella; y hacerse responsable él mismo y responsabilizar a sus inmediatos subordinados y a todos los colaboradores de actuar de modo coherente con la visión. Entonces las personas servirán naturalmente a la visión, no al líder.

La visión llama a la organización a ser verdaderamente grande, y no simplemente a superar a la competencia y a obtener grandes cifras. Una visión magnífica expresa las esperanzas y los sueños de las personas, les toca el corazón y el espíritu, y les ayuda a ver cómo pueden contribuir. Lo conduce todo en la dirección correcta.

Recurso EN LÍNEA

Visite la página **www.LeadingAtAHigherLevel. com** para obtener acceso a la conferencia virtual gratuita titulada *Set your Sights on the Right Target and Vision.* Utilice la clave "Target" para obtener acceso GRATUITO.

Trate bien a sus clientes

CAPÍTULO 3

Servir a los clientes al más alto nivel

Ken Blanchard, Jesse Stoner
y Scott Blanchard

El segundo paso del liderazgo al más alto nivel es tratar bien a los clientes. Aunque todo el mundo parece saber esto, pocas organizaciones crean clientes incondicionales, que se enorgullezcan de ellas. Son raras las organizaciones con un servicio legendario.

Resultados con los clientes

En el capítulo 1, "¿Es su organización de alto desempeño?", analizamos las puntuaciones del modelo SCORES; uno de los elementos cruciales es la *concentración incesante en los resultados con los clientes*. En las organizaciones de alto desempeño, todo el mundo pone en práctica y mantiene con pasión los más altos estándares de calidad y servicio desde el punto de vista del cliente. Estas organizaciones usan la experiencia del cliente para evaluar qué tan bien lo están haciendo en cada aspecto. Los procesos están diseñados con el cliente en mente. Quienes entran en contacto con el cliente pueden tomar decisiones. La responsabilidad es con el cliente.

En las organizaciones de alto desempeño, todo comienza y termina con el cliente. Es un cambio radical en comparación con las organizaciones cuyo diseño empresarial pone al cliente como el receptor final de la cadena. Por ejemplo, en el célebre Golden Door Spa, todos los sistemas están establecidos para maravillar al cliente. Todos los colaboradores de la organización saben que su tarea es superar las expectativas y respaldar a la persona clave que está frente al cliente en ese momento. Las necesidades y tendencias de los clientes impulsan la innovación, los nuevos productos y los servicios. Las organizaciones de alto desempeño diseñan los procesos de trabajo del cliente hacia atrás, para garantizar un flujo que tenga sentido desde la perspectiva de aquél. Las relaciones y estructuras interfuncionales internas están organizadas en torno a las necesidades del cliente. Las organizaciones de alto desempeño se aseguran de poder responder con rapidez a las necesidades de los clientes y adaptarse a los cambios del mercado. Prevén las tendencias y se anticipan a ellas. Las innovaciones en los procesos se desarrollan para facilitar a los clientes los negocios, lo cual crea constante innovación en las prácticas operativas, las estrategias de mercado, los productos y los servicios.

En las organizaciones de alto desempeño, la gerencia tiene contacto regular cara a cara con los clientes — no sólo con los devotos, sino también con aquéllos que se encuentran frustrados, molestos, o que no utilizan los productos y servicios de la organización. Los líderes sienten pasión por el desarrollo de un conocimiento sofisticado de los clientes y por compartir ampliamente la información en toda la organización. Trabajar con las personas a quienes se sirve y escuchar con atención permite a las organizaciones de alto desempeño responder con rapidez y flexibilidad a las condiciones cambiantes.

El minorista de Connecticut Joe's Grocery supera las expectativas al asegurarse de que el cliente reciba lo mejor que desea. Una de las investigadoras del modelo SCORES de las organizaciones de alto desempeño, Fay Kandarian, tuvo una experiencia reciente a este respecto cuanto llevó tulipanes rojos a la fila de pago. La empleada de la caja examinó los tulipanes antes de registrarlos y sugirió buscar un ramo más fresco. Juntas fueron a ver otros tulipanes, y luego de comprobar la preferencia de color, la empleada tomó los que se veían más frescos, que eran de colores rosa y blanco. Luego de registrar los nuevos tulipanes, la empleada dijo: "Puesto que tengo que botar estos tulipanes rojos, voy a dárselos para que disfrute de los pocos días que les quedan". Éste es otro ejemplo de cómo las organizaciones de alto desempeño estimulan a quienes entran en contacto con el cliente a crear para ellos la mejor experiencia posible y actuar según sus ideas.

La ideología central de Nordstrom, "servicio al cliente por encima de todo", ha sido una forma de vida para la compañía desde mucho antes de que los programas de servicio al cliente se pusieran de moda[1]. El planeamiento comienza con el cliente y la ejecución se concentra en él. Por ejemplo, el planeamiento del ambiente de ventas supera el esfuerzo invertido en el planeamiento de la publicidad de ventas. Para garantizar la comodidad del cliente, el planeamiento de ventas debe comprender el servicio de estacionamiento, un número adicional de probadores de ropa y más personal de ventas. Aspecto crucial de la orientación de los nuevos colaboradores es enseñarles a decir "no hay problema" —y decirlo en serio. Para garantizar que los colaboradores que dan la cara ante el cliente pongan toda su iniciativa en servirlo, la regla general de Nordstrom y su principal pauta para los colaboradores es que deben utilizar siempre su criterio. En verdad, es la única regla que realmente se impone. La combinación de la ética de servicio con el buen criterio ha dado como resultado historias legendarias sobre planchado de prendas de vestir, envoltura de paquetes de la competencia, trajes entregados personalmente y la venta de dos zapatos de tallas distintas como si fuesen un solo par para que se ajustaran a los pies de diferente tamaño de un cliente. ¿Cuál es el resultado? Los clientes se dedican a Nordstrom casi con tanta pasión como los colaboradores veteranos de la empresa, quienes, dicho sea de paso, también disfrutan de la repartición de utilidades todos los años.

Cómo servir a los clientes al más alto nivel

En *Clientes incondicionales,* Sheldon Bowles y Ken Blanchard[2] afirman que existen tres secretos para tratar bien a los clientes y convertirlos en incondicionales: Decidir, Descubrir y Cumplir (más el 1%). Estos conceptos cobraron vida cuando Ken Blanchard, Fred Finch y Jim Ballard estudiaron a Yum! Brands, la corporación de restaurantes de comida rápida más grande del mundo. Su libro, *Clientemanía: Nunca es demasiado tarde para construir una empresa centrada en el cliente* (Customer*

---

* Publicado por Editorial Norma en el 2005.

Mania: It's Never Too Late to Build a Customer-Focused Company), documenta el viaje de Yum! Brands hacia la satisfacción de sus clientes en más de 30 000 restaurantes localizados en cien países[3].

Decida cómo quiere que sea la experiencia de sus clientes

Si desea crear clientes incondicionales, no sólo debe anunciarlo. Tiene que planificar para lograrlo y decidir qué desea hacer. ¿Qué tipo de experiencia quiere que tengan sus clientes en su interacción con cada uno de los aspectos de su organización? Algunas personas dirán que lo primero es preguntar a los clientes. Si bien usted necesita el aporte de los clientes, éstos se limitan con frecuencia a ciertas cosas que les gustan o que no les gustan. No saben cuáles son las posibilidades más allá de su propia experiencia. No conocen el panorama general. Es importante que *usted* determine desde el comienzo cuál quiere que sea la experiencia de sus clientes. Esto no significa que las opiniones de los clientes no sean importantes. En *¡A todo vapor!: Cómo liberar el poder de la visión en la empresa y en su vida*, Ken Blanchard y Jesse Stoner describen cómo las necesidades de los clientes deben determinar la *ley de la situación* — el negocio en el cual realmente se está. Entender aquello que los clientes en verdad desean cuando vienen a usted, ayuda a establecer aquello que debe ofrecérseles.

Un buen ejemplo de cómo funciona esto lo ofrece Domo Gas, cadena de estaciones de servicio del Canadá occidental, cofundada por Sheldon Bowles. En los años 70, cuando todos adoptaban el sistema de autoservicio en las estaciones de gasolina, Sheldon se dio cuenta de que si la gente pudiera elegir, nunca iría a una estación de gasolina. Sin embargo, las personas necesitan el producto y desean entrar y salir tan rápido como sea posible. La visión de servicio al cliente que Sheldon y sus cofundadores imaginaron fue la de una parada en *pits* de las 500 millas de Indianápolis. Vistieron a todos los colaboradores de overoles rojos. Cuando un cliente entraba con su auto a una de las estaciones de Domo Gas, dos o tres personas salían de prisa del kiosco y corrían hacia el automóvil. Con toda la velocidad posible, miraban bajo el capó, limpiaban el parabrisas y bombeaban la gasolina. Una estación de California que se entusiasmó con el concepto daba a los clientes una taza de café y un periódico y les pedía salir del automóvil mientras se aspiraba el interior. A la salida, a los clientes se les entregaban volantes que decían: "P. S.: También vendemos gasolina".

Al decidir qué experiencia se desea que tengan los clientes, se crea una imagen de la forma como se verán las cosas si todo funciona como está planeado. Los atletas de clase internacional con frecuencia se imaginan a sí mismos rompiendo una marca mundial, haciendo un lanzamiento perfecto o un despeje de 99 yardas. Saben que el poder proviene de tener una imagen mental clara de su mayor desempeño potencial. Desarrollar una imagen clara de la manera como se desea servir a los clientes es casi como producir una película en la mente.

Tuvimos la oportunidad de trabajar con la alta gerencia y los jefes de concesionarios de Freightliner, importante fabricante de grandes camiones. Jim Hibe, presidente en esa época, encabezó la creación de una nueva imagen de servicio para sus concesionarios — una imagen que les permitió superar considerablemente a la competencia. Al preparar su congreso anual, Freightliner produjo un vídeo de 30 minutos que ilustraba a dos concesionarios hipotéticos. El primero, Great Scott Trucking, tipificaba el modo real de operación de muchos concesionarios: horarios limitados (de 8 a 5 de lunes a viernes y de 9 a 12 los sábados), colaboradores no comprometidos, pocos servicios adicionales, si los había (como bizcochos y café para los camioneros que esperaban sus vehículos), y así sucesivamente. Cuando se entraba al concesionario, todo parecía organizado para servir a las políticas, las normas y los reglamentos, y no a los clientes. Por ejemplo, si el gerente llegaba a las 11:45 de un sábado y veía una larga fila en el departamento de repuestos, decía: "Asegúrense de cerrar a las 12, porque esa fila garantizará un buen lunes".

El otro concesionario hipotético, Daley Freightliner, operaba centrado en el cliente, con servicio las 24 horas. Los siete días de la semana, los colaboradores, comprometidos y capacitados, estaban dispuestos a hacer un esfuerzo adicional y proporcionar todo tipo de servicios a los camioneros. Tenían un salón de estar con sillas reclinables y un enorme televisor que mostraba películas de estreno. Había una sala tranquila y en penumbra con literas, en caso de que los camioneros desearan dormir. Los colaboradores conducían los camiones reparados hasta el frente, en lugar de hacer que los camioneros tuvieran que retirarlos del patio trasero.

Muchos de los concesionarios estaban más cercanos a Great Scott Trucking que a Daley Freightliner. Así pues, al abrirse el congreso con el vídeo, éste hizo avergonzar a algunos, pero pintaba perfectamente la nueva visión de servicio para que todos la vieran y experimentaran. A lo largo del congreso, los concesionarios que se hallaban más cercanos a la imagen positiva compartieron sus historias de éxito. El programa fue una manera excelente de transmitir la visión del servicio al cliente.

El concepto de los *momentos de verdad* que utilizó Jan Carlzon cuando era presidente de SAS (Scandinavian Airlines System) para crear una cultura centrada en el cliente es muy útil al decidir cuál se desea que sea la experiencia de los clientes.

Un momento de verdad es cualquier momento en el que un cliente entra en contacto con cualquier miembro de nuestra organización, de manera que se forme una impresión. ¿Cómo respondemos el teléfono? ¿Cómo registramos a las personas? ¿Cómo las saludamos en nuestros aviones? ¿Cómo interactuamos con ellas durante los vuelos? ¿Cómo manejamos el retiro de equipajes? ¿Qué pasa cuando se presenta un problema?

Para Carlzon y otros grandes proveedores de servicios, los momentos de verdad pueden extenderse a cada detalle, incluso las manchas de café. Cuando era presidente de People Express Airlines, Donald Burr afirmaba que si las bandejas plegables estaban sucias, los clientes asumían que los motores del avión tampoco estaban bien mantenidos[4]. Al buscar un lugar para pasar la noche después de un largo día conduciendo, ¿cuántas personas escogen un motel a cuyo letrero le faltan algunas luces?

Aunque la mayoría de nuestros ejemplos se han centrado en clientes externos, es importante reconocer que todo el mundo tiene clientes. Un cliente externo es alguien de fuera de la organización a quien se atiende o se proporciona un servicio. Una persona que toma los pedidos en un restaurante de comida rápida es un buen ejemplo de alguien que atiende clientes externos. Un cliente interno es alguien de la organización que puede o no atender clientes externos. Por ejemplo, las personas que trabajan en el campo de los recursos humanos tienen principalmente clientes internos. Y algunas personas, como las que trabajan en el departamento de contabilidad, tienen clientes tanto externos como internos. Envían cuentas y facturas a clientes externos, y suministran informes y datos a clientes internos. El caso es que todo el mundo tiene un cliente.

Las grandes organizaciones de servicio al cliente analizan cada una de las interacciones clave que tienen con los clientes, sean externos o internos, y determinan la manera como desearían que se desarrollara tal escenario. Una de las maneras de pensar en ello es suponer que se ha esparcido el rumor del modo tan fabuloso como se atiende a los clientes. Por todas partes corren clientes eufóricos que hacen alarde de usted. Una estación de televisión bien conocida tiene noticia de esto y decide que desea enviar a un equipo a filmar lo que sucede en su organización. ¿Con quién quisiera usted que hablaran? ¿Qué les dirían sus colaboradores? ¿Qué verían esas personas?

Crear clientes incondicionales comienza con una imagen; una imagen del tipo de experiencia que se desea que tengan los clientes. Analizar los momentos de verdad de cada departamento y decidir cómo se quiere desarrollarlos es un buen comienzo. Servirá como guía al buscar nuevos clientes y ajustarse a las condiciones cambiantes.

Descubra los deseos de sus clientes

Después de decidir lo que se desea que suceda, es importante descubrir cualquier sugerencia que los clientes puedan tener y que mejore su experiencia con su organización. ¿Qué podría mejorar su experiencia con usted? ¡Pregúnteles! Pero hágalo de una manera que estimule una respuesta. Por ejemplo: ¿Cuántas veces, al comer en un restaurante, viene el gerente y pregunta si todo está bien esta noche? ¿No es "Perfecto" la respuesta usual? Tal respuesta no da información alguna al gerente del restaurante. Una mejor conversación sería: "Disculpe. Soy el gerente del restaurante y quisiera hacerle una pregunta. ¿Hay algo que pudiéramos haber hecho distinto esta noche que hubiera hecho mejor su experiencia con nosotros?" Tal pregunta invita a una respuesta. Si el cliente dice "No", puede añadir un sincero "¿Está seguro?"

---

*Las organizaciones de alto desempeño
por lo regular buscan retroalimentación
de los clientes y del mercado.*

Las organizaciones que ofrecen servicios que crean clientes incondicionales son maestras en descubrir el pensamiento del cliente. Utilizan información en tiempo real sobre las actividades de producción, y se adaptan con rapidez a ambientes y exigencias variables.

Algunas veces es necesario ser creativo para descubrir qué desea el cliente. Tom Cullen, profesor colega de Ken Blanchard en la escuela de hotelería de la Universidad de Cornell, compartió una estupenda historia sobre el hecho de escuchar a los clientes. Tom estaba cenando con una familia que tenía un hijo de 13 años y dos niños menores en un excelente restaurante de un hotel de la ciudad de Nueva York. Cuando el camarero trajo a cada uno de los jóvenes un menú para niños, el mayorcito se mostró molesto. El atento mesero leyó las claves no verbales del muchacho y le trajo con rapidez un menú para adultos.

Los dos niños menores ordenaron macarrones con queso del menú para niños. Cuando llegó la cena, jugaron con los macarrones pero no comieron mucho. Cuando Tom los probó, pensó que estaban estupendos: eran los mejores macarrones con queso que jamás había probado. Cuando el camarero preguntó a los niños si había algo mal con la cena, dijeron: "¡Son horribles! ¡No son Kraft!". Y el mesero respondió: "Si vienen mañana en la noche, les garantizo que les tendré macarrones Kraft".

¿Dónde cree usted que los niños querían cenar la noche siguiente? Obviamente, en ese restaurante. Cuando la familia se presentó ante el mostrador de la acomodadora, el mesero de la noche anterior los divisó y vino directamente hacia los niños. "Esperaba que volvieran. Tengo macarrones Kraft para ustedes", y diciendo esto, fue a la cocina y regresó con una caja de esa marca.

Escuchar a los clientes y luego entrar en acción suele hacer de ellos clientes incondicionales. El mesero era por cierto un buen oyente. ¿Puede usted imaginar el tipo especial de relación que debió haber tenido con el cocinero para que tal clase de adaptación tuviera lugar? ¿Causa sorpresa que el restaurante sea floreciente? Escuchar y adaptarse es clave.

Cuando un cliente dice algo, *debe escuchársele sin estar a la defensiva*. Una razón por la cual las personas se ponen nerviosas cuando escuchan a los clientes es que piensan que siempre tienen que hacer lo que el cliente quiere que hagan. No comprenden que escuchar tiene dos partes. La primera, como dice Steve Covey, es: "Busque primero entender". En otras palabras, escuche para comprender. Trate de decir: "Eso es interesante. Dígame más. ¿Podría ser más específico?"

El segundo aspecto de escuchar es decidir si se desea hacer algo con respecto a lo que se ha escuchado. Esto debe separarse del aspecto de la comprensión cuando se escucha. Es importante darse cuenta de que no es necesario decidir inmediatamente después de entender lo que sugiere la persona. Puede hacerse más tarde, cuando se tenga tiempo para pensar en ello o conversar con otros al respecto. Persuadirse de que se cuenta con tiempo para meditar en torno a algo hará que usted esté menos a la defensiva y sea mejor oyente. Primero escuche para entender, y luego decida lo que desea hacer sobre lo que ha escuchado.

Hace poco, uno de nuestros colegas vio en el centro comercial un ejemplo de escucha defensiva. Caminaba detrás de una mujer que tenía un hijo de ocho o nueve años. Al pasar frente a la tienda de artículos deportivos, el niño vio fuera una hermosa bicicleta roja. Se detuvo de inmediato y le dijo a su madre: "¡Cómo me gustaría tener una bicicleta como ésa!". Su madre, casi enloquecida, comenzó a decir en voz alta: "¡No puedo creerlo! ¡Acabo de comprarte una bicicleta nueva en Navidad! ¡Estamos en marzo y ya quieres otra! ¡No voy a comprarte otra de esas $%&> cosas!" Nuestro colega pensó que la madre iba a clavar la cabeza del hijo contra el pavimento. Lamentablemente, esa madre no distinguió la necesidad de separar el hecho de escuchar para entender del hecho de decidir. Si le hubiera dicho al niño: "Cariño, ¿qué te gusta de esa bicicleta?", él habría podido responder: "¿Ves esas cintas que cuelgan de los manubrios? Realmente me gustan". Y las cintas habrían podido ser un regalo de cumpleaños barato. Después de haber escuchado aquello que al niño le gustaba de la bicicleta, la madre habría podido decir: "Cariño, ¿por qué crees que no puedo comprarte esa bicicleta nueva?" El niño no era tonto y probablemente hubiera dicho: "Acabas de darme una nueva en Navidad".

Escuchar sin ponerse a la defensiva también ayuda si se comete un error con un cliente. Defender lo que se ha hecho sólo irrita al cliente. Cuando los clientes están molestos, todo lo que desean es que se les escuche. En verdad, hemos encontrado que si se escucha de manera no defensiva y atenta a un cliente que se queja y luego se pregunta: "¿Hay alguna manera de que podamos recuperar su lealtad?", lo más probable es que el cliente diga: "Ya lo han hecho. Me escucharon".

Si un cliente hace una buena sugerencia o está molesto por algo que tiene sentido cambiar, puede agregarse dicha sugerencia al cuadro de servicio al cliente. Por ejemplo, recientemente recibimos una carta de un hombre que posee tres restaurantes de comida rápida en el medio oeste de los Estados Unidos. Varios clientes del restaurante, de mayor edad, hicieron la sugerencia de que *durante ciertos momentos del día* el restaurante tuviera manteles en las mesas y camareros que tomaran las órdenes y llevaran la comida adónde estaban sentados. Luego de pensarlo, el propietario se dio cuenta de que era una idea bastante buena. Ahora, entre las 4 y las 5:30 de la tarde, las mesas tienen manteles y velas, y las personas del mostrador salen y atienden a los clientes. Durante tales horas la gente de edad acude a raudales a su restaurante.

Cuando se reúne la experiencia que se desea que los clientes tengan con lo que éstos quieren que se haga, se obtiene un cuadro bastante completo de la experiencia que se busca que ellos vivan.

Escuchar a los clientes, introducir sus necesidades dentro de un marco de referencia y luego mejorar de manera sistemática el nivel de servicio convierte a los clientes en incondicionales.

Produzca su experiencia ideal de servicio al cliente

Ahora que usted cuenta con una imagen clara de la experiencia que desea que sus clientes tengan, que los satisfaga y complazca y ponga sonrisas en sus rostros, deberá imaginar cómo hacer que sus colaboradores se entusiasmen en cuanto a producir tal experiencia, y algo más.

Como se subrayó en el capítulo 2, "El poder de la visión", la responsabilidad de establecer una visión compartida le corresponde a la alta gerencia. En dicha responsabilidad están incluidas imágenes sólidas de lo que debe ser un excelente servicio al cliente. Una vez que se establezca la experiencia que se desea que el cliente tenga, y que los colaboradores estén comprometidos con ella, comienza la implementación del aspecto de liderazgo. Es durante la implementación que la mayoría de las organizaciones se encuentra en problemas. La pirámide tradicional se mantiene firme y deja a los clientes desatendidos en el último nivel jerárquico. Toda la energía de la organización se desplaza hacia arriba dentro de la jerarquía cuando los colaboradores tratan de complacer a sus jefes y ser receptivos con ellos, en lugar de concentrar dicha energía en responder a las necesidades de los clientes. Gobierna entonces la burocracia, y las políticas y los procedimientos prevalecen, fenómeno que deja a

quienes entran en contacto con los clientes, infortunadamente faltos de preparación y de compromiso, graz-
nando como patos.

Wayne Dyer, el gran maestro del crecimiento personal,
dijo hace algunos años que había dos clases de personas:
los patos y las águilas. Los patos actúan como víctimas
y hacen "¡Cuac! ¡Cuac! ¡Cuac!" Las águilas, por el contrario, toman la iniciativa y se elevan sobre la multitud.
Como cliente, si uno tiene un problema, siempre puede
identificar la burocracia, pues se encuentra ante patos
que graznan: "Es la política, yo no hice las reglas, yo sólo trabajo aquí. ¿Quiere usted hablar con mi supervisor?
¡Cuac! ¡Cuac! ¡Cuac!"

La implementación consiste en equipar a los miembros de toda la organización para que actúen y se sientan propietarios de la visión. Asimismo, consiste en dar
la posibilidad a las personas de desempeñar un papel
proactivo en la realización de la visión y el sentido de la
organización, de modo que puedan elevarse como águilas
y proporcionar un gran servicio al cliente, en lugar de
graznar como patos.

La experiencia de un colega que trataba de alquilar
un automóvil en Nueva York es ejemplo perfecto de este
fenómeno. Él es miembro emérito del consejo de administración de la Universidad de Cornell. Hace un tiempo se encontraba a la cabeza de una reunión en Ithaca,
Nueva York, el pequeño pueblo del norte donde está
situada Cornell. Deseaba alquilar un auto que pudiera
dejar en Syracuse, que queda a más o menos una hora
y media de distancia. Quienes viajan lo suficiente saben
que si se deja un auto en un sitio distinto de donde se
alquiló, la compañía cobra una enorme suma adicional.
Dicho cobro puede evitarse si se alquila un automóvil que

provenga del sitio a donde se va. Sabiendo esto, nuestro colega preguntó a la mujer detrás del mostrador: "¿Tiene usted un auto de Syracuse?" Ella respondió: "Tiene usted suerte. Por causalidad lo tengo", y fue al computador a preparar el contrato.

Nuestro colega no es una persona particularmente atenta a los detalles, pero al firmar su contrato notó que había un recargo de 75 dólares por dejar el auto en otro sitio. Entonces preguntó: "¿Qué es ese cobro de 75 dólares?" Ella respondió: "Yo no lo hice, ¡Cuac! ¡Cuac!"

"¿Quién lo hizo entonces?", preguntó él.

Ella contestó: "El computador, ¡Cuac! ¡Cuac!"

"¿Cómo le decimos al computador que se equivocó?", interrogó él.

"No lo sé, ¡Cuac! ¡Cuac!", respondió ella.

Y él preguntó: "¿Entonces por qué no lo borra?" "No puedo", contestó ella. "Mi jefe me mataría, ¡Cuac! ¡Cuac!"

"¿Quiere usted decir que tengo que pagar un recargo de 75 dólares porque usted tiene un jefe mezquino?", preguntó él.

"Recuerdo una vez —¡Cuac! ¡Cuac!— que mi jefe me dejó borrarlo", contestó.

"¿Por qué?", nuestro colega inquirió.

"Porque el cliente trabajaba en Cornell, ¡Cuac! ¡Cuac!"

Entonces él dijo: "¡Fantástico! ¡Yo estoy en el consejo de administración de Cornell!"

Ella preguntó: "¿Qué hace el consejo? ¡Cuac! ¡Cuac!"

"Podemos despedir al presidente", le contesto él.

"¿Cuál es su número de identificación como colaborador? ¡Cuac! ¡Cuac!"

"No tengo", respondió.

"¿Qué hago? ¡Cuac! ¡Cuac!"

Tomó a nuestro colega 20 minutos de consejería psicológica librarse del recargo por dejar el automóvil en otra ciudad. Solía enojarse con estas personas que atienden directamente al cliente, pero ya no lo hace porque se da cuenta de que realmente no tienen la culpa.

¿Con quién cree usted que trabajaba esa mujer, un pato o un águila? Obviamente, con un pato. Si trabajara con un águila, ésta se comería al pato. Al pato supervisor lo llamamos el ánade mayor, porque grazna más alto en la burocracia. Menciona todas las normas, los reglamentos y las leyes que se aplican a la situación. ¿Con quién cree usted que trabaja el pato supervisor? Con otro pato. ¿Que trabaja con quién? Con otro pato. ¿Que trabaja con quién? Con otro pato. ¿Y quién está sentado en la cima de la organización? Un pato enorme. ¿Le ha caído a usted alguna vez el excremento de un águila? Es obvio que no, porque las águilas se elevan por encima de la multitud. Son los patos los que dejan caer toda la inmundicia.

¿Cómo se crea una organización en la cual se eliminen los patos y las águilas puedan volar?

---

*La jerarquía piramidal tradicional
debe ponerse patas arriba, de modo que las
personas que atienden directamente al cliente,
que están más cerca de él, queden en la cima.*

Las personas que se relacionan directamente con el cliente pueden ser *responsables*, es decir, capaces de responder ante sus clientes. En este escenario, los líderes *sirven* y son *receptivos* ante las necesidades de los colaboradores, los capacitan y los desarrollan para que se eleven

Figura 3.1. La función de implementación del liderazgo

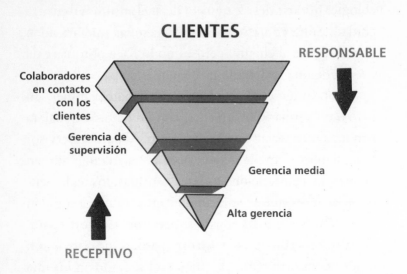

como águilas, de modo que puedan cumplir las metas establecidas y vivir de acuerdo con la visión que se tiene sobre la experiencia para el cliente.

Si los líderes de una organización no responden a las necesidades y los deseos de sus colaboradores, éstos no van a atender bien a los clientes. Por el contrario, cuando a las personas que entran en contacto directamente con los clientes se les trata como propietarios responsables de la visión, pueden volar como águilas y crear clientes incondicionales, en lugar de graznar como patos.

Permita a sus colaboradores remontar el vuelo

Uno de nuestros consultores asociados experimentó un significativo incidente un día en el cual fue a Nordstrom a comprar un perfume para su esposa. La mujer detrás del mostrador le dijo: "Lo siento, no vendemos ese perfume en nuestra tienda, pero sé dónde se consigue en el centro comercial. ¿Cuánto tiempo va a estar usted en nuestra tienda?"

"Unos treinta minutos", dijo.

"Bien. Voy a conseguirlo, traerlo, empacarlo como regalo y tenerlo listo para cuando usted salga". La mujer salió de Nordstrom, fue a otra tienda, consiguió el perfume que buscaba nuestro colega, regresó a Nordstrom y lo empacó como regalo. ¿Sabe usted cuánto le cobró? El mismo precio que había pagado en la otra tienda. Entonces, Nordstrom no hizo dinero alguno con el negocio, pero ¿qué *logró*? Un cliente incondicional.

Ken Blanchard tiene un hermoso ejemplo de las distintas experiencias que se pueden tener con las organizaciones, dependiendo de si son estanques de patos o permiten a las personas elevarse como águilas. Hace varios años se dirigía al aeropuerto para un viaje que lo llevaría a cuatro ciudades distintas durante la semana. Al aproximarse al aeropuerto, se dio cuenta de que había olvidado su licencia de conducción y que tampoco traía consigo el pasaporte. Sin tiempo para regresar a casa por ellos y hacer el vuelo, tenía que ser creativo.

Sólo uno de los libros de Ken, *Everyone's a Coach*, escrito con Don Shula, el entrenador de los Dolphins de Miami, tiene su fotografía en la carátula. Cuando Ken llegó al aeropuerto, corrió a la librería y, por suerte, había una copia del mencionado libro. Afortunadamente también, su aerolínea era Sothwest Airlines. Al registrar su equipaje en el andén, el encargado le pidió su identificación. "Lo siento. No tengo licencia de conducción ni pasaporte, pero ¿sirve esto?", y le mostró la carátula del libro. El colaborador gritó: "¡El hombre conoce a Shula! ¡Pónganlo en primera clase!" (Por supuesto, Southwest no tiene primera clase). Toda la gente que hacía fila para el registro en el andén comenzó a chocar sus manos con las de Ken, como si fuera un héroe. Luego, uno de los maleteros le dijo: "¿Por qué no lo acompaño al terminal? Conozco a los tipos de seguridad. Creo que puedo hacerlo pasar por allí también".

¿Qué había sucedido? Herb Kelleher, fundador de Southwest Airlines, no sólo deseaba ofrecer a sus clientes el precio más bajo posible, sino que quería proporcionarles el mejor servicio posible. Configuró a la organización entera para conceder poder a todo el mundo —incluso a los individuos que le ponen la cara al cliente en el registro de equipajes— para que tomaran decisiones, utilizaran su cerebro y fueran maniáticos de los clientes, de manera que pudieran crear clientes incondicionales. Kelleher (ahora jubilado, después de haber entregado la presidencia a su antigua asistente ejecutiva, Colleen Barrett) sentía que las políticas debían seguirse, pero que los colaboradores podían usar su cerebro para interpretarlas. ¿Por qué piden identificación en el aeropuerto? Para asegurarse de que la persona que ingresa al avión es la misma que tiene su nombre en el billete. Ésa fue una decisión fácil para el individuo de Southwest Airlines en contacto directo con el cliente.

Un baño en un estanque de patos

La siguiente aerolínea en la cual Ken tenía que volar antes de que su oficina pudiera hacerle llegar su licencia de conducción estaba en problemas financieros. El maletero del registro en el andén miró la fotografía de Ken en el libro y le dijo: "Tiene que estar bromeando. Mejor vaya al mostrador interno".

Cuando Ken mostró el libro a la mujer del mostrador, ésta le dijo: "Mejor hable con mi supervisor". Ken ascendía rápidamente por la jerarquía. Pensó que quizás muy pronto llegaría al alcalde y finalmente al gobernador. ¡Cuac! ¡Cuac! ¡Cuac! En la aerolínea en problemas, la jerarquía se encontraba perfectamente saludable. Toda la energía se alejaba de complacer a los clientes y se dirigía a servir a la jerarquía, siguiendo a la letra las políticas, los procedimientos, las normas y los reglamentos.

Dar alas a los colaboradores

Horst Schultze, uno de los fundadores de la cadena de hoteles Ritz-Carlton, se retiró hace algunos años como presidente y director ejecutivo. Durante su reinado, luego que cada colaborador recibía orientación y una extensa capacitación, se le proporcionaba un fondo discrecional de 2 000 dólares que podía utilizar para resolver el problema de un cliente sin consultar con nadie. Ni siquiera tenía que decírselo a sus jefes. Horst se deleitaba coleccionando historias sobre la manera como los colaboradores utilizaban las facultades otorgadas para marcar la diferencia. Una de esas historias, quizá nuestra favorita, se refiere a un hombre de negocios que se alojaba en una de las propiedades de Ritz-Carlton en Atlanta. Ese día tenía que volar de allí a Los Ángeles, y luego a Hawai, pues al día siguiente debía dar una importante conferencia a la una de la tarde para su empresa internacional. Al salir estaba un tanto desorganizado. Camino al aeropuerto, descubrió que había dejado su computador portátil, que contenía todas las presentaciones de PowerPoint que necesitaba para su conferencia. Trató de cambiar sus vuelos, pero no lo logró. Entonces llamó al Ritz-Carlton y dijo: "Me hospedé en la habitación tal y ahí se quedó mi computador portátil. Haga por favor que el ama de llaves lo consiga y envíenmelo por entrega inmediata. Tienen que garantizar que lo reciba hacia las diez de la mañana, pues lo necesito para mi conferencia a la una de la tarde".

Al día siguiente, Schultze deambulaba por el hotel de Atlanta, como solía hacerlo. Al llegar a la respectiva dependencia preguntó dónde estaba Mary, el ama de llaves. Sus compañeros respondieron: "Está en Hawai". Entonces Schultze preguntó: "¿Hawai? ¿Qué está haciendo en Hawai?" Y le contestaron: "Uno de los huéspedes dejó un computador en su habitación y lo necesita para una conferencia a la una de la tarde, y Mary ya no confía en los servicios de entrega inmediata". El lector podrá pensar que Mary aprovechó y se fue de vacaciones, pero no: regresó en el siguiente avión. Y ¿qué creen ustedes que la estaba esperando? Una carta de felicitación de Horst y aplausos en todo el hotel. Esto es facultar realmente a las personas y darles alas.

Podría preguntarse si esta historia es en verdad cierta. La respuesta es sí. Si se crea un ambiente en el cual los clientes mandan y los colaboradores pueden usar sus cerebros para atender sus necesidades, historias como ésta se tornan lugar común, incluso leyendas. Las personas que las difunden —incluidos los clientes— a veces gustan de embellecerlas. Así por ejemplo, ha hecho carrera una legendaria historia en torno a la política de devoluciones "sin preguntas" de Nordstrom. Se ha rumorado que alguien devolvió unas llantas para nieve a Nordstrom y que, aunque la tienda no vende este tipo de llantas, las recibió. Al preguntarse al cofundador Bruce Nordstrom sobre esta supuesta leyenda, éste ríe, pues Nordstrom realmente vende llantas para nieve — en su tienda de Alaska.

Más allá del servicio al cliente

Crear clientes incondicionales significa ir más allá del servicio al cliente y cumplir en la medida de lo posible. Es crear experiencias inolvidables, como la de Milt Garrett, experto en capacitación de Albuquerque, Nuevo México, quien ha trabajado con nosotros durante años. La historia de Milt es una excelente demostración del principio de llegar más allá. Al final de una semana de capacitación, Milt y su esposa Jane salieron a caminar el viernes en la noche. Jane le dijo: "Milt, se te olvidó mi aniversario esta semana".

Sorprendido, Milt preguntó: "¿Cuál aniversario?" "Cinco años sin cáncer", dijo Jane. Ella había tenido una mastectomía hacía cinco años, y ella y Milt celebraban cada año que cumplía sin que el cáncer reincidiera.

Milt se sintió terrible. No podía creer que lo hubiera olvidado. La semana anterior, cuando él y Jane hablaban una noche, decidieron que ella necesitaba un nuevo automóvil. Puesto que su hijo estaba aún en la universidad en Australia, decidieron esperar un año hasta que se graduara.

La noche de la vergüenza, Milt se dijo a sí mismo: "¿Por qué esperar? Soy muy afortunado de que Jane esté todavía en mi vida". A la mañana siguiente, llamó al concesionario de Saturn de Albuquerque y habló con uno de los vendedores, cuyo nombre era Billy Graham (no estamos bromeando*). Milt le explicó a Billy la situación, y le dijo que sus hijos le habían dicho que Jane realmente deseaba un automóvil blanco. "¿Podría conseguirme un Saturn blanco para el próximo sábado, cuando regreso a casa de la capacitación?", preguntó Milt. Billy le respondió que los Saturn blancos eran difíciles de conseguir. "Sin embargo, si usted viene el próximo sábado, le tendré uno listo", añadió.

El siguiente sábado en la mañana, Milt le dijo a Jane que debía atender una serie de asuntos, pero que la invitaba a que fuera con él para que pudieran salir a almorzar. En el recorrido en el automóvil, pasaron por el concesionario de Saturn. Milt le dijo a Jane que debía entrar allí por algunos materiales, porque iba a dar una conferencia sobre Saturn en la Cámara de Comercio. Cuando entraron al concesionario, vieron sólo un automóvil en el centro de la sala de ventas: un Saturn blanco.

"¡Milt, ésa es la clase de automóvil que me encantaría tener!", dijo Jane. Corrió hacia el Saturn y, con una sonrisa en el rostro, entró en él. Cuando salió del auto y caminó hacia su parte frontal, dejó salir un grito y comenzó a llorar. Milt no tenía idea de lo que había sucedido. Al ir hacia el frente del automóvil, vio un hermoso letrero en la tapa del motor que decía:

Sí, Jane, ¡éste es tu auto!
Felicitaciones por los cinco años sin cáncer.
Con amor,
Milt, Billy y todo el personal de Saturn

---

* Billy Graham es también un predicador evangélico de gran renombre, en especial en los Estados Unidos. *(Nota del editor.)*

Cuando Billy los vio llegar, hizo salir a todo el mundo de la sala de ventas e ir al patio de estacionamiento, de modo que Milt y Jane pudieran estar solos. Cuando estaban llorando abrazados, de pronto oyeron aplausos. Miraron y vieron a todo el mundo saludándolos con la mano.

Los colaboradores del concesionario de Saturn de Albuquerque tomaban en serio aquello de proporcionar un gran servicio y lo vivían de manera permanente. Saturn se convirtió en una compañía conocida por esta clase de historias. Por ejemplo, una mujer embarazada entró y compró un Saturn en un concesionario de San Diego. Le encantaba el automóvil, pero tres meses más tarde supo que iba a tener mellizos. El auto no era lo suficientemente grande, de modo que llamó al concesionario y les habló sobre la situación. Le respondieron que le devolverían el dinero y le ayudarían a buscar otro automóvil que se adaptara mejor a sus necesidades.

Superar las expectativas del cliente no es sólo una teoría: es una práctica. Un servicio para clientes incondicionales inspira a los clientes a contar historias sobre una compañía. Si los clientes hacen relatos positivos sobre usted y su nivel de servicio, no se puede pedir mejor publicidad.

Recuperarse con rapidez de los errores también hace que los clientes quieran enorgullecerse de un servicio. Si se comete un error con un cliente, debe hacerse cuanto se pueda para solucionar el problema y crear o recuperar a un cliente devoto. El servicio legendario no consiste en argumentar sobre quién tiene la razón o hallar a otro a quién culpar. Consiste en solucionarle el problema al cliente.

Así por ejemplo, un hotel del sur de California tenía un historial de malas evaluaciones de parte de los clientes. Cuando unos extranjeros se hicieron dueños del hotel, consideraron que las malas evaluaciones se debían principalmente a la vejez y el estado ruinoso de la propiedad y optaron por invertir millones de dólares en su remodelación. Durante los trabajos —que tomaron entre nueve meses y un año— la gerencia decidió no decírselo a los clientes. Consideraron que si los clientes llegaban a saber acerca del grado de la remodelación, llevarían sus reuniones a otro sitio. Teniendo en cuenta tal estrategia, el gerente general reunió a todos los trabajadores del hotel y les dijo lo siguiente:

"Va a ser difícil andar por aquí durante más o menos los próximos doce meses. El ruido y la incomodidad pueden molestar a nuestros clientes. Hagan lo que sea para solucionar cualquier inconveniente causado por nuestra remodelación. Si desean enviar a alguien una botella de champaña, háganlo. Si desean contratar a una niñera para ellos, háganlo. Hagan cuanto puedan para compensar esta difícil situación".

Con tal estrategia en marcha, el hotel entró en su fase de remodelación. Para asombro de la gerencia, durante los trabajos las evaluaciones de los clientes fueron las mejores que jamás hubieran recibido. Aunque los clientes sufrían incomodidades, sus recuerdos positivos de la experiencia vivida en el hotel se debían al servicio prestado por el personal, que trató de compensar con rapidez las fallas que se presentaban. La gerencia había otorgado poder a los colaboradores que estaban en contacto directo con el cliente para que fueran todos unos expertos en compensar las molestias con atenciones. Los resultados se mostraron en la elevada satisfacción de los clientes.

Si se faculta a los colaboradores para que hagan cuanto sea necesario para servir en primer lugar los intereses de los clientes, se tendrá una alta probabilidad de superar sus expectativas y minimizar la necesidad de tener que recuperar su fidelidad. La mayoría de empresas cree que sólo un pequeño porcentaje de clientes va a aprovecharse indebidamente de ese poder otorgado a los colaboradores, y que en su vasta mayoría son honrados y leales. Por ello Nordstrom decidió capacitar a los colaboradores que entraban en contacto directo con los clientes para que utilicen la frase "No hay problema" como su primera respuesta a las preocupaciones de aquéllos. Sin embargo, debido a que muchas empresas establecen políticas, procedimientos y prácticas para tratar de descubrir al pequeño porcentaje de clientes sin ética, no prestan servicio a la mayoría honrada. ¿Ha tratado usted de probarse prendas que tienen tantos artefactos de seguridad que es casi imposible hacerlo? Proporcionar un servicio para clientes incondicionales tiene sus riesgos, pero las ganancias pueden superar considerablemente a los inconvenientes, en particular cuando los clientes comienzan a actuar como parte de su equipo de ventas. Es entonces cuando usted sabe que los está tratando bien.

Para que todo se haga realidad

Ahora que ya hemos hablado de servicio a clientes incondicionales y de todos los elementos necesarios para ponerlo en práctica, ¿cómo lo establece en su organización? Con frecuencia, hablar sobre liderar al más alto nivel parece algo remoto y distante de la gente.

---

*¿Cómo ayuda usted a todos los colaboradores
a servir al nivel más alto y darse cuenta
de que pueden —y en efecto lo hacen—
marcar la diferencia?*

Es necesario poner en práctica dos cosas. En primer lugar, debe concentrarse la energía de todos en hacer de los clientes su primera prioridad. En segundo lugar, debe asegurarse de que se cuenta con sistemas y estructuras que generen energía.

Hacer de los clientes la primera prioridad

En las Compañías Ken Blanchard, queríamos asegurarnos de practicar de manera constante lo que predicábamos a nuestros clientes. Para hacerlo, necesitábamos concentrar la energía colectiva en el cliente. Nos inspiramos en Fergal Quinn, quien posee una de las condecoraciones más altas de Irlanda por su excelente trabajo al servicio del cliente. Fergal piensa que todo el mundo debe proporcionar un servicio bumerán. Algunos de nosotros nos introdujimos en su forma de pensar en una excursión de golf en su tierra natal. Nuestro grupo fue a un restaurante donde todo el mundo llevaba bumeranes en sus prendas de vestir. Cuando preguntamos a la mesera para qué eran los bumeranes, esta respondió: "¿Qué sucede cuando se arroja un bumerán?" Nosotros dijimos: "Regresa", y ella dijo: "Exacto. Eso es lo que queremos que ustedes hagan: regresar".

Para ayudarnos en nuestro viaje de servicio al cliente, decidimos pedir a todos los miembros de nuestra organización que recordaran una vez en la cual recibieron excelente servicio al cliente y una vez en la cual el servicio fue malo. Luego le pedimos a cada persona escribir una historia sobre tales experiencias.

He aquí dos ejemplos.

Historia sobre un excelente servicio al cliente

Durante varios días había tenido una llanta delantera de mi automóvil con baja presión. Sin saber dónde ir para evaluar si necesitaba una nueva llanta, llamé a un amigo y le pedí consejo. De inmediato me dijo: "En Discount Tire, en la Gran Avenida". Fui en el automóvil directamente a ese establecimiento, entré a un local con un área de fachada limpia y ordenada y un taller anexo y fui saludado a mi llegada por el hombre que trabajaba tras el mostrador, aunque éste estaba atendiendo a otro cliente.

Cuando terminó con ese cliente, le referí mi problema. Vino desde el mostrador y me dijo: "Muéstreme su automóvil". Se acercó al vehículo, tocó la llanta (algo que no se me había ocurrido) y dijo: "Aquí está su problema. Mire ese enorme clavo". En ese momento vi el escrito que estaba en la pared: 200 dólares por una nueva llanta. Entonces me dijo: "Déme sus llaves. Lo haremos de inmediato", y agregó: "¿Cómo le gustaría pagar?" Le pregunté cuánto costaría y cuánto tiempo tomaría. Su respuesta fue, para mi asombro y deleite: "15 dólares y unos 15 minutos". Me indicó que fuera al área frontal, donde había una recepción con varias revistas y periódicos, café y agua.

En breve, un asistente llevó mi automóvil a la puerta principal para entregármelo, me dio un recibo y me dijo: "Guarde este recibo, porque si usted nos compra una llanta en el lapso de un año, se le pueden deducir estos 15 dólares".

Historia sobre un mal servicio al cliente

Hice arreglos con una empresa de construcción para que instalara luces nuevas en mi cocina y en el porche de afuera. Hice varias citas con el instalador para que se reuniera conmigo para examinar los planes y las opciones. Canceló en el último minuto tres de dichas citas, siempre disculpándose con profusión. Todas las veces me cautivó con su discurso de que "no volvería a pasar". En la cuarta cita no apareció y ni siquiera llamó. Cuando finalmente se puso en contacto algunos días más tarde, yo estaba molesto. No sólo le informé que ya no necesitaba sus servicios, sino que también le dije que era la peor experiencia de servicio al cliente de mi vida, y que no me gustaba ser irrespetado e ignorado de manera tan descarada.

Luego de que escribieran sus historias, les hicimos a nuestros colaboradores algunas preguntas: ¿Qué pensaban y sentían sobre esa experiencia? ¿Qué conclusiones extraían de ella? ¿Qué recordarían sobre la organización como resultado de esa experiencia? ¿Qué dirían a otros sobre esa experiencia?

Responder a tales preguntas les ayudó a determinar los valores que guiarían su propio comportamiento al atender a los clientes. Después de que las personas reflexionaron sobre el modo como querían atender a los clientes, les pedimos llenar los espacios de la siguiente declaración:

Al trabajar con mis clientes internos o externos —aquellos a quienes sirvo— o responderles, quiero que piensen que yo soy _____ y _____. Deseo que sientan _____ y quiero que crean que _____.

Después de reflexionar sobre la manera como deseaban que los clientes pensaran y sintieran con respecto a ellos y a la organización, estaban preparados para redactar su propia y personal filosofía de servicio al cliente. Les pedimos escribirla, de manera que estuvieran orgullosos de *tenerla en su tarjeta comercial.* He aquí un ejemplo.

Mi filosofía personal de servicio al cliente

Siempre procuro tratar a los clientes internos y externos con amor, atención, respeto, honradez, integridad y empatía. Deseo que la gente salga de sus encuentros conmigo sintiéndose respetada y atendida, y sabiendo que nuestra organización es un lugar muy especial.

El proceso de hacer que los individuos personalizaran una filosofía de servicio al cliente inspiró en ellos el deseo de hacer que los clientes regresaran.

Creación de sistemas generadores de energía

En las organizaciones de alto desempeño, tener sistemas y estructuras generadores de energía es uno de los elementos importantes para obtener buenos resultados con los clientes. En muchas organizaciones típicas, los sistemas y las estructuras descarrilan a las personas. La organización puede estar alineada en un punto, pero las políticas y los procedimientos hacen más difícil cumplir la tarea en lugar de facilitarla. El propósito de las personas puede estar en un principio alineado con el de la organización, pero los sistemas o la estructura de ésta las obligan a virar en una dirección incorrecta. En las organizaciones de alto desempeño, por el contrario, los sistemas y las estructuras están alineados con la visión. Por ejemplo, si su organización tiene una visión que suponga crear clientes incondicionales, también debe desarrollar sistemas que premien a los colaboradores por el esfuerzo adicional hecho en bien de los clientes.

En sus parques temáticos, Disney domina los sistemas y las estructuras alineados. Desde la contratación hasta la capacitación y la terminología, sus sistemas y estructuras hablan de *una gran experiencia de entretenimiento para los huéspedes*. Todos los "miembros del elenco" son conscientes del papel que desempeñan en la creación de tal experiencia. Una de las investigadoras del modelo SCORES de las organizaciones de alto desempeño, Jesse Stoner, vio lo anterior en acción durante una visita a Disney. Luego de esperar más de lo previsto el bus que la llevó a la entrada de Disney World, metió a su familia en él. Para su sorpresa, el conductor del bus estaba visiblemente molesto, pese al hecho de que la demora había estado por fuera de su control. Así lo compartió él con ella: "Sé que soy la primera persona con la que tienen contacto nuestros huéspedes en su día en Disney. Soy la persona responsable de dar comienzo a un gran día. Cuando el bus está retrasado y ellos están frustrados, no puedo cumplir con mi trabajo".

Una vez establecidos los sistemas y las estructuras generadores de energía, el siguiente paso es desencadenar el poder de las personas para producir resultados sobresalientes.

Crear clientes incondicionales requiere colaboradores que vayan ¡a la carga!

Cuando Ken Blanchard y Sheldon Bowles publicaron *Clientes incondicionales,* se generó mucho entusiasmo alrededor de la importancia del servicio al cliente. Sin embargo, la pregunta más frecuente que los líderes hicieron fue: ¿Cómo puede uno crear un servicio al cliente de excelencia cuando usted tiene personal desmotivado y no comprometido? Contestar esta pregunta condujo a que Ken y Sheldon escribieran *¡A la carga! Cómo aprovechar al máximo el potencial de las personas de su empresa*[6]* *(Gung Ho: Turn On the People in Any Organization)* y a que encontraran que se requieren tres condiciones para entusiasmar a los colaboradores en cualquier organización.

En primer lugar, la gente necesita tener *un trabajo que valga la pena.* Para hacer del mundo un sitio mejor, las personas necesitan un propósito superior y valores compartidos que guíen todos los planes, decisiones y acciones. Un trabajo valioso permite que las personas se levanten por la mañana y caminen con bríos.

En segundo término, la gente necesita *controlar el logro de las metas.* Cuando las personas saben por qué están trabajando y hacia dónde se dirigen, quieren llevar su cerebro al trabajo. Ser responsable exige lo mejor de las personas y les permite aprender y actuar como si fueran los propietarios de la empresa donde trabajan.

---

* Publicado por Editorial Norma en 1999, el libro original lleva como título *Gun Ho!,* expresión china que quiere decir ¡A trabajar juntos! Es ésta también una expresión de guerra, hecha famosa por los gun-ho, un selecto grupo de las fuerzas armadas de los Estados Unidos, especializado en la lucha cuerpo a cuerpo y que ha actuado, a partir de la Segunda Guerra Mundial, en todas las guerras o acciones antiguerrilla. El término gun-ho lo tomó el coronel Evans Carison de las guerrillas que luchaban contra el ejército japonés. *(Nota del editor.)*

Por último, para que puedan continuar generando energía, las personas necesitan *estimularse mutuamente*. De todo lo que hemos enseñado durante años, todo lo que hagamos es poco para poner énfasis en el poder de valorar lo que los demás hacen bien y acentuar lo positivo.

En cierta forma, el capítulo 2, "El poder de la visión", se dedicó en su totalidad al *trabajo que vale la pena*. *Controlar el logro de las metas* y *estimularse mutuamente* nos dirigen a la tercera sección, "Trate bien a sus colaboradores". La tercera práctica, característica de las empresas con liderazgo al más alto nivel, está vivita y coleando. El siguiente capítulo, "Facultar es la clave", se centra en *el control del logro de las metas*.

Recurso EN LÍNEA

Visite la página **www.LeadingAtAHigherLevel. com** para obtener acceso a la conferencia virtual gratuita titulada *Treat Your Customers Right*. Utilice la clave "Customers" para obtener acceso GRATUITO.

Trate bien a sus colaboradores

CAPÍTULO 4

Facultar
es la clave

Alan Randolph y
Ken Blanchard

¿Cómo hacen las compañías mejor manejadas del mundo para superar a la competencia días tras día? Como señalamos en el capítulo anterior, tratan bien a sus clientes. Lo hacen contando con una fuerza laboral entusiasmada con respecto a su visión y motivada para servir a los clientes a un nivel más alto. Entonces, ¿cómo se crea esta fuerza de trabajo motivada? La clave es *facultar*.

Facultar significa permitir que las personas "lleven su cerebro al trabajo" y proporcionarles la posibilidad de utilizar su conocimiento, experiencia y motivación para crear un triple balance final sólido. Los líderes de las empresas mejor administradas saben que facultar a las personas genera resultados positivos que sencillamente no son posibles cuando toda la autoridad se mueve hacia arriba dentro de una jerarquía y los gerentes soportan toda la responsabilidad del éxito.

Las personas ya cuentan con poder debido a su conocimiento y motivación. La clave para otorgárselo es permitir que aflore dicho poder.

Idealmente, el poder de las personas debe concentrarse no sólo en los resultados organizacionales —tales como un sobresaliente servicio al cliente y el cumplimiento de las metas financieras— sino en un bien mayor.

Creemos que las organizaciones funcionan mejor cuando pueden depender de contribuyentes individuales que toman la iniciativa de pasar de la identificación de los problemas a su solución. Con todo, debido a que la mayoría de nosotros sólo ha experimentado organizaciones jerárquicas, los colaboradores de todos los niveles tienen mucho que aprender con respecto al paso a una cultura de facultamiento.

¿Qué es el facultamiento?

Facultar consiste en desencadenar el poder de las personas —su conocimiento, su experiencia y su motivación— y concentrar dicho poder en el logro de resultados positivos para la organización. Crear una cultura de facultamiento consiste sólo en algunos pasos clave, y sin embargo, debido a que pone en tela de juicio los supuestos de la mayoría de las personas, tales pasos suelen ser igualmente difíciles tanto para los gerentes como para sus colaboradores directos.

*Facultar exige un cambio sustancial de actitud.
El lugar más crucial donde debe suceder dicho
cambio es el corazón de todo líder.*

Para que el facultamiento tenga éxito, los líderes deben dar el salto a la fe y dar la batalla contra el hábito y la tradición. Por ejemplo, la mayoría de gerentes continúa definiendo el facultamiento como "dar a las personas el poder de tomar decisiones". Quizás esta definición equivocada explique por qué tantas compañías encuentran difícil comprometer la mente y el corazón de sus colaboradores. La definición del facultamiento como "conferir poder a los colaboradores por parte del gerente" todavía considera a éste como el controlador y pasa por alto el aspecto esencial, a saber, que *las personas ya poseen gran cantidad de poder*, el cual reside en su conocimiento, en su experiencia y en su motivación interna. Nosotros preferimos la siguiente definición:

*Facultamiento es la creación de un clima
organizacional que libere el conocimiento,
la experiencia y la motivación que residen
en las personas.*

Infortunadamente, esto es más fácil de decir que de hacer. Otros actores pueden bloquear tal liberación de poder, y la historia pasada, con su poderosa fuerza, a menudo inhibe el paso hacia el facultamiento.

Los colaboradores directos tampoco comprenden el facultamiento. Muchos de ellos sienten que, si se les faculta, se les dará rienda suelta para hacer lo que les plazca y tomar todas las decisiones clave de sus empleos. Los colaboradores directos suelen no entender que el precio de la libertad es compartir los riesgos y las responsabilidades. Esto es particularmente cierto en un ambiente post ley Sarbanes-Oxley, de supervisión contable cuidadosa y responsabilidad corporativa[1]. En verdad, una cultura de facultamiento exige una responsabilidad mucho mayor de los colaboradores directos que una cultura jerárquica. Con todo, es precisamente este atemorizante aumento de la responsabilidad lo que compromete a las personas y les proporciona un sentido de realización. Las oportunidades y los riesgos del facultamiento vigorizan tanto a los colaboradores directos como a los gerentes.

El poder del facultamiento

¿Funciona el facultamiento en el mundo real? ¡Apueste a que sí! Varios investigadores han encontrado que cuando a las personas se les faculta, sus organizaciones en general se benefician. Por ejemplo, Edward Lawler halló que cuando se da a las personas mayor control y responsabilidad, sus compañías logran un mayor desempeño en las ventas (10,3%) que las compañías que no hacen partícipes a sus colaboradores (6,3%)[2]. Joe's es un comerciante minorista de nicho del sector alimenticio, conocido por llevar la toma de decisiones al nivel de tienda. Esta organización encontró que durante un período de ocho años su crecimiento anual en ventas aumentó del 15 al 26%, las ventas por tienda aumentaron a razón del 10% anual y el número de tiendas aumentó en casi el 100%. Además, el volumen total de ventas se incrementó en más del 500%. Si bien otros factores contribuyeron a tal aumento en las ventas, el facultamiento de los colaboradores se consideró como un elemento importante del éxito[3].

No sólo existe clara evidencia de la relación positiva entre el facultamiento y el desempeño, sino que académicos como Thomas Malone creen que aquél es esencial para las compañías que aspiran a triunfar en la nueva economía basada en el conocimiento[4].

Cómo la historia pasada obstaculiza el cambio hacia el facultamiento

La mayoría de las personas tiene una historia de exposición al pensamiento de comando y control, antes que a una cultura de facultamiento. La mayoría de nosotros estamos bastante acostumbrados a trabajar bajo guía y control externos. Las siguientes preguntas son muy familiares para nosotros:

En la escuela: "¿Qué desea el maestro que yo haga para obtener buenas calificaciones?"

En el trabajo: "¿Qué quiere mi jefe que yo haga?"

Por haber pasado nuestras vidas bajo un marco de referencia de pensamiento jerárquico, estamos mucho menos acostumbrados a enfrentarnos a preguntas como éstas:

En la escuela: "¿Qué deseo aprender en esta clase?"

"¿Cómo sabré que he aprendido algo que pueda usar?"

En el trabajo: "¿Qué necesito hacer para ayudar a mi compañía a tener éxito?"

Éste es el tipo de preguntas que surgen —y que exigen respuestas— cuando una cultura organizacional comienza a apoyar el facultamiento. El presidente Kennedy hizo un llamado a este tipo de preguntas cuando retó a los estadounidenses: "No pregunte qué puede su país hacer por usted; pregunte qué puede hacer usted por su país"[5].

Muchos de nosotros poseemos habilidades como padres, maestros y gerentes, adquiridas con dificultad, que llenan expectativas en cuanto al papel desempeñado por los líderes con base en la suposición de la responsabilidad jerárquica. En verdad, sentimos que es nuestra responsabilidad como padres, maestros o gerentes decir a las personas qué hacer, cómo hacerlo y por qué es necesario hacerlo. Pensamos que hacer a los hijos, estudiantes o colaboradores directos preguntas como éstas sería evadir nuestra responsabilidad:

"¿Qué crees que necesita hacerse y por qué es importante?"
"¿Cuáles crees que deben ser tus metas?"
"¿Qué crees que debes hacer para lograrlas?"

Si se tiene en cuenta que los gerentes saben que se les hará responsables de los resultados, muchos se muestran renuentes a ceder el control a sus colaboradores directos. Dicha renuencia señala una de las fuentes principales de resistencia al facultamiento: los gerentes que consideran que éste amenaza su control. Irónicamente, es mediante el desarrollo de individuos y equipos autodirigidos que reemplacen la jerarquía, que los gerentes pueden desempeñar con mayor facilidad sus nuevos papeles, más generadores de facultamiento, como entrenadores, mentores y líderes de equipo.

Aprovechamiento del poder y el potencial de las personas: un ejemplo del mundo real

Si bien existe una curva de aprendizaje entre una cultura jerárquica y una de facultamiento, los beneficios bien pueden valer el esfuerzo, como lo muestra el siguiente estudio de caso.

En 1983, un equipo de gerencia de una gran organización estaba en dificultades por un grave problema de tráfico en la carretera que llevaba a sus instalaciones. La carretera cruzaba cuatro millas de humedales protegidos, de modo que no podía ampliarse sin un significativo impacto sobre el medio ambiente. Todas las mañanas, el tráfico que conducía al lugar formaba una fila de cuatro millas que se extendía por toda la carretera, lo cual agregaba una hora al tiempo de viaje. La demora y el fastidio resultantes ocasionaron una significativa caída en la productividad.

Tres años antes, el equipo de gerencia había contratado consultores de tráfico para solucionar el problema. Su trabajo se concentró en una futura ampliación de la carretera y parecía promisorio, pero sus intentos de diseñar soluciones de corto plazo fracasaron tristemente. Como último recurso, la gerencia decidió organizar un equipo de ingenieros, personal de oficina, trabajadores de línea y representantes sindicales para abordar las soluciones de corto plazo. El equipo se reunió dos veces a la semana durante un mes y al final de ese período hizo una serie de recomendaciones prácticas que en última instancia mejoraron el flujo de tráfico tanto de llegada como de salida del sitio.

La simplicidad de las recomendaciones del equipo sorprendió a la gerencia. Por ejemplo, el equipo sugirió que se prohibiera a los camiones hacer entregas en el lugar entre las 6:00 a.m. y las 9:00 a.m. Puesto que había muchas entregas a tales horas, la recomendación de inmediato eliminó parte del tráfico más lento y pesado que obstruía la carretera. Otras recomendaciones contribuyeron también a aliviar el problema. El resultado fue un mejoramiento casi instantáneo en el flujo de tráfico.

Desde el principio, la gerencia había dudado de que el mencionado equipo pudiera resolver el problema. Después de todo, los expertos lo habían estudiado durante tres años. Sin embargo, al apelar a sus propios colaboradores, supieron utilizar un reservorio oculto de conocimiento, experiencia y motivación, y hallaron la solución.

Aprendizaje del lenguaje del facultamiento

Pasar a una cultura de facultamiento exige aprender un nuevo lenguaje. Para entender las diferencias entre la estructura de comando y control y una cultura de facultamiento, debe pensarse en las siguientes frases:

Cultura jerárquica	Cultura de facultamiento
Planeamiento	Creación de visión
Comando y control	Alianza para el desempeño

Cultura jerárquica	**Cultura de facultamiento**
Monitorización	Automonitorización
Receptividad individual	Responsabilidad de equipo
Estructuras piramidales	Estructuras interfuncionales
Procesos de flujo de trabajo	Proyectos
Gerentes	Entrenadores/líderes de equipo
Colaboradores	Miembros de equipo
Administración participativa	Equipos autodirigidos
Haga lo que se le dice	Aprópiese de su empleo
Cumplimiento	Buen criterio

Si se comparan las palabras de las dos listas, se hacen evidentes las diferencias en actitud, expectativas y comportamientos asociados. Por ejemplo, *planeamiento* alude a un proceso por pasos y controlado, mientras que *creación de visión* señala un enfoque más integral e incluyente. *Comando y control* sugiere que el gerente nos diga qué pensar y hacer, mientras que *alianza para el desempeño* indica que la forma en que logramos la visión se deja abierta a discusión y a los aportes de todos los participantes. *Monitorización* sugiere que alguien —generalmente el gerente— debe controlar el desempeño de cada individuo y suministrar evaluaciones de desempeño y retroalimentación, mientras que la *automonitorización* señala que todos poseen la claridad de metas y las habilidades de medición requeridas, así como acceso a los datos pertinentes. Armados de este modo, pueden controlar su propio desempeño y llevar a cabo los ajustes de comportamiento que necesitan para mantener su dirección hacia la meta. *Haga lo que se le dice* ejemplifica la actitud de compromiso externo. Una vez que se le dice qué hacer, puede hacerlo, pero por favor no utilice su intelecto o su criterio y no se preocupe demasiado por los resultados; ésa es tarea del gerente. Por el contrario, *aprópiese de su empleo* ejemplifica la actitud de compromiso interno: a usted le importan los resultados y utiliza su intelecto y su criterio para decidir cómo lograr el éxito individual, de equipo y empresarial.

Este ejemplo final puede aclarar mejor la distinción crucial entre una cultura jerárquica y una cultura de facultamiento. Los individuos hacen lo que se les dice que hagan, hasta los errores. Incluso si saben que una tarea no está hecha de la mejor manera, o que en su conjunto puede ser una tarea equivocada, pueden continuar haciéndola dentro de un espíritu de conformidad malintencionada. ¿Por qué? Porque es por ello por lo que se les recompensa y lo que se espera que hagan bajo una administración jerárquica.

En una cultura de facultamiento, los individuos responden de modo diferente. Asumen el riesgo de poner en tela de juicio las tareas y los procedimientos que consideran ajenos a los intereses de la organización. Los guía cierto sentido de orgullo en torno a sus empleos y una idea de apropiación de los resultados. Las personas piensan en lo que tiene sentido dentro de una situación y actúan de modos que a la vez sirven a los clientes y logran las metas de la organización.

Las tres claves del facultamiento

El viaje hacia el facultamiento exige un liderazgo fuerte que apoye el cambio. En su libro *Empowerment: 3 claves* *para lograr que el proceso de facultar a los colaboradores funcione en su empresa* (Empowerment Takes More Than a Minute)*, Ken Blanchard, John Carlos y Alan Randolph sostienen que para dirigir la transición hacia una cultura de facultamiento, los líderes deben utilizar tres claves: compartir información, establecer las fronteras y reemplazar la antigua jerarquía por individuos y equipos autodirigidos[6].

La primera clave del facultamiento: Compartir información con todos

Una de las mejores formas de crear confianza y responsabilidad en las personas es compartir la información. Proporcionar a los miembros de los equipos la información que necesitan les posibilita tomar decisiones de negocios adecuadas. Compartir información a veces supone revelar información que se considera privilegiada, incluso sobre temas reservados e importantes como las actividades de la competencia, los planes y las estrategias empresariales para el futuro, datos financieros, problemas o áreas críticas del sector, las mejores prácticas de la competencia, la manera como las actividades de grupo contribuyen a las metas organizacionales y la retroalimentación sobre el desempeño. Proporcionar a los individuos una información más completa comunica confianza y crea la idea de "estar juntos en esto", y les ayuda a pensar más ampliamente sobre la organización y las interrelaciones de los diversos grupos, los recursos y las metas. Al tener acceso a la información que les permita entender el cuadro general, los individuos pueden apreciar mejor el

---

* Publicado por Editorial Norma en 1996.

alcance de su contribución y cómo su comportamiento se refleja en otros aspectos de la organización. Todo esto conduce a un uso responsable y acorde con las metas de los conocimientos, la experiencia y la motivación de las personas. Si bien esto se opone a la administración jerárquica, está basado en la siguiente premisa:

---

*Las personas que no tienen información precisa
no pueden actuar de modo responsable;
las personas con información precisa se sienten
obligadas a actuar de modo responsable.*

En un ejemplo más cercano a nosotros, las Compañías Ken Blanchard, como muchas empresas, recibieron el impacto negativo de los sucesos del 11 de septiembre del 2001. En verdad, la firma perdió 1,5 millones de dólares en ese mes. Para tener alguna posibilidad de terminar el año fiscal sin deudas, la empresa tendría que reducir gastos a razón de 350 000 dólares al mes.

El liderazgo debía tomar varias decisiones difíciles. Uno de los líderes sugirió que para aminorar las pérdidas y ayudar a la compañía a regresar a la solvencia, el personal se redujera al menos en el 10%, respuesta típica de la mayoría de empresas.

Como siempre lo hacen al tomar una determinación importante, los miembros del equipo directivo examinaron la decisión de reducir personal frente a los valores organizacionales, ordenados por rango, de conducta ética, relaciones, éxito y aprendizaje. ¿Era ética la decisión de despedir colaboradores en tan difícil momento? Para muchos la respuesta era no. Se tenía la sensación general de que el personal había hecho de la compañía lo que era; echar personas a la calle en un momento como ése sencillamente no era una acción correcta. ¿Hacía honor la decisión al elevado valor que la organización asignaba a las relaciones? No. Pero, ¿qué podía hacerse? La compañía no podía continuar perdiendo dinero a raudales si quería ser exitosa.

Sabiendo que "'ninguno de nosotros' es tan inteligente como 'todos nosotros'", el equipo directivo decidió acudir a los conocimientos y talentos de todo el personal. En una reunión de toda la empresa, se abrieron los libros para mostrar a todo el mundo cuánto estaba perdiendo la firma y en dónde. La política de libros abiertos desencadenó un torrente de ideas y de compromiso. Se organizaron pequeños grupos de tareas para buscar maneras de aumentar los ingresos y recortar los gastos. Tal participación dio como resultado que los departamentos de toda la compañía hallaron toda clase de formas de minimizar el gasto y maximizar el ingreso. Como director espiritual de la empresa, Ken Blanchard trató de levantar el ánimo de los colaboradores al anunciar que todos irían juntos a Hawai cuando la compañía superara la crisis. Los colaboradores sonrieron cortésmente, aunque muchos tenían sus dudas.

En el curso de los siguientes dos años las finanzas gradualmente se recuperaron, y en el 2004 la compañía produjo el mayor nivel de ventas de su historia, superando su meta anual. En marzo del 2005, toda la empresa —350 personas— voló a Maui para una celebración de cuatro días.

Cuando se comparte información importante con los colaboradores, éstos pronto actúan como propietarios. Comienzan a solucionar problemas de manera creativa, lo cual hace aun más especial la celebración de los triunfos. Por el contrario, los líderes que no están dispuestos a compartir información jamás contarán con sus colaboradores como socios en la marcha de una organización exitosa y debidamente facultada.

Compartir información genera confianza

Otro potente beneficio de compartir información es la elevación del nivel de confianza dentro de la organización. Las organizaciones burocráticas se encuentran por lo general cercanas a la quiebra en cuanto a confianza se refiere: los colaboradores directos no confían en los gerentes y los gerentes no confían en los colaboradores directos. Como resultado, las personas invierten enormes cantidades de energía en tratar de protegerse de los demás. Es importante compartir información, incluso si las noticias son malas. Si no se ha tomado decisión alguna, comparta información sobre lo que se está debatiendo. Al compartir información sobre la participación en el mercado, los verdaderos costos, los despidos potenciales y el desempeño real de la compañía —en otras palabras, abrir los libros para que todos los vean—, la gerencia comienza a indicarles a los colaboradores que les tiene confianza, y éstos empiezan a devolver dicha confianza a la gerencia.

Un importante gerente asumió el riesgo de compartir información que con anterioridad sólo había sido vista por la alta gerencia. Aunque en un principio se sintió temeroso de compartir información tan reservada, los colaboradores respondieron con una comprensión más madura y el reconocimiento por haber sido incluidos. "Se creó un gran sentido de pertenencia", comentó el gerente, "mucho mayor de lo que yo hubiera imaginado.

Los colaboradores comenzaron a manifestarse con ideas para ahorrar dinero, cambiando sus empleos y reorganizando los departamentos, ideas que anteriormente habían sido recibidas con gran temor cuando las propuso la gerencia".

Compartir información promueve el aprendizaje organizacional

Una de las formas más poderosas de compartir información es por medio del aprendizaje organizacional, elemento clave de las organizaciones de alto desempeño[7]. Nos referimos a algo que va más allá de la simple adquisición de información. Supone realmente aprender de dicha información y aplicar el conocimiento obtenido a nuevas situaciones.

Las organizaciones de alto desempeño *buscan conocimiento* mediante el escudriñamiento constante del ambiente, la vigilancia del pulso de sus clientes, el seguimiento a la competencia, la inspección del mercado y el escrutinio de los sucesos globales. Reúnen datos de manera continua y los utilizan para hacer correcciones y desarrollar nuevos enfoques. Las organizaciones de alto desempeño también buscan conocimiento sobre el desempeño interno. Tratan los errores y fracasos como datos importantes, y reconocen que así se logran grandes avances. Se entiende así por qué el "Modo de actuar H-P", de Hewlett-Packard, contiene la declaración: "Nos reservamos el derecho de cometer errores"[8].

Las organizaciones de alto desempeño *transfieren conocimiento* mediante el estímulo del diálogo, la indagación y la discusión. Esto va en contravía de las organizaciones tradicionales, en las cuales los colaboradores acaparan información como una manera de protegerse a sí mismos y establecer una base de poder. Las organizaciones de alto desempeño facilitan el acceso a la información. Saben que cuando los datos no se encuentran disponibles o no se pueden recuperar con facilidad, es más difícil para las personas aprender y pierden oportunidades. Crean estructuras como los equipos interfuncionales, que enseñan a los colaboradores cómo transferir el conocimiento que han obtenido, por cuanto saben que compartir el conocimiento es crucial para el éxito.

Quienes desarrollan los nuevos automóviles en Ford Motor Company aprendieron lo anterior con dificultad, cuando buscaron entender por qué el diseño original del equipo del Taurus era tan exitoso. Por desgracia, nadie se los pudo decir. Nadie recordaba o había tomado registro de qué había hecho tan especial tal esfuerzo. El conocimiento obtenido en el proyecto Taurus se perdió para siempre[9].

Las organizaciones de alto desempeño buscan continuamente formas de *incorporar el conocimiento en los nuevos modos de hacer negocios*. Cuando no se reconoce o comparte el conocimiento, no se le puede aplicar directamente al trabajo. En palabras de Michael Brown, antiguo director ejecutivo de Microsoft:

La única manera de competir en la actualidad es hacer obsoleto el propio capital intelectual antes de que otro lo haga[10].

Segunda clave del facultamiento:
Crear autonomía por encima de las fronteras

En una cultura jerárquica, las fronteras son realmente como cercas de alambre de púas. Están diseñadas para controlar a las personas y mantenerlas dentro o fuera de ciertos lugares. En una cultura de facultamiento, las fronteras se parecen a cintas de caucho que pueden expandirse para permitir a las personas asumir mayores responsabilidades a medida que crecen y se desarrollan.

A diferencia de las fronteras restrictivas de la cultura jerárquica, en una cultura de facultamiento las fronteras dicen a las personas dónde *pueden* ser autónomas y responsables, en lugar de decirles aquello que *no pueden* hacer. Las fronteras se basan en el nivel de habilidades de las personas. Por ejemplo, a los individuos que carecen de destrezas para diseñar presupuestos se les asigna una frontera —un límite de gastos— antes de recibir mayores responsabilidades. En una cultura de facultamiento, los colaboradores también reciben la capacitación y el desarrollo de habilidades necesarios para hacer posible una mayor autonomía. Uno de los aspectos más intrigantes de la creación de una cultura de facultamiento es que los gerentes deben comenzar por crear *más* en lugar de *menos* estructura.

Como las líneas de una cancha de tenis,
en una cultura de facultamiento, las fronteras
ayudan a las personas a llevar la cuenta
de los tantos y mejorar su juego.

Un buen ejemplo del establecimiento de fronteras se le presentó recientemente a un supervisor que conocemos, que estaba frustrado por la cantidad de tiempo que invertía en llevar a cabo tareas que, aunque importantes desde el punto de vista administrativo, no maximizaban sus talentos y habilidades. Una de sus tareas más frustrantes era hacer pedidos de pequeñas herramientas y materiales para el equipo cada vez que uno de sus miembros le solicitaba algo. Dentro de un espíritu de facultamiento, les enseñó cómo ubicar los pedidos ellos mismos y les permitió efectuar algunos pedidos pequeños directamente y sin su aprobación. Inicialmente, fijó una frontera sobre las adquisiciones —un límite de 100 dólares—, pero más adelante amplió la frontera al crecer el nivel de confianza del equipo (y el suyo propio). Debido a que tenían autorización para pedir los suministros que necesitaban sin la demora de la aprobación de su supervisor, los miembros del equipo se sentían muy bien. El costo de los suministros disminuyó en un 20%, porque los colaboradores tuvieron mayor cuidado en pedir sólo los materiales que realmente necesitaban.

Las fronteras ayudan a las personas a aclarar el cuadro general, así como el cuadro particular. Como vimos en el capítulo 2, "El poder de la visión", las organizaciones deben **crear una visión convincente** que motive y guíe a las personas.

La visión organizacional es el cuadro general.
Las fronteras ayudan a las personas a ver
cómo se inserta su pieza del rompecabezas
dentro de ese cuadro.

Declarar las fronteras convierte el cuadro general en acciones específicas. Permite a los individuos **establecer metas** que ayudan a la organización a lograr dicho cuadro general. Tales metas no se ven como fines sino más bien como hitos de progreso por colaboración.

Por ejemplo, en una empresa de servicios de información, los principales líderes acordaron que los miembros de los equipos con mayor información a su disposición podían identificar y definir algunas de sus metas en colaboración con sus líderes. De las cinco a ocho metas de desempeño típicas de los equipos, los líderes solicitaron a los miembros desarrollar por sí mismos tres o cuatro. Los miembros de los equipos llegaron rápidamente a complacerse con la idea, pues hacía uso de sus aportes y les otorgaba sentido de pertenencia. La idea también les gustaba a los líderes de los equipos, por cuanto sus miembros compartían la responsabilidad de identificar y definir las metas cruciales para el éxito de la organización.

Declarar las fronteras también exige que los gerentes **aclaren las nuevas reglas para la toma de decisiones**. Al principio, los miembros de los equipos pueden pensar que el facultamiento significa que "tenemos que tomar todas las decisiones". Con frecuencia siguen a esto dos reacciones: Una es que los miembros de los equipos quedan decepcionados cuando los gerentes continúan tomando decisiones estratégicas y les dejan sólo las decisiones operativas. La otra es que los miembros de los equipos sienten el impulso de retractarse de algunas decisiones cuando se dan cuenta de que se les hará responsables de todas aquéllas que tomen, sean buenas o malas.

*El facultamiento significa que las personas
tienen la libertad de actuar y también
que son responsables de los resultados.*

En una cultura de facultamiento, los gerentes continúan tomando las decisiones estratégicas. Los miembros
de los equipos participan más en la toma de decisiones
operativas a medida que se sienten más cómodos al
asumir los riesgos inherentes a las decisiones. A medida
que los individuos comienzan gradualmente a asumir la
responsabilidad por las decisiones y sus consecuencias,
los gerentes deben disminuir de manera paulatina su
participación en la toma de decisiones. Las nuevas pautas aplicables al proceso permiten a los gerentes y a los
miembros de los equipos operar con libertad dentro de
las nuevas funciones que se han definido.

Declarar las fronteras también supone que *los gerentes
creen nuevos procesos de evaluación de desempeño*. El
proceso de evaluación de desempeño que se encuentra
en la mayoría de compañías casi inevitablemente supri-
me el facultamiento y debe reestructurarse. El centro de
atención debe pasar de la evaluación del miembro del
equipo a la colaboración entre éste y el gerente. Como un
gerente nos dijo una vez: "La mejor persona para evaluar
el desempeño y el avance de un colaborador es él mismo.
El gerente puede cambiar, la tarea puede cambiar, pero el
colaborador sigue siendo el centro. Lo que tenemos que
hacer es proporcionar a las personas suficiente información y una estructura clara, que les permitan evaluar de
manera responsable su propio desempeño". Por supuesto,
tal cambio cultural no es fácil. En el capítulo 7, "La alian-

za para el desempeño", examinaremos dicha transición hacia un nuevo proceso de evaluación de desempeño de manera muy detallada.

Como señalamos anteriormente, declarar las fronteras exige que *los líderes proporcionen altas dosis de capacitación*. Para dominar las nuevas habilidades del facultamiento —negociación de planes de desempeño, toma de decisiones, solución de conflictos, liderazgo, preparación de presupuestos y conocimientos técnicos—, las personas necesitan capacitación continua. Sin este aprendizaje continuo, los colaboradores no pueden funcionar en una cultura de facultamiento en evolución. Tienen que desaprender los hábitos burocráticos y aprender las nuevas destrezas y actitudes necesarias en un mundo facultado. El aprendizaje continuo es parte integral de una organización de alto desempeño, no un beneficio adicional o un mal necesario.

Pasar de una cultura jerárquica a una cultura de facultamiento debe ser un proceso gradual. Los colaboradores no pueden manejar demasiados cambios al mismo tiempo, o grandes cambios en una sola dosis. No es posible prever todas las modificaciones de fronteras que serán necesarias en tal cambio cultural; algunas cosas sencillamente tienen que introducirse sobre la marcha y atenderse a medida que surgen. Examinaremos tales asuntos en el capítulo 11, "Estrategias para manejar el cambio".

Tercera clave del facultamiento: Reemplazar la antigua jerarquía por individuos y equipos autodirigidos

A medida que las personas aprenden a ser más autónomas gracias a la utilización de la información y las fronteras ahora compartidas, deben apartarse de la dependencia de la jerarquía. Sin embargo, ¿qué va a reemplazar la claridad y el apoyo de la jerarquía? La respuesta es: individuos autodirigidos y equipos "del siguiente nivel", es decir, grupos muy capacitados e interactivos, con excelentes habilidades de autoadministración[11]. En la actualidad, la permanente reducción de tamaño de las empresas, que disminuye el número de capas de gerencia y acrecienta los espacios de control de los gerentes, las fuerza a facultar a los individuos y a los equipos. El resultado ha sido un vacío en la toma de decisiones que debe llenarse si las compañías han de triunfar.

La división percibida entre los superiores y los colaboradores ya no es muy útil en las organizaciones empresariales. En realidad, va directamente contra el éxito. Hoy en día, éste depende del esfuerzo individual y de equipo.

En verdad, ¿depende hoy el éxito de individuos y equipos facultados? En nuestro trabajo con las organizaciones sacamos a la luz todos los días historias que sugieren que la respuesta a esta pregunta es un resonante sí. He aquí dos ejemplos.

El poder de los individuos autodirigidos

Los líderes de Yum! Brands —la empresa de restaurantes más grande del mundo, con 850 000 colaboradores en más de cien países— entienden el poder de los individuos autodirigidos[12]. Una parte significativa de la capacitación en Yum! se centra ahora en facultar a los colaboradores para atender los problemas de los clientes. Si un mesero tiene un cliente con un problema, se estimula al miembro del equipo para resolverlo de inmediato en lugar de hablar con el gerente. En realidad, los miembros de los equipos pueden crear el modo como atienden a los clientes, lo cual hace las cosas un poco más frenéticas, pero es la forma que le gusta a Yum!

En una reunión de KFC (una de las empresas propiedad de Yum!), Ken Blanchard contó la historia de cómo la organización Ritz-Carlton da a sus colaboradores de primera línea un fondo discrecional de 2000 dólares para resolver los problemas de los clientes sin preguntarle a nadie. El presidente y director ejecutivo de Yum!, David Novak, quien es un gran aprendiz, se sintió encantado con la idea de dar a los colaboradores fondos discrecionales. Más tarde nos dijo: "Nuestro programa de clientemanía ahora incluye facultar a los miembros de los equipos para resolver las quejas de los clientes de inmediato. Antes solían tener que hacer que el gerente general del restaurante hiciera frente a los problemas. Ahora pueden usar hasta 10 dólares para responder ante una situación con un cliente. Algunas personas de nuestra organización dijeron: 'Pero si dejamos a los miembros de nuestros equipos hacer eso, terminaremos quebrados, pues estaríamos regalando todas nuestras utilidades'. Sin embargo, hemos obtenido el margen más alto en la historia de la compañía desde que lanzamos el programa de clientemanía. En consecuencia, la gente no está allí para estafarnos. El 0,5 o el 1% que antes nos estafaba, probablemente lo sigue haciendo, pero esta política ha tenido gran impacto sobre los miembros de los equipos. Se sienten respetados y facultados y, en consecuencia, nuestros clientes nos ven como mucho más receptivos".

Un fondo discrecional de 10 dólares en un restaurante de comida rápida es una gran suma de dinero. En Ritz-Carlton, que es una operación para un segmento mucho más alto, 2 000 dólares es una gran suma. El punto es que un fondo discrecional se convierte en ventaja competitiva cuando los individuos más cercanos a los clientes están facultados para resolver los problemas.

El poder de los equipos autodirigidos

El caso de la fábrica de fibras Allied Signal de Moncure, Carolina del Norte, ilustra el poder de los equipos auto-dirigidos. Los líderes de turno (llamados antes capataces) estaban frustrados, enojados y confundidos con respecto al papel que desempeñaban en el otoño de 1996. Hacía poco que la fábrica había cambiado sus operaciones in-dustriales, adoptado el trabajo de grupo, proporcionado alguna capacitación y dicho a los líderes de turno que retrocedieran y dejaran a los equipos pasar a la autoadmi-nistración. Lo escucharon como si se les hubiera dicho: "Retrocedan o consigan otro empleo; los equipos están aquí para quedarse". No sólo los líderes de turno estaban frustrados, sino que la moral entre los miembros de los equipos también era baja. Hubo una caída en la produc-ción y un aumento en el costo por kilo de los productos. ¿Era la solución retroceder a la antigua forma de trabajar? Algunos se preguntaban por qué no. La fábrica de fibras de Moncure tenía un historial de excelentes relaciones entre los trabajadores y la gerencia, baja rotación y bajo ausentismo, y estaba comprometida con la participación y el mejoramiento continuo de los colaboradores, pero el liderazgo vio la oportunidad de que la organización pasara a un nivel más elevado si sus miembros pudieran imaginar cómo hacerlo bien.

Uno de los líderes de turno, Barney, y dos maestras facilitadoras —Dawn y Gloria— asistieron a un programa sobre creación de equipos de alto desempeño, dirigido por uno de los investigadores del modelo SCORES, Don Carew. Éste les ayudó a entender que la fábrica obtendría un gran beneficio mediante una mayor capacitación en habilidades y liderazgo de equipo, y les hizo ver que si hubiera apoyo para el aprendizaje continuado para la aplicación de tales habilidades, se resolverían sus problemas. Entusiasmados, regresaron a Moncure y convencieron a los líderes de la fábrica de llevar a cabo más capacitación en toda la planta.

El investigador trabajó con un equipo núcleo —compuesto de líderes de turno y maestros facilitadores— para desarrollar una capacitación "hecha a la medida", de un día, que se impartiría a cada uno de los equipos de producto por parte de su respectivo líder de turno. Los 24 líderes de turno se capacitaron para llevar a cabo el programa en agosto de 1997. Durante los siguientes dos años, con la ayuda de los miembros del equipo núcleo como mentores, se impartió el programa de capacitación inicial de un día a los 59 equipos de la fábrica. Las capacitaciones estuvieron seguidas por sesiones de aprendizaje adicionales basadas en la evaluación de las necesidades de cada uno de los equipos.

Imagine el lector a los antes desilusionados líderes de turno, con una idea de su propósito completamente nueva y todo un nuevo conjunto de habilidades al asumir los retos de facilitar el aprendizaje continuo para los miembros de sus equipos, tanto en el salón de clase como en la planta misma. Su papel se había despejado: concentrarse en desarrollar a las personas y los equipos. Como consecuencia, la atmósfera de la fábrica pasó de la frustración al entusiasmo. Más aún, la productividad aumentó en un 5% y los costos disminuyeron en un 6%[13].

Cómo hacer frente al vacío de liderazgo

Mientras se faculta a los colaboradores y se crean los llamados "equipos del siguiente nivel", tanto los gerentes como los miembros de los equipos pasan por una etapa de desilusión y desmotivación. Durante dicha fase, los miembros de los equipos con frecuencia sienten que carecen de competencia y los gerentes suelen estar tan perdidos como sus colaboradores en cuanto a qué hacer ahora. Incluso los gerentes de alto nivel que iniciaron el proceso de facultamiento muchas veces no tienen claridad sobre qué hacer. Llamamos a este fenómeno *vacío de liderazgo*. Recuérdese que tanto los gerentes como los miembros de los equipos están saliendo de las garras de las prácticas y suposiciones burocráticas y jerárquicas. Todos ellos han estado acostumbrados a operar dentro de una jerarquía donde los gerentes toman las decisiones y los miembros de los equipos las ponen en práctica. Tienen mucho que aprender, y dicho aprendizaje suele estar lleno de períodos de frustración.

Una vez esta falta de conocimiento gerencial es admitida por las personas, ocurre una transformación extraordinaria. Cuando los gerentes comienzan a admitir su confusión —pero continúan aferrados a una visión de facultamiento clara y mantienen la información abierta y fluida— las cosas comienzan a cambiar. Empiezan a aparecer pequeños destellos de facultamiento entre los actores y equipos individuales. Una persona puede ofrecer una sugerencia que atrae a las demás; luego se expresarán otras ideas. Casi sin que nadie se dé cuenta de qué está sucediendo, emerge el liderazgo de una fuente inesperada:

los miembros del equipo. Con el tiempo, las muestras de facultamiento se hacen más frecuentes. El mismo vacío de liderazgo que ha sido tan incómodo, realmente ha extraído talento de los miembros de los equipos, y lo ha aplicado a los problemas organizacionales. Al final, el vacío de liderazgo mejora el facultamiento de las personas y las organizaciones.

El viaje hacia el facultamiento exige tanto a los gerentes como a sus colaboradores poner en tela de juicio algunas de sus suposiciones más básicas con respecto a cómo deben operar las organizaciones. Anunciar simplemente el destino no es suficiente. Las personas de todos los niveles de la organización deben dominar nuevas habilidades y aprender a confiar en individuos y equipos autodirigidos como entidades que toman decisiones. Haremos un análisis detallado del desarrollo de los individuos autodirigidos en el capítulo 6: "Autoliderazgo: El poder detrás del facultamiento", y el capítulo 8: "Habilidades esenciales para la alianza para el desempeño: El ejecutivo al minuto", y del desarrollo de equipos de alto desempeño en el capítulo 9: "El liderazgo situacional de equipos". Pero pasemos antes al capítulo 5, "Liderazgo Situacional II: El concepto integrador", que explora el papel desempeñado por el líder en el facultamiento de las personas.

CAPÍTULO 5

Liderazgo situacional II*: El concepto integrador

Los socios fundadores:

Ken Blanchard, Margie Blanchard,
Don Carew, Eunice Parisi-Carew,
Fred Finch, Laurence Hawkins,
Drea Zigarmi y Pat Zigarmi

Si el facultamiento es la clave para tratar bien a los colaboradores y motivarlos para tratar bien a los clientes, es imperativo contar con una estrategia para cambiar el énfasis puesto al líder como jefe y evaluador al de socio y animador. Sin embargo, ¿cuál es precisamente la estrategia adecuada o el estilo de liderazgo?

Durante largo tiempo, la gente pensaba que sólo había dos estilos de liderazgo: el autocrático y el democrático. En realidad, las personas solían situarse en uno de estos dos extremos, e insistían que un estilo era mejor que el otro. Se acusaba a los gerentes democráticos de ser demasiado suaves y fáciles, mientras que de sus contrapartes autocráticas se decía con frecuencia que eran duras y dominantes.

---

* Situational Leadership® II.

Creemos que los gerentes que se restringen a uno de los dos extremos están destinados a ser "gerentes a medias" e ineficientes. Los gerentes completos son flexibles y capaces de adaptar su estilo de liderazgo a la situación. ¿Es el colaborador nuevo y falto de experiencia en cuanto a la tarea de la cual se trata? Entonces necesita mayor guía y dirección. ¿Es el colaborador experimentado y diestro? Tal persona necesita menos supervisión práctica. La verdad es que todos nosotros nos encontramos en distintos niveles de desarrollo, dependiendo de la tarea en la cual nos encontremos trabajando en un momento determinado.

Para extraer lo mejor de otros, el liderazgo
debe ajustarse al nivel de desarrollo
de la persona que se lidera.

La supervisión excesiva o escasa, es decir, dar a las personas demasiada o muy poca dirección, tiene un impacto negativo sobre el desarrollo de los individuos. Por ello es tan importante ajustar el estilo de liderazgo al nivel de desarrollo. Esta estrategia de ajuste es la esencia del *liderazgo situacional,* modelo de liderazgo creado originalmente por Ken Blanchard y Paul Hersey en la Universidad de Ohio en 1968[1]. El modelo revisado, *liderazgo situacional II,* ha perdurado como enfoque eficaz para el manejo y la motivación de las personas, por cuanto abre la comunicación y fomenta la alianza entre el líder y los colaboradores que aquél apoya y del cual dependen. El modelo puede resumirse con esta frase:

Diferentes estilos para diferentes personas.

El liderazgo situacional II se basa en las suposiciones de que las personas pueden y quieren desarrollarse y de que no hay un estilo de liderazgo óptimo para estimular

El modelo de liderazgo situacional II

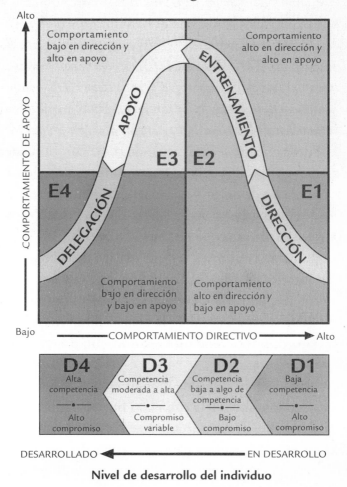

Figura 5.1. El modelo de liderazgo situacional II

tal desarrollo. El estilo de liderazgo debe adaptarse a la situación.

Ajuste del estilo de liderazgo al nivel de desarrollo

En el modelo de liderazgo situacional II hay cuatro estilos básicos de liderazgo: *dirección (E1), entrenamiento (E2), apoyo (E3) y delegación (E4)*, los cuales corresponden a los cuatro niveles básicos de desarrollo: *principiante entusiasta (D1–baja competencia, alto compromiso), aprendiz desilusionado (D2–competencia baja a algo de competencia, bajo compromiso), ejecutor capaz pero cauteloso (D3–competencia moderada a alta, compromiso variable) y triunfador independiente (D4–alta competencia, alto compromiso).*

¿Puede el lector recordar cuando comenzó a aprender a montar en bicicleta? Estaba a veces tan emocionado que ni siquiera podía dormir en la noche, aunque no tuviera idea de cómo montar en bicicleta. Era un clásico ***principiante entusiasta*** que necesitaba ***dirección***.

¿Recuerda la primera vez que se cayó de la bicicleta? Al levantarse con dificultad del pavimento, pudo haberse preguntado por qué demonios decidió aprender a montar y si alguna vez iba a dominar la bicicleta. Entonces llegó a la etapa de ***aprendiz desilusionado***, con necesidad de ***entrenamiento***.

Cuando ya era capaz de montar en bicicleta, con su padre dándole aliento, la confianza que esto le brindaba probablemente se resintió un poco la primera vez que decidió sacar la bicicleta para dar una vuelta sin su animador y apoyo a mano. En ese punto era un ***ejecutor capaz pero cauteloso***, con necesidad de ***apoyo***.

Finalmente, llegó a la etapa en que la bicicleta parecía ser parte de usted. Podía montarla sin pensar en ello. Era un verdadero *triunfador independiente*, y sus padres podían *delegar* en usted el trabajo de divertirse con su bicicleta.

Ahora, veamos cómo se aplican en el sitio de trabajo los niveles de desarrollo y los estilos de liderazgo.

Los principiantes entusiastas necesitan un estilo de dirección

Suponga el lector que recientemente ha contratado a una persona de 22 años. Existen tres responsabilidades cruciales que se exigen a un vendedor eficaz, aparte de vender: servicio, administración y contribución a un equipo. Por haber trabajado en la industria hotelera en el verano, el nuevo vendedor parece tener buena experiencia en cuanto a servicio. Por haber sido tesorero de su fraternidad y capitán del equipo de fútbol de su universidad, parece que también tiene alguna experiencia en administración y contribución a un equipo. En consecuencia, su centro inicial de concentración con él estará en la parte de ventas de su empleo, donde es un *principiante entusiasta*. En tal campo es entusiasta y está listo a aprender, no obstante su falta de habilidades. Debido a su alto compromiso con el objetivo de convertirse en buen vendedor, es curioso, tiene esperanzas, es optimista y está emocionado. En este campo de su empleo es adecuado un estilo de liderazgo de *dirección*. Usted enseña a su nuevo colaborador todo lo relacionado con el proceso de ventas, desde hacer una visita con ese propósito hasta cerrar el negocio. Lo lleva consigo a las visitas de ventas para poder mostrarle cómo funciona el proceso y cómo es un buen trabajo. Luego diseña un plan paso a paso para su autodesarrollo como vendedor. En otras palabras, usted no sólo hace la prueba, sino que le enseña las respuestas. Proporciona dirección específica y supervisa estrechamente su desempeño en ventas, planificando y priorizando lo que debe llevarse a cabo para que el colaborador tenga éxito. Enseñarle y mostrarle qué hacen los vendedores con experiencia —y dejarle practicar en situaciones de ventas de bajo riesgo— es el enfoque adecuado para el principiante entusiasta.

Los aprendices desilusionados necesitan un estilo de entrenamiento

Ahora, supóngase que el nuevo colaborador tiene ya a su haber algunas semanas de capacitación en ventas. Comprende los elementos básicos de las ventas pero encuentra más difícil de lo esperado dominarlos. Usted nota que su paso ha perdido un poco de agilidad y se ve a veces un tanto desanimado. Aunque sabe más sobre ventas que cuando era principiante y tiene destellos de verdadera competencia, a veces está abrumado y frustrado, lo cual ha amortiguado su compromiso. Una persona en esta etapa es un *aprendiz desilusionado*. Lo que se necesita ahora es un estilo de liderazgo de *entrenamiento*, alto en dirección y apoyo. Usted continúa dirigiendo y monitorizando estrechamente sus esfuerzos de ventas, pero los dos se dedican ahora más a conversaciones de doble vía, yendo y viniendo entre sus consejos y las preguntas y sugerencias del aprendiz. En esta etapa también proporciona usted gran cantidad de elogios y de apoyo, por cuanto busca crear en él confianza, restablecer su compromiso y estimular su iniciativa. Si bien está atento a los aportes de su vendedor, es usted quien toma las decisiones finales, pues él está aprendiendo con clientes reales.

Los ejecutores capaces pero cautelosos necesitan un estilo de apoyo

Transcurre un par de meses. Ahora el joven que contrató conoce las responsabilidades cotidianas de su cargo de ventas y ha adquirido algunas habilidades como buen vendedor. Sin embargo, todavía duda algo de sí mismo y se pregunta si puede vender bien *solo*, sin su ayuda o el apoyo de otros colegas. Aunque usted diga que es competente y que sabe lo que hace, él no está tan seguro. Puede tornarse autocrítico o incluso renuente a confiar en sus propios instintos. En esta etapa, es un *ejecutor capaz pero cauteloso,* cuyo compromiso con las ventas fluctúa entre la emoción y la inseguridad. Es entonces cuando se necesita un estilo de liderazgo de *apoyo*. Puesto que su colaborador directo ha aprendido bien sus habilidades de ventas, necesita poca dirección pero mucho apoyo de su parte para estimular su tambaleante confianza. Es entonces el momento de respaldar sus esfuerzos, escuchar sus preocupaciones y sugerencias, y estar allí para apoyar sus interacciones, no sólo con los clientes sino también con los demás miembros de su personal. Usted estimula y elogia, pero rara vez dirige sus esfuerzos. El estilo de *apoyo* es más de colaboración; la retroalimentación es ahora un proceso de "toma y daca" entre los dos. Usted le ayuda a encontrar sus propias soluciones de ventas y le hace preguntas que ensanchen su pensamiento y animen la asunción de riesgos por parte suya.

Los triunfadores independientes necesitan un estilo de delegación

Al pasar el tiempo, el antes nuevo vendedor se convierte en actor clave de su equipo. No sólo domina las tareas y habilidades de ventas, sino que también ha tomado clientes difíciles y ha tenido éxito con ellos. Prevé los problemas y tiene listas las soluciones. Tiene confianza justificada debido a su éxito en el manejo de su área de ventas. No sólo puede trabajar sin ayuda sino que también sirve de inspiración a otros. En esta etapa es un **_triunfador independiente_** en el campo de las ventas de su empleo. Usted puede contar con él para el logro de sus metas de ventas. Para una persona que se encuentra en este nivel de desarrollo es mejor un estilo de liderazgo de **_delegación_**. En tal situación, es adecuado entregarle la responsabilidad por la toma de las decisiones y la solución de problemas del día a día, permitiéndole manejar su propio territorio. Su trabajo ahora es facultarlo y darle así la posibilidad y la confianza de actuar de manera independiente. Lo que usted debe hacer es reconocer su excelente desempeño y proporcionarle los recursos adecuados para cumplir con sus deberes como vendedor. En esta etapa es importante desafiar a su vendedor de alto desempeño para que su capacidad como vendedor siga creciendo y alentarlo a buscar niveles aun mayores.

El nivel de desarrollo varía de una meta a otra o de una tarea a otra

Como quedó implícito en el ejemplo anterior, el nivel de desarrollo no es un concepto global sino específico para la tarea. Podríamos haber seguido el avance del vendedor en materia de servicio, administración o contribución al equipo, y el viaje habría sido distinto. Es importante no encasillar a las personas como un todo en ningún nivel particular de desarrollo. En realidad, el nivel de desarrollo no se aplica a la persona sino más bien a la competencia y al compromiso de la persona para cumplir con *una meta o tarea específica*. En otras palabras, un individuo no se encuentra totalmente en un solo nivel de desarrollo. El nivel de desarrollo varía de una meta a otra y de una tarea a otra. Un individuo puede estar en un nivel de desarrollo con respecto a una meta o tarea y en un nivel muy diferente con respecto a otras.

Por ejemplo, Casey trabaja en el sector de los productos de consumo. En materia de marketing es un genio cuando se trata de sacar a la venta nuevos productos y abrir nuevos mercados; claramente, es una ***triunfadora independiente***, como lo demuestra el éxito de sus planes de venta pasados. Sin embargo, cuando se trata de montar una base de datos para hacer el seguimiento de las pautas demográficas y de compra, Casey tiene poca experiencia más allá de enviar correos electrónicos y hacer procesamiento de palabras en su computador portátil. Dependiendo de su motivación para la tarea, puede ser una ***principiante entusiasta*** o una ***aprendiz desilusionada***.

Este ejemplo muestra que no sólo se necesitan *diferentes estilos para diferentes personas*, sino también *diferentes estilos para las mismas personas*, dependiendo de en qué meta o parte de su trabajo se concentre uno en un momento dado.

Para determinar el estilo de liderazgo que se debe utilizar en cada uno de los cuatro niveles de desarrollo, trace una línea vertical desde un nivel de desarrollo

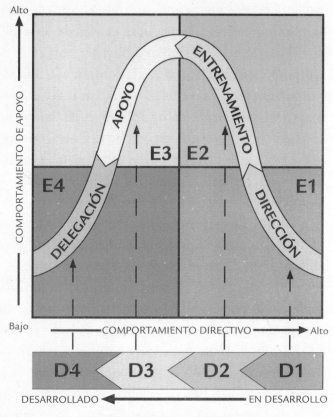

Ajuste del estilo de liderazgo al nivel de desarrollo

Figura 5.2. Ajuste del estilo de liderazgo al nivel de desarrollo

diagnosticado hasta la curva de liderazgo que pasa por el modelo de cuatro cuadrantes. El estilo adecuado de liderazgo —el ajuste— es el cuadrante donde la línea vertical se interseca con la línea curva.

Utilizando este método, el *principiante entusiasta (D1)* recibe un estilo de liderazgo de *dirección (S1)*. El *aprendiz desilusionado (D2)* recibe un estilo de liderazgo de *entrenamiento (E2)*. El *ejecutor capaz pero cauteloso (D3)* recibe un estilo de liderazgo de *apoyo (E3)*, y el *triunfador independiente (D4)* recibe un estilo de liderazgo de *delegación (E4)*. Al determinar qué estilo de liderazgo utilizar con qué nivel de desarrollo, recuerde esto:

Los líderes deben hacer aquello que las personas
que supervisan no pueden hacer por sí mismas
en el momento actual.

La importancia de tratar
a las personas como son

Algunas personas piensan que no es coherente administrar a algunos individuos de cierta forma y a otros de una manera distinta. Sin embargo, nosotros no definimos la coherencia como "tratar a todo el mundo por igual". La definimos como "utilizar el mismo estilo de liderazgo en situaciones similares". Para quienes argumentan que no es justo tratar a los colaboradores directos de manera distinta, concordamos con el juez de la Suprema Corte de los Estados Unidos, Felix Frankfurter:

No hay nada tan desigual como
el tratamiento igual de los desiguales.

Unos amigos nuestros experimentaron los inconvenientes del tratamiento igual con los desiguales cuando su hijo tenía ocho años y estaba en tercer grado. Recibieron de la escuela la noticia de que estaba muy adelantado en lectura con respecto a sus compañeros, pero muy atrasado en matemáticas. "¿Cómo era posible? ¿Cómo podía un niño ser tan bueno en lectura y tan malo en matemáticas?" Después de pensarlo durante un tiempo, desde luego, entendieron. Algunos niños son buenos en estudios sociales pero malos en ciencias. Las personas son buenas en algunas cosas pero no en otras.

Cuando el padre del niño en cuestión comprendió la realidad de la situación y cómo era posible, llamó a uno de los maestros de su hijo. La razón por la cual decimos "uno de los maestros de su hijo" es que éste estaba en una escuela de estilo abierto, con 110 niños en la clase y cuatro o cinco maestros que trabajaban con ellos en un espacio grande y abierto.

"Mire, no quiero ocasionar ningún problema", dijo, "pero lo que me gustaría saber es por qué a nuestro hijo le va tan bien en lectura y tan mal en matemáticas. ¿En qué se diferencia el tratamiento que ustedes le dan en lectura y en matemáticas?"

El maestro respondió: "Aquí en este muro tenemos un grupo de carpetas. Cada niño o niña tiene su propia carpeta de lectura. Cuando es el momento de la lectura, los niños van por sus carpetas, regresan a su mesa y continúan con su lectura donde la dejaron. Si tienen una pregunta, levantan la mano y el maestro va a donde están".

Nuestro amigo preguntó: "¿Cómo funciona eso con nuestro hijo?" y el maestro respondió: "Muy bien. Es uno de nuestros mejores lectores".

Nuestro amigo dijo: "Sigan así. Están haciendo un excelente trabajo enseñándole a leer".

¿Qué estilo de liderazgo estaban utilizando con el niño en lectura? Empleaban un estilo de *delegación*. Él recoge su carpeta y él decide cuándo necesita ayuda. ¿Por qué funcionaba? Porque el niño era un **triunfador independiente** en lectura. Le encantaba y tenía habilidades.

Nuestro amigo dijo: "Ahora dígame lo que hacen con nuestro hijo en matemáticas" y el maestro dijo: "Allá en el otro muro tenemos un grupo de carpetas para nuestro programa de matemáticas. Cuando llega el momento de las matemáticas, los niños van por sus carpetas, las llevan a sus mesas y continúan trabajando en matemáticas donde habían dejado. Si tienen algún problema, levantan la mano y el maestro va a donde están".

Nuestro amigo preguntó: "¿Cómo funciona eso con nuestro hijo?" y el maestro respondió: "No muy bien. Se está quedando atrás de la clase".

¿Qué estilo de liderazgo estaban utilizando con el niño en matemáticas? Usaban un estilo de **delegación**, el mismo que empleaban para enseñarle a leer. En verdad, éste era el estilo de enseñanza que se utilizaba en general en esa escuela abierta. El problema al utilizar un estilo de delegación en matemáticas con este niño era que se encontraba en un nivel de desarrollo mucho más bajo en matemáticas que el que había alcanzado en lectura. Era un **aprendiz desilusionado**. No tenía la competencia necesaria. No tenía ni el interés ni la confianza suficientes. Los maestros lo estaban dejando solo.

Nuestro amigo había recibido enseñanza sobre todo lo relacionado con el liderazgo situacional II, y entonces le dijo al maestro: "¿Nunca le enseñaron a usted en pedagogía que con el mismo niño en una materia distinta debía usarse un estilo de liderazgo o de enseñanza distinto?" Luego nuestro amigo preguntó a todos los maestros del salón de clase abierta: "¿Quién de ustedes tiene la fama de ser un maestro tradicional?" Una mujer de edad mayor sonrió. Había sido maestra durante 35 años en ese sistema escolar. Nuestro amigo había tenido noticias de ella. Su estrecha supervisión de los niños le había dado la fama de ser demasiado rígida. Al reconocer que esto era precisamente lo que su hijo necesitaba, nuestro amigo le preguntó: "¿Cómo enfrentaría usted el problema de nuestro hijo en matemáticas? No le va muy bien".

Antes de referir lo que respondió, digamos algo acerca de esta maestra. Uno de nuestros asociados fue a la escuela elemental donde ella enseñaba antes de pasar a la escuela abierta. En dicha escuela, la maestra tenía, ella sola, 30 niños de tercer grado. Los niños debían almorzar en el salón de clase porque la escuela no era suficientemente grande como para tener una sala para almuerzos. Nuestro asociado llegó a su salón un día a las 12:15. La puerta estaba abierta de par en par y 30 niños de tercer grado tomaban su almuerzo en absoluto silencio, mientras nuestra amiga maestra tocaba una obra de Beethoven en una flauta dulce. Nuestro asociado sonrió al ver esto y se dijo a sí mismo: "Esto es lo que yo llamo control".

Al otro lado del corredor estaba la otra maestra de tercer grado. La puerta del salón estaba cerrada, pero nuestro asociado pudo ver hacia adentro por una ventana. El lugar parecía un zoológico. Los niños corrían por todas partes y estaban sobre los escritorios, mientras la maestra bailaba y los abrazaba. Parecía un lugar muy divertido. ¿Sería ella una buena maestra de lectura para el hijo de nuestro amigo? Desde luego, porque el niño no necesitaba una maestra de lectura. Si no se necesita realmente un gerente, se podría igualmente tener uno simpático, afectuoso y que brinde apoyo. ¿Sería esta maestra buena para enseñar matemáticas al niño? No.

Regresemos ahora a la respuesta de la maestra "directiva" a nuestro amigo. Ella dijo: "Habría sido mucho más fácil si yo hubiera tenido a su hijo desde el principio. Creo que ahora está desanimado porque es mucho más difícil que lo que él pensaba y no le va bien. Entonces, cuando llegue el momento de las matemáticas yo iría hasta donde él está y le diría: 'Es la hora de las matemáticas'. Entonces lo llevaría de la mano hasta donde se encuentra su carpeta. Creo que a veces ni siquiera toma su propia carpeta; lleva la de otro niño que no ha asistido, para arruinarla. Luego lo llevaría de regreso a su mesa, lo sentaría y le diría: "Resuelve los problemas 1 a 3. Yo regreso en cinco minutos para ver qué estás haciendo. Si trabajamos en esto juntos, sé que vas a mejorar en matemáticas".

Nuestro amigo dijo: "Usted es una belleza. ¿Se haría cargo de sus matemáticas?" Ella lo hizo. ¿Piensa el lector que su hijo mejoró algo con su estilo de *entrenamiento*? Será mejor que lo crea. ¿Piensa usted que a él le gustó? No especialmente. Es mucho más fácil relajar que apretar. Había estado acostumbrado a trabajar solo. Aunque trabajar solo no era eficaz, no le gustó el súbito paso a la supervisión estrecha. Con todo, si las personas no saben qué están haciendo y se sienten desanimadas, alguien tiene que dirigirlas y ofrecerles entrenamiento. Nótese que nuestra eficaz maestra de matemáticas aclaró expectativas y metas, observó y monitorizó el desempeño y le dio retroalimentación.

Afortunadamente, faltaban sólo tres meses para concluir el año escolar. ¿Por qué decimos afortunadamente? Porque para esta maestra era difícil pasar de un estilo *directivo/de entrenamiento* a un estilo *de apoyo/delegación*. Era buena en el trabajo de iniciación, pero cuando los niños tenían las habilidades, le era difícil dejar que los estudiantes asumieran la responsabilidad de su propio aprendizaje. Después de tres meses, el hijo de nuestro amigo tuvo la posibilidad de salir de su tutela y continuar con un maestro más humanista y comprensivo, como el afectuoso y amable maestro que describimos antes.

Maestros como éstos son absolutamente buenos en los respectivos papeles que desempeñan, pero es necesario asegurarse de que trabajen con el niño adecuado en el momento adecuado. Tanto el maestro "directivo" como el maestro "humanista" habrían sido más eficaces si hubieran utilizado una diversidad de estilos de liderazgo. Lo mismo sucede con los gerentes y los líderes. Debe tenerse la suficiente flexibilidad como para variar el estilo de liderazgo dependiendo del nivel de habilidades de los colaboradores; de otro modo, la eficacia será limitada.

Todas las personas tienen un potencial
de desempeño máximo. Sólo es necesario
saber cómo son y tratarlas en consecuencia.

Las tres habilidades de un líder situacional

Para ser eficaz al utilizar el liderazgo situacional II, es necesario dominar tres habilidades: *el diagnóstico*, *la flexibilidad* y *la alianza para el desempeño*. Ninguna de tales habilidades es especialmente difícil; cada una de ellas simplemente necesita práctica.

El diagnóstico: la primera habilidad

Como señalamos anteriormente, para ser un líder situacional eficiente, debe determinarse el nivel de desarrollo del colaborador directo, pero, ¿exactamente cómo se hace esto? La clave está en mirar dos factores: la competencia y el compromiso.

La competencia es la suma de conocimientos y habilidades que un individuo lleva consigo para el cumplimiento de una meta o una tarea. La mejor manera de determinar la competencia es mirar el desempeño de una persona. ¿Qué tan capaces son sus colaboradores directos de planificar, organizar, solucionar problemas y comunicar? ¿Pueden cumplir las metas declaradas con precisión y a tiempo? La competencia puede obtenerse mediante la educación formal, la capacitación en el trabajo y la experiencia, y puede desarrollarse con el tiempo, con dirección y apoyo adecuados.

El segundo factor por buscar al diagnosticar el nivel de desarrollo es *el compromiso*: la motivación y la confianza de una persona con respecto a una meta o tarea. ¿Qué tan interesados y entusiastas están sus colaboradores directos al llevar a cabo una tarea en particular? ¿Están seguros de sí mismos? ¿Confían en su propia capacidad de realizar la meta o tarea? Si su motivación y su confianza son altas, sus colaboradores están comprometidos.

La flexibilidad: la segunda habilidad

Cuando se cuenta cómodamente con la capacidad de utilizar una diversidad de estilos de liderazgo, se ha dominado la segunda habilidad del líder situacional: *la flexibilidad*. A medida que los colaboradores directos pasan de un nivel de desarrollo al siguiente, el estilo debe cambiar en concordancia. Con todo, nuestras investigaciones muestran que la mayoría de los líderes tiene un estilo de liderazgo preferido[2]. En verdad, el 54% de los líderes suelen utilizar sólo un estilo; el 35% suele usar dos estilos; el 10% tiende a emplear tres estilos; sólo un 1% utiliza cuatro estilos. Para ser eficaces, los líderes deben estar en capacidad de utilizar los cuatro estilos de liderazgo.

La alianza para el desempeño: la tercera habilidad

La tercera habilidad del líder situacional es *la alianza para el desempeño*. La alianza abre la comunicación entre usted y sus colaboradores directos y aumenta la calidad y la frecuencia de sus conversaciones. Cuando comenzamos a enseñar liderazgo situacional II, los gerentes salían de la capacitación entusiasmados y listos para aplicarla y utilizar los conceptos. Sin embargo, encontramos que se creaban problemas porque los colaboradores con quienes los gerentes aplicaban el modelo no entendían qué estaban haciendo aquéllos y con frecuencia interpretaban mal sus intenciones.

Por ejemplo, suponga que diagnosticó a uno de sus colaboradores como un triunfador independiente. En consecuencia, decidió dejar básicamente a esa persona tranquila, pero no le dijo por qué. Después de un tiempo —después de no verlo a usted más— su colaborador puede confundirse. "Me pregunto qué he hecho mal, ya no veo nunca a mi jefe".

Suponga que otro de sus colaboradores es nuevo y usted decide que tal persona necesita, como mínimo, un estilo de entrenamiento. En consecuencia, usted permanece en su oficina todo el tiempo. Después de un tiempo, el colaborador puede llegar a preguntarse: "¿Por qué mi jefe no confía en mí? Siempre está mirando sobre mi hombro".

En ambos casos, usted puede haber hecho un diagnóstico correcto, pero sus colaboradores interpretaron mal sus intenciones, pues no comprendieron sus razones. Mediante este tipo de experiencias nos dimos cuenta de que…

…el liderazgo no es algo que usted hace a las personas, sino algo que usted hace con las personas.

Es allí donde se inicia la alianza para el desempeño. Tal habilidad consiste en lograr el permiso de sus colaboradores directos para utilizar el estilo de liderazgo que se ajuste a su nivel de desarrollo. Como se verá en el siguiente capítulo, "Autoliderazgo: El poder detrás del facultamiento", la alianza para el desempeño también permite a las personas pedir a su gerente el estilo de liderazgo que necesitan. Puesto que la alianza para el desempeño supone este tipo de "toma y daca" entre el líder y el seguidor, esperaremos hasta cuando usted entienda plenamente *el autoliderazgo situacional* para profundizar en la alianza para el desempeño en el capítulo 7, "Alianza para el desempeño".

El liderazgo eficaz es un viaje de transformación

Llamamos concepto integrador al liderazgo situacional II porque fue sobre esta teoría que se construyeron las Compañías Ken Blanchard. Con el tiempo, nos persuadimos de que el liderazgo eficaz es un viaje de transformación de cuatro etapas: el autoliderazgo, el liderazgo uno a uno, el liderazgo de equipo y el liderazgo organizacional[3].

El autoliderazgo está en primer lugar porque el liderazgo eficaz comienza por dentro. Antes de aspirar a liderar a cualquier otra persona, usted debe conocerse a sí mismo y saber qué necesita para tener éxito. El autoconocimiento le confiere perspectiva.

Sólo cuando los líderes han tenido experiencia en liderarse a sí mismos, se encuentran preparados para liderar a otros. La clave para *el liderazgo uno a uno* es poder desarrollar una relación de confianza con otros. Si usted no sabe quién es –o cuáles son sus fortalezas y debilidades— y no está dispuesto a ser vulnerable, jamás podrá desarrollar una relación de confianza. Sin confianza, es imposible que una organización funcione eficazmente. La confianza entre usted y las personas que lidera es esencial para el trabajo conjunto.

El siguiente paso del viaje de transformación de un líder es *el liderazgo de equipo*. Liderar un equipo es siempre más complicado que liderar a las personas uno a uno. Como sabe toda madre de mellizos, cuando se trabaja con otra persona sólo hay dos relaciones posibles: su relación con esa persona y la relación de esa persona con usted. Cuando una tercera persona se incorpora al dueto, se da un salto a 12 relaciones posibles. Si bien usted mantiene sus relaciones con cada una de las personas individualmente, las cosas son siempre distintas cuando se interactúa con otra persona y está presente un tercero. ¿Alguna vez se encontró con un colega antes de ir a ver al jefe y ambos acordaron una estrategia para la reunión, y después, de improviso, en medio de aquélla, su colega adoptó otra postura? ¿Por qué sucede esto? Porque participa un tercero. El liderazgo de equipo exige confianza y cooperación.

El liderazgo organizacional es la etapa final del viaje de transformación. Que un líder pueda funcionar bien como líder organizacional —alguien que supervisa a más de un equipo— depende de la perspectiva, la confianza y la comunidad alcanzadas durante las tres primeras etapas del viaje de transformación del líder. La clave para desarrollar una organización eficaz es crear un ambiente que valore tanto *las relaciones como los resultados*.

Uno de los errores primarios que cometen hoy los líderes es que, cuando se les llama a liderar, invierten la mayor parte de su tiempo y energía en tratar de mejorar las cosas en el nivel organizacional antes de asegurarse de que han abordado de modo adecuado su propia credibilidad en los niveles de liderazgo propio, uno a uno y de equipo.

Al dedicar tiempo el lector a cada una de las etapas del liderazgo en su viaje de transformación, el liderazgo situacional II desempeñará un papel importante. El siguiente capítulo examina cómo se aplica el modelo a la primera etapa del viaje de transformación: el autoliderazgo.

CAPÍTULO 6

Autoliderazgo: El poder detrás del facultamiento

Ken Blanchard,
Susan Fowler
y Laurence Hawkins

Como señalamos en el capítulo 4, "Facultar es la clave", la jerarquía tradicional del liderazgo está evolucionando hacia un nuevo orden: el facultamiento de los individuos. Cuando los "autolíderes" pueden tomar la iniciativa para hacer lo que necesitan para triunfar y los líderes responden a tales necesidades, la pirámide proverbial se invierte y los líderes sirven a quienes lideran. Esto convierte el poder en facultamiento.

Los gerentes deben aprender a liberarse de los estilos de liderazgo de comando y control, porque pronto no tendrán otra alternativa. En los años 80, un gerente por lo general supervisaba a cinco personas. En otras palabras, el espacio de control era de un gerente por cada cinco colaboradores directos. Hoy, las compañías tienen estructuras organizacionales más esbeltas y los espacios de control han aumentado considerablemente: ahora es común encontrar un gerente por cada 25 a 75 colaboradores directos. Agréguese a ello el surgimiento de organizaciones virtuales —en las cuales se pide a los gerentes supervisar personas con las que pocas veces, si es que alguna vez, se encuentran cara a cara— y tendremos que surge un paisaje por entero distinto. La verdad es que hoy la mayoría de jefes ya no pueden desempeñar el papel tradicional de decir a las personas qué, cuándo y cómo hacerlo todo. Los gerentes simplemente no tienen el tiempo y, en muchos casos, sus colaboradores saben más acerca del trabajo que realizan. Más que nunca, las compañías dependen en la actualidad de individuos debidamente facultados para llevar a cabo las tareas.

Algunas personas llegan a este "ambiente facultado" como patos al agua, pero algunas quedan inmovilizadas, inseguras de cómo actuar sin que su gerente les diga directamente qué hacer. ¿Cuál es la solución? ¿Cómo hacer para que las personas atrapen el balón que se les ha lanzado y corran con él? ¿Cómo puede ayudarse a los individuos a crecer como agentes facultados para solucionar problemas y tomar decisiones?

Creación de una fuerza de trabajo comprometida

Así como los líderes pasan del comando y control a la alianza para el desempeño, así también deben aquéllos a quienes lideran pasar de "esperar a que se les diga" a tomar la iniciativa y liderarse a sí mismos. Si el papel crucial desempeñado por los líderes situacionales es convertirse en socios de sus colaboradores, el nuevo papel de éstos es convertirse en socios de sus líderes. Tal es la esencia del autoliderazgo.

*Si el facultamiento ha de ser exitoso,
las organizaciones y los líderes deben desarrollar
dentro de la fuerza laboral autolíderes
que tengan habilidades para el facultamiento.*

En necesario capacitar a las personas en el autoliderazgo. Aunque muchas organizaciones enseñan a los gerentes a delegar y "dejar hacer", se pone menos énfasis en desarrollar a los individuos para que tomen el balón y corran con él. Las organizaciones de vanguardia han aprendido que desarrollar autolíderes es una potente forma de producir un impacto positivo sobre el triple balance.

Por ejemplo, uno de nuestros clientes, Bandag Manufacturing, experimentó el valor del autoliderazgo luego de una importante avería en sus equipos. En lugar de suspender temporalmente a los trabajadores afectados, la compañía optó por capacitarlos en autoliderazgo. Sucedió algo divertido. Los colaboradores comenzaron a reclamar responsabilidad a sus gerentes y a pedirles que demostraran sus capacidades de liderazgo. Solicitaban a sus gerentes dirección y apoyo, y los urgían a clarificar las metas y las expectativas. De improviso, los gerentes estaban estudiando sus herrumbrosas habilidades y trabajando más duro.

Cuando el tiempo de aumento de la producción de la planta se comparó con el de las otras ocho plantas de la compañía que habían experimentado averías semejantes en el pasado, la de California alcanzó los niveles de producción anteriores al daño más rápido que ninguna otra en toda su historia. El fabricante estudió también otros indicadores y concluyó que el factor determinante en la exitosa recuperación de la planta había sido principalmente el comportamiento proactivo de los trabajadores, quienes estaban plenamente comprometidos y armados con las destrezas del autoliderazgo.

Una organización llena de autolíderes es una organización con una fuerza de trabajo comprometida.

Creación de autolíderes mediante el aprendizaje individual

El aprendizaje individual, uno de los elementos cruciales de una organización de alto desempeño, es esencial para el autoliderazgo[1]. Las organizaciones que no animan a sus colaboradores a aprender tienen menos probabilidades de ser de alto desempeño, por cuanto las habilidades de una organización no son mayores que las habilidades de sus colaboradores. La organización no puede aprender, a menos que el individuo aprenda.

En las organizaciones de alto desempeño, se trata a las personas como activos preciados que aumentan su valor con la experiencia y el conocimiento. Las organizaciones de alto desempeño utilizan la capacitación formal, el entrenamiento y el apoyo en el trabajo para desarrollar las habilidades y competencias de sus colaboradores.

Los autolíderes deben ser responsables de su propio aprendizaje, pero no deben soportar solos la carga; las prácticas de administración deben apoyar el desarrollo del conocimiento y las habilidades. Esto funciona mejor cuando las actividades de aprendizaje están integradas en el trabajo de todos. En las organizaciones de alto desempeño, todo el aprendizaje está alineado con la dirección estratégica de la compañía y la apoya.

Por fortuna, son abundantes los ejemplos de organizaciones que promueven el aprendizaje individual y el desarrollo de autolíderes. Yum! Brands —empresa matriz de Pizza Hut, Taco Bell y KFC, entre otras— patrocina la Yum! University, donde los asociados aprenden las habilidades técnicas, empresariales e interpersonales relacionadas con la construcción de la clientemanía[2].

Johnsonville Foods promueve el aprendizaje continuo y alienta a todos los colaboradores a asistir a clases de capacitación, independientemente de si se aplican directamente a sus empleos actuales[3]. General Electric (GE) es otro excelente ejemplo de una organización que valora el aprendizaje. Su iniciativa *Work Out,* lanzada en 1989, derribó barreras para el aprendizaje mediante trabajo interfuncional en aplicaciones reales. *Work Out* eliminó el desperdicio y aumentó la productividad al eliminar los obstáculos a la comunicación, de modo que los colaboradores compartieran el conocimiento y actuaran con base en él. GE sigue construyendo sobre todo lo que los colaboradores aprenden mediante ese programa, sello distintivo de una organización que promueve el aprendizaje continuo y el desarrollo de autolíderes[4].

El facultamiento es lo que los líderes
dan a sus colaboradores. El autoliderazgo
es lo que los colaboradores hacen para poner
en obra el facultamiento.

Las tres habilidades del autolíder

No es posible invertir la pirámide jerárquica y sencillamente decir a los autolíderes que asuman la responsabilidad. Los autolíderes deben desarrollarse de manera activa, enseñando a los colaboradores habilidades y actitudes mentales que fomentan el facultamiento[5]. En el libro *El autoliderazgo y el ejecutivo al minuto* (Self Leadership and The One Minute Manager)*, Ken Blanchard, Susan Fowler y Laurence Hawkins enseñan las tres habilidades del autoliderazgo: ***desafiar las restricciones supuestas, festejar los puntos de poder*** y ***colaborar para el éxito***[6].

La primera habilidad del autolíder: Desafiar las restricciones supuestas

La primera habilidad de un autolíder es ***desafiar las restricciones supuestas***. ¿Exactamente qué queremos decir con restricciones supuestas?

Una restricción supuesta es una creencia, basada en la experiencia pasada, que pone límites a las experiencias actuales y futuras.

El ejemplo clásico de una restricción supuesta puede ilustrarse con el entrenamiento de los elefantes de circo. El entrenador toma a un bebé elefante y lo amarra a un poste con una enorme y pesada cadena. Aunque el elefantito empuje y jale, no puede romper la cadena. Finalmente

---

* Publicado por Editorial Norma en el 2006.

deja de intentarlo. Ahora es un elefante de seis toneladas del circo Barnum & Bailey. Podría sacar con facilidad el poste entero del piso —junto con el escenario—, pero ni siquiera lo intenta. Su incapacidad de moverse más allá de la cadena no es real: es una restricción supuesta.

Piense el lector cómo la historia del elefante se relaciona con su propia experiencia de trabajo. ¿Suena familiar alguna de las siguientes afirmaciones? "¿Por qué molestarme?", "Mi jefe no lo va a aprobar", "Aquí nunca escuchan las ideas de nadie", "Una mujer nunca ha tenido ese cargo antes", "Nunca he sido buena para eso". Todos ellos son ejemplos de restricciones supuestas que pueden ser ciertas en determinado nivel pero que no son la verdad que debe definir su experiencia.

Entre los indicadores de que una restricción supuesta puede estar manteniéndolo de rehén a usted se encuentran el diálogo interior negativo, las excusas y las declaraciones de culpabilidad. En uno u otro momento, la mayoría de nosotros ha supuesto que, debido a que no teníamos autoridad directa o un cargo de poder, no podíamos ser líderes o influir sobre los resultados. Ésta es una de las restricciones supuestas más comunes en el trabajo. Los individuos que se han hecho legendarios por su eficiencia —desde Bill Gates hasta la Madre Teresa de Calcuta— son aquéllos que van más allá de las restricciones supuestas para lograr sus metas. Por ejemplo, la Madre Teresa —proveniente de un grupo albanés minoritario y con un inglés balbuciente— no inició su asombrosa carrera con alta posición y autoridad. Utilizó su poder personal para lograr su meta de llevar dignidad a los desposeídos. Siguieron la fama y el éxito.

Esto no quiere decir que todos nosotros no estemos restringidos por fuerzas externas, trátese de falta de tiempo, dinero o posición de autoridad. Con todo, el autoliderazgo enseña que las restricciones no son el problema; el problema es que pensamos que tales cosas son las únicas fuentes de poder a nuestra disposición. Toda persona exitosa casi puede mencionar la hora y la fecha en las cuales decidió deshacerse de una restricción supuesta.

La segunda habilidad del autolíder: Festejar los puntos de poder

La segunda habilidad del autolíder es *festejar los puntos de poder*. Todas las personas tienen puntos de poder, aunque muchas no se percaten de ello. Por ejemplo, en nuestro trabajo en escuelas públicas hemos encontrado que los estudiantes sienten con frecuencia que, puesto que no son un padre, el director, un maestro o un entrenador, no tienen poder. En consecuencia, llevan a la clandestinidad sus sentimientos de frustración o se tornan hostiles y rebeldes. Éste no es sólo problema de una persona joven. Personas de todas las edades tiene dificultades con la simple noción de poder. A menudo no descubren o reconocen que también tienen algo de poder.

El abuso del poder, el empleo del estatus y la posición para coaccionar a alguien, y el egoísmo asociado con las personas que tienen poder social y político han servido para desalentar a muchos de aceptar —y mucho menos de usar— el poder. El liderazgo situacional les enseña a las personas que todos tenemos puntos de poder. Para ayudar a las personas a reconocer sus puntos de poder, sugerimos que "la única ventaja del poder es la capacidad de hacer un mayor bien". Los autolíderes pueden hacerse un mayor bien a sí mismos y hacer un mayor bien a sus familias, a sus comunidades, a sus organizaciones y a sus compañeros de trabajo cuando aceptan y utilizan su poder.

Hay cinco fuentes de poder: ***poder por posición, poder personal, poder por tarea, poder por relaciones*** y ***poder por conocimientos***.

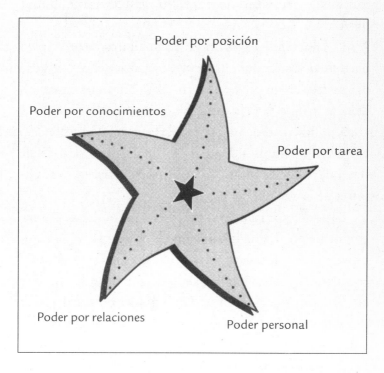

Figura 6.1. Puntos de poder

El ***poder por posición*** es el punto de poder más reconocido. Es inherente a la autoridad de la posición. Se tiene poder por posición cuando la tarjeta de negocios tiene impreso un título que indica que se tiene el poder de manejar personas u ordenar recursos, pero como decía siempre el padre de Ken Blanchard, oficial de la Armada, "los mejores líderes son aquéllos que tienen poder por su posición y nunca tienen que usarlo".

El *poder personal* proviene de atributos personales como la fuerza de carácter, la pasión, la inspiración o la sabiduría. El poder personal aumenta aun más con habilidades interpersonales sólidas, como la capacidad de comunicarse bien y ser persuasivo. Si a las personas les gusta estar en torno suyo, usted tiene poder personal.

El *poder por tarea* surge de una tarea o un empleo particular. Es un poder que se tiene al ser capaz de ayudar a otros en un proceso o procedimiento que necesitan llevar a cabo o, a la inversa, bloquear o demorar a otros el cumplimiento de una tarea. Por ejemplo, el secretario ejecutivo de un presidente o un director ejecutivo suele tener el poder de influir sobre a quién se agrega o se elimina de la agenda del ejecutivo.

El *poder por relaciones* proviene del poder de alianza con otros, mediante la creación de una amistad, la comprensión de un colega, el cultivo de una relación o el conocimiento de alguien que debe a uno un favor. Si se es alguien con poder por posición, poder personal, poder por tarea o poder por conocimientos, potencialmente se tiene poder por relaciones.

El *poder por conocimientos* procede de tener un saber o habilidades especiales, pero también se evidencia cuando se tienen ciertos grados o certificados que indiquen una capacitación especial. Con frecuencia es posible transferir el poder por conocimientos de un empleo a otro o de una compañía a otra. Todos somos buenos en algo, y por consiguiente todos tenemos alguna forma de poder por conocimientos.

Todo el mundo tiene cada una de estas formas de poder en algún grado, y por lo general la distribución es desigual. Encontramos que pocas personas piensan alguna vez en qué puntos de poder tienen. Menos personas aun han preguntado a otros sobre sus percepciones en torno a este tema. Si lo hicieran, se sorprenderían de cómo ven los demás su empleo, su cargo, su personalidad y sus habilidades.

Recibir retroalimentación sobre sus puntos de poder puede ser una experiencia esclarecedora. Es muy posible que usted se sorprenda y quede gratificado por las respuestas que recibe. Con una mayor conciencia y una mayor atención hacia su propio poder, llega a darse cuenta de cómo utilizar sus puntos de poder de manera más ventajosa. Probablemente también se dará cuenta de que, mientras que ha dado algunos puntos de poder por sentados, ha hecho caso omiso de otros. La mejor manera de aumentar su base de poder es reunir en torno suyo a las personas que poseen puntos de poder que usted no tiene.

No dé por aceptada la restricción supuesta
de que el poder por posición es el único
poder que funciona.

Una vez aprenda cuáles son sus puntos de poder, estará listo para expandirlos. Si usted es fuerte en algunos puntos de poder o débil en otros, no suponga que esto va a ser así el resto de su vida. Por ejemplo, no haría ningún daño a una persona con alto poder por conocimientos debido a su saber en computadores pero bajo poder personal debido a sus débiles habilidades interpersonales, tomar el curso de Dale Carnegie sobre *Cómo ganar amigos e influir sobre las personas*. Suponer que las personas nunca van a querer estar alrededor suyo es una restricción supuesta que limita su vida. Lo mismo puede decirse de las personas con buenas capacidades interpersonales pero escasas habilidades técnicas. Es ingenuo pensar que el computador va a desaparecer. Entonces, comience el programa y pida a alguien que le ayude a aprender.

Uso del poder del "Necesito"

Es posible maximizar los puntos de poder cuando se combinan con una poderosa palabra: "Necesito". En lugar de manifestar de manera directa lo que necesitamos, muchos de nosotros quedamos atrapados en preguntas tontas, como la mujer en el metro. Expliquemos. Un hombre entró a un metro en la ciudad de Nueva York y descubrió que sólo quedaba un asiento libre. Había algo en el asiento que no quería ver pegado a sus pantalones, por lo cual puso su periódico y se sentó encima. Pocos minutos más tarde, una mujer le dio un golpecito en el hombro y le dijo: "Disculpe, señor. ¿Está usted leyendo su periódico?" El hombre pensó que ésa era una de las preguntas más tontas que había escuchado en su vida. No pudo contenerse. Se levantó, dio vuelta a la página y respondió: "Si señora. Lo estoy leyendo".

Aunque la historia es divertida, el lector podría interrogarse si hace preguntas necias. Todos lo hacemos. Por ejemplo, suponga que un compañero de trabajo está corriendo de un lado a otro con frenesí, pero usted necesita algo de ayuda. Entonces le pregunta: "¿Estás ocupado?" Ésa es una pregunta necia. ¡Desde luego que está ocupado! Entonces él dice algo así como: "Simplemente no hay suficientes horas en el día". Usted se siente culpable y nervioso y lo deja tranquilo, y no desea ponerle más cargas.

La alternativa a las preguntas necias es simplemente poner de manifiesto sus necesidades a su compañero de trabajo con toda veracidad: "Necesito 15 minutos para hablar sobre este proyecto. Si no es un buen momento, puedo regresar a las 3:00".

¿Qué hace tan poderosa la palabra "Necesito"? Cuando usted dice a alguien que *quiere* algo, el primer pensamiento de esa persona suele ser: "Todos queremos cosas que no podemos tener". Sin embargo, cuando utiliza la palabra "necesito", usted viene de una posición fuerte. Ha pensado en qué se requiere para tener éxito y solicita la ayuda de una persona. Los seres humanos adoran sentirse necesitados. Adoran pensar que pueden ayudar. "Necesito" es una palabra convincente. Es clave cuando se empieza a colaborar para el éxito.

No tema pedir ayuda de personas que tengan puntos de poder que usted no posea. Al ser firme de este modo, elimina de su vocabulario las palabras "ser víctima". Recuerde que si pide lo que necesita, puede ganar o no tener pérdidas. ¿Cuántos nos sentiríamos emocionados por ir a Las Vegas si lo peor que nos puede pasar es ganar o no tener pérdidas? Desde luego, todos tomaríamos el siguiente avión. Si usted pide lo que necesita y lo obtiene, gana. Si lo pide y no lo obtiene, no sufre pérdidas: no lo tenía desde un principio. La mayoría de personas teme pedir lo que necesita por miedo al rechazo. Recuerde: cuando las personas responden con un no, simplemente están rechazando su idea. La única persona que lo puede rechazar a usted es usted mismo.

La tercera habilidad del autolíder: Colaborar para el éxito

La tercera habilidad del autolíder es *colaborar para el éxito*. Es allí donde los autolíderes toman la iniciativa para obtener la dirección y el apoyo que necesitan para alcanzar sus metas.

En el capítulo 5, "Liderazgo situacional II: El concepto integrador", presentamos los cuatro niveles de desarrollo y el estilo de liderazgo adecuado para cada uno de ellos.

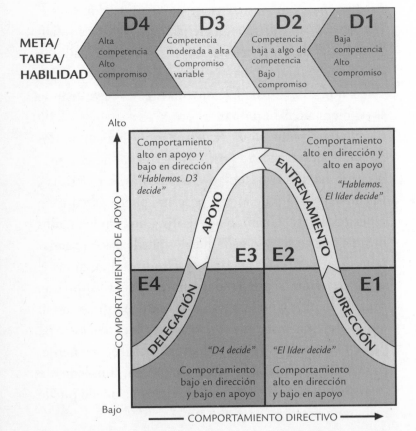

Figura 6.2. El modelo de necesidades

El liderazgo situacional invierte el modelo, de modo que los colaboradores directos pueden ahora diagnosticar su propio nivel de desarrollo en relación con una meta o tarea particular, y tomar la iniciativa de obtener de sus gerentes el estilo de liderazgo que necesitan para tener éxito.

Para ilustrar cómo funciona esto, volvamos a nuestro ejemplo del capítulo 5 sobre un vendedor de 22 años recién contratado. Supóngase que lo primero que hizo con él el gerente del vendedor fue capacitarlo en autoliderazgo situacional. Ahora, cuando él y su gerente fijan metas con respecto a sus cuatro campos clave de responsabilidad —ventas, servicio, administración y contribución a un equipo— el joven vendedor puede *colaborar para el éxito* mediante el desempeño de un papel activo en el diagnóstico de su nivel de desarrollo y la determinación del estilo de liderazgo que necesita para cada una de sus responsabilidades, en lugar de depender de su gerente para que lo haga todo. Esto no sólo aumentará su autoestima y la velocidad de su viaje hacia el facultamiento, sino que al ser un buen socio también aliviará parte de la carga gerencial de su jefe. Entre tanto, se hará más fácil para su gerente invertir la pirámide jerárquica y convertirse más en animador y fuente de apoyo que en director y controlador.

Debido a que el vendedor conoce el autoliderazgo situacional, tiene la capacidad de diagnosticarse como *principiante entusiasta (D1)* en el campo de las ventas a clientes existentes. Sabe que aún no ha demostrado competencia en ese campo y que no ha obtenido el conocimiento y las habilidades que necesita para alcanzar sus metas de ventas. Sin embargo, la idea de proporcionar un servicio superior a los clientes existentes lo entusiasma y su compromiso es alto. El vendedor debe reconocer que necesita un estilo *directivo (E1)*, con alta dirección y bajo apoyo. Debe *colaborar para el éxito* y pedir a su gerente que le enseñe todo lo relacionado con esta parte del proceso de ventas, desde cómo hacer el primer contacto hasta completar la tarea. Debe pedir a su gerente visitar con él a un cliente existente, de modo que pueda ver cómo se hace. También debe pedir ayuda a su gerente para establecer las metas adecuadas y para planificar y priorizar lo que necesita lograr para triunfar en este campo. Teniendo en cuenta que el vendedor está entusiasmado y altamente comprometido con las ventas a clientes existentes, no necesita mucho apoyo emocional en este aspecto de su trabajo.

En el campo de la administración —específicamente en la elaboración de informes electrónicos—, el vendedor se da cuenta de que es un *aprendiz desilusionado (D2)* que necesita *entrenamiento (E2)*. Su trabajo en un hotel en el verano no le proporcionó mucha capacitación en computadores. Luego de tomar algunas clases de software para principiantes, pensó que iba camino de alfabetizarse en computación. Sin embargo, sin el instructor a su lado, su confianza disminuye. El vendedor tiene que admitir a su gerente que, aunque se siente bastante cómodo con el correo electrónico, el programa de la hoja de cálculo lo tiene tan desconcertado que se encuentra a sí mismo hablando entre dientes ante la pantalla del computador. Al reconocer que necesita mucha dirección y mucho apoyo en este campo, el vendedor debe *colaborar para el éxito* y pedir a su gerente mayor capacitación en computadores para poder dialogar con el instructor a medida que aprende. También debe pedir a su gerente gran cantidad de elogios y apoyo para sentir confianza con respecto al computador y que esto lo motive a continuar aprendiendo.

En el campo de las ventas en frío el vendedor tiene algunos problemas. Ha recibido buena capacitación en esta área y conoce paso a paso el respectivo proceso. Durante la capacitación y las primeras semanas después de ella, tuvo varios éxitos. Sin embargo, en el último par de semanas no ha hecho venta alguna de este tipo. Ha vuelto a tener dudas sobre sí mismo y está comenzando a preguntarse si tiene lo necesario para triunfar por sí mismo en la venta en frío. Recordando que hace sólo algunas semanas se sentía entusiasmado y competente con respecto a la venta en frío, se da cuenta de que es un *ejecutor capaz pero cauteloso (D3)* que necesita un estilo de liderazgo de *apoyo (E3)*. Debe *colaborar para el éxito* y pedir a su gerente que escuche sus preocupaciones y preguntas, y anime su decaída confianza. Al saber que la colaboración con un maestro de la venta en frío le proporcionará el estímulo que necesita, debe pedir a su gerente que le ayude a pensar y a asumir riesgos.

En el campo del servicio al cliente, el vendedor sabe muy bien que es un *triunfador independiente (D4)*. Habiendo trabajado en el sector de la hotelería, lleva a su nuevo cargo todo tipo de habilidades para complacer a los clientes. Deleitarlos es para él tan natural como respirar. Ya ha ganado el aprecio de algunos de los mayores clientes de la compañía al prever sus necesidades y entregarles más de lo que habían soñado recibir. En este campo, el vendedor debe *colaborar para el éxito* y hacer saber a su gerente que lo que más le convendría sería un estilo de liderazgo de *delegación (E4)*. Debe pedir a su gerente que le permita tomar las decisiones cotidianas en este campo, e igualmente debe decirle que la mejor manera de apoyarlo es confiar en que puede hacer bien su trabajo, proporcionarle los recursos que necesita y retarlo a lograr aun mayores niveles de servicio.

Es importante recordar que el proceso de colaboración para el éxito no tiene que restringirse a su gerente. Usted puede diagnosticar su nivel de desarrollo y pedir el estilo de liderazgo adecuado a diversos líderes. Recuerde que *un líder es cualquier persona que pueda darle el apoyo y la dirección que necesita para lograr su meta*. Es el momento perfecto para que ponga en tela de juicio sus restricciones supuestas, que son las pequeñas voces en su cabeza que le dicen: "¿Por qué habría de ayudarme esta persona?"

Ahora que el lector sabe sobre la eliminación de las restricciones supuestas, la celebración de los puntos de poder y la colaboración para el éxito, en el siguiente capítulo presentamos la alianza para el desempeño, la tercera habilidad para convertirse en líder situacional eficaz. La alianza para el desempeño aumenta la calidad y la cantidad de los diálogos entre los líderes y las personas que ellos apoyan y de las cuales dependen. Como hemos visto en el caso de nuestro nuevo vendedor, la alianza para el desempeño crea una estructura en la cual los individuos pueden pedir a sus gerentes el estilo de liderazgo que necesitan y al mismo tiempo generar una dinámica de "toma y daca" entre el líder y el seguidor, que produce sorprendentes resultados.

CAPÍTULO 7

La alianza para el desempeño

Fred Finch
y Ken Blanchard

En el mejor de los casos, el liderazgo es una alianza que supone confianza mutua entre dos personas que trabajan juntas para lograr metas comunes. Cuando esto sucede, tanto el líder como el seguidor tienen la oportunidad de influenciarse mutuamente. El liderazgo se alterna entre ellos, dependiendo de la tarea de la cual se trate y de quién tenga la competencia y el compromiso para asumirla. Ambas partes desempeñan un papel en la determinación de cómo se hacen las cosas.

La *alianza para el desempeño*, tercera habilidad de los líderes situacionales eficaces, proporciona una guía para la creación de relaciones de liderazgo del tipo uno al lado del otro. Es un proceso de aumento de la cantidad y la calidad de las conversaciones entre gerentes y colaboradores directos — las personas que apoyan y de las cuales dependen. Tales conversaciones no sólo ayudan a las personas a rendir más sino que también ayudan a todos los interesados a sentirse mejor sobre sí mismos y sobre los demás. ¿Por qué es esto importante?

Hemos encontrado que la mejor manera de mejorar la satisfacción en el trabajo y la autoestima de las personas es ayudarlas a rendir más, lo cual requiere un buen sistema formal e informal de administración del desempeño, que es precisamente lo que promueve la alianza para el desempeño.

Establecimiento de un sistema eficaz de administración del desempeño

Un sistema eficaz de administración del desempeño tiene tres partes. La primera es el *planeamiento del desempeño*. Una vez que todos tienen claridad en cuanto a la visión y la dirección organizacionales, es durante el planeamiento del desempeño que los líderes acuerdan con sus colaboradores directos las metas y los objetivos en los cuales deben concentrarse. En el planeamiento del desempeño, está bien que la jerarquía tradicional siga viva, pues si se presenta desacuerdo entre un gerente y un colaborador directo en cuanto a las metas, ¿quién "gana"? El gerente, porque esta persona representa las metas y los objetivos de la organización.

El segundo aspecto de un buen sistema de administración del desempeño es el *entrenamiento para el desempeño*. Es allí donde la pirámide se invierte y la jerarquía queda de cabeza en la vida cotidiana. Ahora los líderes hacen todo lo que pueden por ayudar a sus colaboradores directos a triunfar. Es allí donde el liderazgo de servicio entra en juego. En esta fase, los gerentes trabajan para sus colaboradores, los elogian por sus avances y reorientan el desempeño inadecuado.

El tercero y último aspecto de un sistema eficaz de administración del desempeño es la ***evaluación del desempeño***. Es allí donde un gerente y un colaborador se sientan y evalúan el desempeño de este último a lo largo del tiempo.

¿A cuál de estos tres aspectos —planeamiento del desempeño, entrenamiento para el desempeño o evaluación del desempeño— dedican las organizaciones la mayor cantidad de tiempo? Por desgracia, a la evaluación del desempeño. Vamos de organización en organización y la gente nos dice: "Les encantará nuestro nuevo formato de evaluación de desempeño". Siempre nos reímos, porque creemos que la mayoría de ellos podría desecharse. ¿Por qué? Porque tales formatos suelen medir cosas que nadie sabe cómo evaluar. Por ejemplo, "iniciativa", "disposición a asumir responsabilidad" o "capacidad de promoción". Cuando nadie sabe cómo ganar en una evaluación de desempeño, la mayor parte de la energía se concentra en la jerarquía. Después de todo, si se tiene una buena relación con el jefe, se tendrá una mayor probabilidad de recibir una buena evaluación.

Algunas organizaciones hacen un buen planeamiento del desempeño y establecen metas muy claras. Sin embargo, después del establecimiento de metas, ¿qué cree usted que sucede con éstas? Con mucha frecuencia se archivan y nadie las mira hasta que se les dice que llegó el momento de la evaluación de desempeño. Entonces todo el mundo corre y se tropiezan unos con otros tratando de encontrar las metas.

De los tres aspectos de un sistema eficaz de administración del desempeño, ¿en cuál invierte la gente menos tiempo? La respuesta es: el entrenamiento para el desempeño. Sin embargo, es el aspecto más importante de la administración del desempeño de las personas, por cuanto es en él donde la retroalimentación —elogio de los avances y reorientación del comportamiento inadecuado— tiene lugar de manera continua.

Para ilustrar nuestro pensamiento en este campo, pensemos en la experiencia de diez años de Ken Blanchard como profesor universitario. Siempre estaba en problemas. Lo que más enloquecía a la facultad era que al principio de cada semestre daba a los estudiantes el examen final. Cuando la facultad lo descubrió, le preguntaron: "¿Qué está usted haciendo?" Ken respondió: "Pensé que se suponía que íbamos a enseñar a los estudiantes". Y la facultad dijo: "Así es, pero ¡no les presente el examen final antes de tiempo!" Entonces Ken dijo: "No sólo voy a darles el examen final antes de tiempo. ¿Qué creen que voy a hacer durante el semestre? Les voy a enseñar las respuestas, de modo que cuando lleguen al examen final reciban la mejor calificación. Verán ustedes. La vida consiste en recibir máximas calificaciones, no en estar en alguna estúpida curva de distribución normal".

¿Contrata usted perdedores? ¿Va usted por ahí diciendo: "Perdimos algunos de nuestros mejores perdedores el año pasado, por lo tanto contratemos algunos nuevos para llenar esos puntos débiles"? ¡No! Usted contrata ya sea ganadores o potenciales ganadores. No contrata personas para que se ajusten a una curva de distribución normal. Desea contratar los mejores colaboradores posibles y desea que rindan a su mayor nivel.

Dar a las personas el examen final antes de tiempo es equivalente al planeamiento del desempeño. Les permite saber con exactitud qué se espera de ellas. Enseñar a los colaboradores directos las respuestas es lo que se hace en el entrenamiento para el desempeño. Si usted ve a alguien haciendo algo bien, le dice ¡Así es!, y si hace algo mal, no lo golpea ni guarda su retroalimentación para la evaluación de desempeño. En vez de ello, le dice: "La respuesta es equivocada. ¿Cuál cree que sería la respuesta correcta?" En otras palabras, los reorienta. Finalmente, aplicar a las personas en la evaluación de desempeño el mismo examen que se les da al comenzar el año les ayuda a ganar, a tener una buena evaluación. No debe haber sorpresas en la evaluación anual o semianual. Todos deben saber cómo será la prueba y buscar ayuda durante el año para obtener un puntaje alto. Cuando se tiene una curva de distribución forzada, en la cual cierto porcentaje de sus colaboradores tiene que estar en el promedio o menos, se pierde la confianza de todos. La preocupación de todo el mundo se convierte en cuidarse del número uno.

Después de conocer esta filosofía, Garry Ridge, presidente de WD-40, aplicó el principio de: "No califique mi ensayo; ayúdeme a obtener una A" como idea importante en su compañía. Pone tanto énfasis en este concepto, que despidió al gerente de una persona con bajo desempeño, en lugar de a esta última, al descubrir que el gerente no había hecho nada para ayudarla a obtener una A.

No todos los gerentes son como Garry Ridge. Muchos todavía creen que se necesita utilizar una curva de distribución normal que clasifique alto a algunas personas, bajo a otras y promedio al resto. La razón por la cual tales gerentes y sus organizaciones suelen ser renuentes a deshacerse de la curva de distribución normal, es que no saben cómo manejar el planeamiento de carrera cuando algunas personas no quedan clasificadas en un nivel inferior. Si calificaron a un alto porcentaje de sus colaboradores como de máximo desempeño, se preguntan cómo podrán recompensarlos a todos. Al pasar las personas a una posición más alta en la jerarquía, ¿no habrá menores oportunidades de promoción? Creemos que tal pregunta es bastante ingenua. Si se trata bien a las personas y se les ayuda a triunfar en su posición actual, con frecuencia utilizan su creatividad para producir nuevas ideas de negocios que ampliarán la visión y harán crecer a la organización. Proteger a la jerarquía no hace ningún bien a los colaboradores ni a la organización.

Ralph Stayer, coautor con Jim Belasco de *Flight of the Buffalo*, cuenta una magnífica historia que prueba este punto. Stayer estaba en el negocio de la fabricación de salchichas. Su secretaria llegó un día con una gran idea. Sugirió que comenzaran un negocio por catálogo, pues en el momento vendían directamente sus salchichas sólo a tiendas de comestibles y otros distribuidores. "¡Qué gran idea!", dijo él. "¿Por qué no organizas un plan empresarial y lo diriges?" Pronto la mujer, que había sido antes su secretaria, estaba dirigiendo una nueva e importante división de su compañía y creando todo tipo de oportunidades de empleo para la gente, así como ingresos para la empresa[1].

El liderazgo que pone énfasis en el criterio, la crítica y la evaluación, es cosa del pasado. Liderar hoy al más alto nivel consiste en tratar a las personas adecuadamente, y proporcionarles la dirección, el apoyo y el estímulo que necesitan para dar lo mejor que pueden. Si se ayuda a los colaboradores a obtener las más altas notas, el sistema de administración del desempeño los estimulará para maravillar a los clientes, pues se sentirán bien con respecto a ellos mismos y desearán devolverles el favor a otros. Esto se magnifica cuando el sistema de administración del desempeño se integra con la alianza para el desempeño.

La alianza y el sistema de administración del desempeño

Para proporcionar una mejor idea sobre cómo funciona lo anterior, deseamos compartir con el lector un plan de juego que le ayudará a entender cómo la alianza para el desempeño se inserta en el sistema formal de administración que acabamos de describir. Si bien el plan de juego puede ponerse en acción sin capacitación previa, es mucho más eficaz si todos los que participan —tanto líderes como colaboradores directos— comprenden el liderazgo situacional II o el autoliderazgo situacional, lo cual garantiza que todos hablen el mismo lenguaje.

Planeamiento del desempeño: La primera parte de un sistema de administración del desempeño

Como puede verse en la figura 7.1, los primeros tres pasos del plan de juego de la alianza para el desempeño —establecimiento de metas, diagnóstico y ajuste— son parte del planeamiento del desempeño.

El primer elemento clave de una alianza eficaz para el desempeño es *el establecimiento de metas*. Todo buen desempeño comienza con metas claras. Este concepto es tan importante que lo examinaremos en detalle en el capítulo 8, "Habilidades esenciales para la alianza para el desempeño: El ejecutivo al minuto". Aclarar las metas supone asegurarse de que las personas entiendan dos cosas: primero, lo que se les pide que hagan —sus campos de responsabilidad— y, segundo, cómo es un buen desempeño —las pautas de desempeño por las cuales se les va a evaluar.

Figura 7.1. El plan de alianza para el desempeño

luego

3. AJUSTE

con

EL ESTILO ADECUADO
DE LIDERAZGO
(se necesita acuerdo con el asociado)

D4 ·	D3 ·	D2 ·	D1 ·
DELEGACIÓN	APOYO	ENTRENAMIENTO	DIRECCIÓN
E4	E3	E2	E1

luego

4. CUMPLA

EL ESTILO ADECUADO
DE LIDERAZGO
(se necesita acuerdo con el asociado)

BUEN DESEMPEÑO	MAL DESEMPEÑO
SE AVANZÓ	CONTRATIEMPO TEMPORAL
Siga a	Regrese a
MÁS APOYO Y MENOS DIRECCIÓN	MÁS APOYO

De dirección (E1) a entrenamiento (E2)
o
De entrenamiento (E2) a apoyo (E3)

De delegación (E4) a apoyo (E3)
o
MÁS DIRECCIÓN

De apoyo (E3) a entrenamiento (E2)

FINALMENTE MENOS APOYO	FINALMENTE MENOS APOYO

De apoyo (E3) a delegación (E4)

De entrenamiento (E2) a dirección (E1)
Si es necesario

SIGA CON EL TRIUNFO Y ESTABLEZCA NUEVAS METAS	REGRESE AL COMIENZO: EVALÚE, ACLARE Y PÓNGASE DE ACUERDO SOBRE LAS METAS

En la alianza para el desempeño, el proceso de establecimiento de metas funciona mejor cuando el gerente y el colaborador directo llevan a cabo una reunión inicial para ese efecto, después de haber meditado en detalle por separado las metas cruciales adecuadas para el colaborador. Una vez que ambas partes hayan compartido las metas propuestas, es más fácil llegar a un acuerdo. Si el colaborar es nuevo o falto de experiencia, o si no se puede llegar a un acuerdo, el gerente debe asumir el liderazgo en el establecimiento de metas. Con personas experimentadas, el proceso debe ser conjunto.

Luego de establecer las metas y acordar los criterios de desempeño y las formas de medirlo, la esencia de la alianza para el desempeño comienza con los pasos segundo y tercero de dicha alianza: el *diagnóstico* y el *ajuste*.

El diagnóstico comienza cuando el líder y el colaborador diagnostican individualmente el nivel de desarrollo del colaborar para cada una de las metas acordadas. Cuando decimos individualmente, queremos decir que tanto el líder como el colaborador van a un lugar tranquilo y diagnostican por separado el nivel de desarrollo para cada una de las metas. Es fácil establecer los niveles de competencia y de compromiso mediante la formulación de algunas preguntas.

La primera pregunta se concentra en *la capacidad*. Por ejemplo, el líder puede interrogarse: "Teniendo en cuenta que el desempeño en esta tarea exige estas cuatro habilidades clave, ¿hasta qué punto tiene esta persona tales habilidades?" Al mismo tiempo, el colaborador se hará la misma pregunta sobre sí mismo. Otra pregunta podría centrarse en si la persona sabe cómo asumir la tarea en cuestión.

Tratándose del **compromiso**, las preguntas se concentran en el entusiasmo que tenga el colaborador con respecto a trabajar en este campo. "¿Será una tarea que motive a esta persona?", puede preguntarse el líder. El colaborador, a su vez, puede preguntarse: "¿Qué tan entusiasmado me siento al asumir esta tarea?"

Después de haber hecho su labor de diagnóstico, las personas que forman parte del proceso de alianza deben reunirse de nuevo y acordar quién va primero. Si es el colaborador, el trabajo del líder es escuchar el diagnóstico de esa persona. Luego, antes de decir nada, el líder debe manifestar al colaborador qué fue lo que le oyó decir, hasta que aquél esté de acuerdo en que en verdad eso fue lo que dijo. Cuando sea su turno, el líder le indica al colaborador su diagnóstico del nivel de desarrollo en cada una de sus áreas de responsabilidad. El trabajo de éste ahora es escuchar y dar retroalimentación sobre lo que escucha, hasta que el gerente esté de acuerdo en que eso fue lo que dijo. ¿Por qué sugerimos este proceso? Porque garantiza que ambas personas sean escuchadas. Sin una estructura como ésta, si una de las dos personas que participan tiene mayor capacidad verbal que la otra, dicha persona dominará la conversación.

Después de haberse escuchado mutuamente, ambas personas deben analizar las similitudes y las diferencias en sus diagnósticos y procurar llegar a algún acuerdo. Si hay desacuerdo que no pueda resolverse entre el líder y el colaborador en cuanto al nivel de desarrollo, ¿quién debe "ganar"? El colaborador. No es tarea del gerente pelear con respecto al nivel de desarrollo. Sin embargo, el gerente debe hacer responsable al colaborador, lo cual supone preguntarle: "¿Qué será usted capaz de mostrarme con respecto al cumplimiento de esta meta dentro de una o dos semanas, que pruebe que su diagnóstico sobre su desarrollo era correcto y el mío equivocado?" Usted desea ayudar a sus colaboradores a ganar, aun si no se ha llegado a un acuerdo. Hemos encontrado que las personas trabajan duro para demostrar que están en lo correcto, que es precisamente lo que usted quiere que hagan. Si el desempeño no está a la altura de las expectativas acordadas, al colaborador le quedará claro que el diagnóstico debe revisarse y que debe darse más dirección y/o apoyo.

Una vez esté claro el nivel de desarrollo, ambas partes, si conocen el liderazgo situacional II, deben estar listas para examinar el estilo de liderazgo que se necesita. Esto conduce al *ajuste*, tercer paso del plan de juego de la alianza para el desempeño. El ajuste garantiza que el líder tenga el tipo de comportamientos —el estilo de liderazgo— que el colaborador necesita para desempeñarse bien en la tarea y, al mismo tiempo, aumentar su compromiso.

Si bien el estilo de liderazgo adecuado que habrá de utilizarse debe estar claro una vez que se establezca el nivel de desarrollo, esto es sólo el comienzo. Cuando uno se asocia para el desempeño, las cosas no terminan simplemente con decir que se utilizará un estilo de delegación o de entrenamiento. Hay que ser más específico. Al líder esto le da una oportunidad para lo que llamamos "obtener permiso para utilizar un estilo de liderazgo".

El propósito de obtener permiso para utilizar un estilo de liderazgo es doble. En primer lugar, comprobar que el estilo propuesto es el que el colaborador acepta que necesita aclarar las cosas. En segundo lugar, obtener permiso asegura la aceptación del uso de dicho estilo por parte del colaborador y aumenta su compromiso. Por ejemplo, si el colaborador es un ***principiante entusiasta*** que no posee mucho en cuanto a conocimiento y habilidades con respecto a la tarea, pero le entusiasma asumirla, tal persona obviamente necesita un estilo de liderazgo de ***dirección***. El líder puede decir: "¿Qué pasaría si yo fijo una meta para una tarea que yo considero que le va a exigir pero que es alcanzable, y luego desarrollo para usted un plan de acción que le ayude a alcanzar la meta? Entonces, me gustaría reunirme con usted regularmente para examinar sus avances y proporcionarle cualquier ayuda que necesite al comienzo. ¿Tiene esto sentido como forma de que usted adquiera velocidad tan pronto como sea posible?" Si el colaborador está de acuerdo, ambos están listos.

Por otra parte, supóngase que el colaborador es un ***triunfador independiente*** en una meta en particular y, por consiguiente, puede hacer frente a un estilo de liderazgo de ***delegación***. El líder puede decir: "Muy bien, la bola está en su campo, pero manténgame informado. Si tiene alguna preocupación, deme una llamada. Si no tengo noticias de usted, o la información que recibo me dice otra cosa, asumiré que todo va muy bien. Si no es así, avíseme pronto. No espere a que el mono se convierta en gorila. ¿Le sirve esto?" Si el colaborador responde afirmativamente, está solo hasta cuando su desempeño o su comunicación indique otra cosa. Si en cualquiera de los dos ejemplos —el principiante entusiasta o el triunfador independiente— el colaborador no está de acuerdo, ¿qué debe suceder? Debe tener lugar una mayor discusión hasta que se llegue a un acuerdo sobre el estilo de liderazgo.

Como puede derivarse de los ejemplos, una vez se acuerde el estilo de liderazgo adecuado, el líder todavía debe dirigir el trabajo. ***Dirigir el trabajo*** puede suponer establecer expectativas de desempeño claras, crear un plan de acción, determinar un proceso para vigilar el avance y manifestar confianza en que la persona puede cumplir el plan de desempeño.

Como parte de dicho proceso, es importante establecer un procedimiento de monitorización basado en el estilo de liderazgo acordado. Es allí donde el líder y el colaborador se comprometen a llevar a cabo "reuniones de control de avance" para examinar cómo va el desempeño. Si el colaborador es un principiante entusiasta o un aprendiz desilusionado, es necesario hacer reuniones frecuentes para asegurarse de que reciba el tipo de dirección y apoyo que faciliten su aprendizaje y desempeño continuos. Si la persona es un ejecutor capaz pero cauteloso o un triunfador independiente, las reuniones deben ser mucho menos frecuentes y la concentración debe estar en que el líder se informe de lo que está sucediendo y elogie y reconozca los avances. Tales reuniones son una fuente crucial de retroalimentación.

Por ejemplo, si usted acuerda con uno de sus colaboradores que él puede hacer frente a un estilo de liderazgo de delegación en una meta en particular, ¿quién está a cargo de su comunicación? Esa persona, pues en este campo es triunfadora independiente. Si necesita ayuda de usted, corresponde a ella hacer el contacto. La única regla es que llame pronto, no tarde. Como líder, usted no quiere sorpresas: mejor tratar con monos que con gorilas.

Si usted está de acuerdo con que su colaborador necesita un estilo de liderazgo de ***apoyo***, puede preguntar: "¿Cuál es el mejor modo en que yo puedo reconocer y elogiar los avances que usted está haciendo? ¿En un almuerzo a la semana o algo así?" Si acuerdan almorzar juntos, el papel que usted podría desempeñar podría ser el de escuchar y apoyar sus acciones. Si se elige un estilo de *entrenamiento*, entonces usted está a cargo. Podría decir: "Fijemos dos reuniones a la semana de al menos dos horas para trabajar sobre la meta en la cual necesita ayuda. ¿Qué tal los lunes y los miércoles de 1 a 3 p.m.?" Con un estilo de *dirección*, se reunirían incluso con mayor frecuencia y podría lograrse que el colaborador asista a alguna capacitación formal.

Entrenamiento para el desempeño: La segunda parte de un sistema de administración del desempeño

Una vez determinado, el estilo de liderazgo acordado establece el número, la frecuencia y el tipo de reuniones de control de avance que tienen entre sí los líderes y sus colaboradores directos. Tales reuniones comienzan con un entrenamiento sobre desempeño. Es allí donde los líderes elogian el avance y/o reorientan los esfuerzos de sus socios, es decir, sus colaboradores directos.

Los líderes suelen suponer que sus conversaciones para dirigir el trabajo son tan claras que no hay necesidad de seguimiento, o que están tan ocupados que no pueden dedicarles tiempo. Si quiere ahorrar tiempo y sufrimientos, fije y lleve a cabo reuniones de control de avance. Podría darse cuenta de los problemas antes de que se agranden y aumentar de manera significativa la probabilidad de que el desempeño del colaborador en la meta satisfaga sus expectativas. Las conversaciones de control de avance mejoran la calidad de sus relaciones, crean confianza y compromiso y disminuyen la cantidad de tiempo que se invierte en apagar incendios. Si no se fijan reuniones de control de avance, los líderes pueden estar dirigiendo a sus colaboradores hacia el fracaso.

Muchos gerentes hacen precisamente eso. Contratan colaboradores, les dicen qué hacer y luego los dejan solos y suponen que se producirá por sí solo un buen desempeño. En otras palabras, abdican; no delegan. Esto establece el viejo estilo de gerencia de dejar solo al colaborador y luego cancelar sus servicios. Entonces, no tener reuniones de control de avance —cuya frecuencia varía de acuerdo con el nivel de desarrollo— puede ocasionar problemas reales. He ahí la razón por la cual uno de nuestros refranes favoritos es éste:

Se puede esperar más
si se revisa más.

Si bien esto puede parecer impertinente, en realidad no lo es. Como Ken Blanchard, Thad Lucinak, Chuck Thompkins y Jim Ballard señalan en *¡Bien hecho!: Cómo obtener buenos resultados mediante el reconocimiento* * *(Whale Done!: The Power of Positive Relationships),* al revisar, el énfasis debe ponerse en sorprender a las personas haciendo lo correcto, no lo incorrecto. El elogio de los avances y/o la redirección de los esfuerzos comienzan acentuando lo positivo. La reorientación sigue a los elogios para mantener los avances. Si no se está haciendo ningún avance —en otras palabras, si el desempeño no mejora—, los líderes deben pasar directamente a la reorientación para detener toda disminución adicional del desempeño.

---

* Publicado por Editorial Norma en el 2004.

La "Gerencia por paseos" capta la esencia del entrenamiento para el desempeño[2]. Proporciona un mayor número de oportunidades de compartir información, suministrar retroalimentación y estimular y apoyar los esfuerzos de las personas entre reuniones de control de avance. Esto le ayuda a uno a mantenerse en contacto con lo que está sucediendo e identificar y resolver los problemas que se presenten diariamente.

El uso del liderazgo situacional II en la alianza para el desempeño es un proceso dinámico. No sólo ayuda a los líderes y a los colaboradores a determinar qué estilo de liderazgo utilizar —como lo indican el número, la frecuencia y el tipo de reuniones de control de avance— sino que también advierte a ambos socios cómo y cuándo es indicado un cambio del estilo de liderazgo. El estilo de liderazgo puede avanzar o retroceder, dependiendo de los cambios en la competencia, el compromiso y el desempeño del colaborador. Cuando *cumplen* con el estilo adecuado de liderazgo, los gerentes dan el cuarto paso del plan de juego de la alianza para el desempeño. Demos una nueva mirada al modelo y veamos lo que sucede cuando mejora el desempeño.

Mejora del desempeño

Al reexaminar la figura 7.2, el lector puede preguntarse qué significa la curva que atraviesa los cuatro estilos. La llamamos curva de desempeño por una buena razón:

El desempeño es lo que suscita un cambio en el estilo de liderazgo.

El modelo de liderazgo situacional II

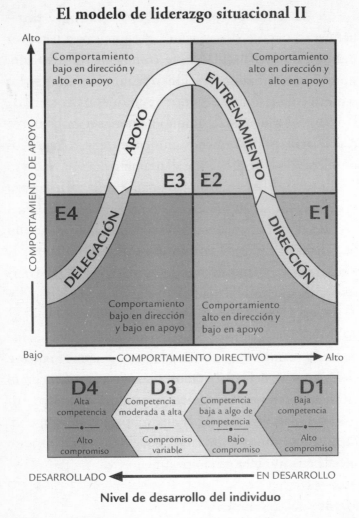

Figura 7.2. Estilos de liderazgo del Liderazgo Situacional II

Al pasar el nivel de desarrollo del ***principiante entusiasta*** (D1) al ***triunfador independiente*** (D4), la curva muestra cómo el estilo de liderazgo del gerente pasa de la ***dirección*** (E1) a la ***delegación*** (E4), con un aumento previo en el apoyo (E2) y luego una disminución en la dirección (E3), hasta que finalmente hay también una reducción del apoyo (E4). En el nivel de **triunfador inde-pendiente** (D4), la persona puede dirigir y apoyar cada vez más su propio trabajo. Su meta como gerente, entonces, debe ser apoyar al colaborador a mejorar el desempeño y cambiar con el tiempo su estilo de liderazgo.

Para ayudarlo a usted como líder a hacerlo, imagine que la curva de desempeño es una línea férrea. Cada uno de los cuatro estilos de liderazgo representa una estación a lo largo de la curva de desempeño. Si se comienza por el **principiante entusiasta** (D1) usando un estilo de **dirección** (E1), y se desea llegar finalmente a la **delegación** (E4), adecuada para el **triunfador independiente** (D4), ¿cuáles son las dos estaciones en las que hay que detenerse en la ruta? El **entrenamiento** (E2) y el **apoyo** (E3).

Notará el lector que ninguna línea férrea va directa-mente de la **dirección** (E1) a la **delegación** (E4). ¿Qué sucede a un tren de alta velocidad si se sale de los rieles? Sale gente herida. Es importante que los gerentes no pasen por alto una estación al dirigir el viaje de sus cola-boradores hacia el alto desempeño. Al permanecer sobre los rieles y detenerse en todas las estaciones, llevarán a los colaboradores a rendir bien por sí solos, con poca o ninguna supervisión. Lao Tzu lo dijo bien:

Cuando el líder hace su mejor trabajo, el personal dice: "¡Lo hicimos nosotros mismos!"

Algunos de nosotros participamos en un experimento hace algunos años, cuando estudiábamos y/o enseñába-mos en la Universidad de Massachussets. Trabajamos con cuatro instructores que enseñaban cuatro seccio-nes distintas de un curso básico de administración.

Preguntamos a los primeros dos instructores cómo enseñaban. Su respuesta fue: "Dictamos clase o dirigimos discusiones". Nosotros dijimos: "Bien. Sigan así". ¿Qué estilos de liderazgo son éstos? Dirección y entrenamiento. Los dos instructores tradicionales se convirtieron en nuestro grupo de control.

Enseñamos a los otros dos instructores liderazgo situacional II y les mostramos cómo, con el tiempo, podían cambiar su estilo de enseñanza. El curso se reunió durante tres horas dos veces a la semana a lo largo de ocho semanas. Las primeras dos semanas en que los estudiantes fueron a la clase, el salón se dispuso al estilo de las clases tradicionales, con un podio al frente. Dijimos a los instructores que tenían cuatro clases de tres horas para enseñar a los estudiantes todo lo que sabían sobre la materia. El trabajo de los instructores era llenar los "barriles vacíos" de los estudiantes.

Cuando los estudiantes llegaron para las segundas dos semanas, el salón estaba dispuesto en forma de media luna, como en una clase de caso empresarial. No había podio. Dijimos a los instructores que ya no podían dictar clase; todo lo que podían hacer ahora era dirigir una discusión sobre un concepto o caso. Los forzamos a pasar a un estilo de liderazgo de entrenamiento.

Las terceras dos semanas, cuando los estudiantes llegaron a clase, el salón estaba dispuesto en un círculo, con un asiento destinado al instructor. Ahora dijimos a los instructores que ya no podían dictar clase ni dirigir una discusión; sólo podían hacer dos tipos de comentarios: comentarios de proceso, como: "¿Han tenido todos la oportunidad de hablar?", o comentarios de apoyo: "Este curso es realmente interesante". Ahora se pedía a los instructores que pasaran a un estilo de liderazgo de apoyo.

Cuando llegaron los estudiantes para las últimas dos semanas, los instructores les dijeron que estaban escribiendo un artículo para una revista empresarial especializada, y que durante las siguientes cuatro clases estarían en un salón vecino trabajando en el artículo. Si los estudiantes los necesitaban, sabían dónde estaban. Entonces, sacamos a los instructores fuera del salón de clase y los forzamos a adoptar un estilo de liderazgo de delegación.

El último día de clase, entró una secretaria a los cuatro cursos y escribió una nota en el tablero: "El instructor está enfermo esta noche y no va a estar aquí. Continúen como de costumbre".

¿Qué cree el lector que sucedió con los estudiantes de los dos primeros cursos, donde los instructores sólo dictaban clase o dirigían discusiones? A los cinco minutos se habían ido. Sin el instructor allí, no sabían qué hacer.

En los cursos donde el estilo de liderazgo cambió, nadie se fue. Los estudiantes hacían comentarios como: "El instructor no ha estado aquí en las tres últimas clases. No importa. ¿Qué pensaste sobre este caso?" Uno de los dos cursos incluso permaneció en el salón media hora más del tiempo estipulado.

Al final del semestre, se aplicó a los cuatro cursos exámenes con el mismo contenido, así como un cuestionario de actitudes que en esencia les preguntaba qué tanto les había gustado el curso. También se habían conservado los registros de ausencias y retardos. Los cursos experimentales, donde el estilo de liderazgo había cambiado, rindieron más que los otros dos cursos. Los estudiantes sabían más, habían disfrutado más el curso y no se habían retardado ni habían estado ausentes. ¿Cómo era esto posible si los instructores ni siquiera habían estado allí en las últimas cuatro clases? Porque los instructores permanecieron en las líneas férreas y gradualmente cambiaron su estilo de enseñanza de la dirección al entrenamiento y de allí al apoyo y la delegación, y los estudiantes pasaron con el tiempo de la dependencia a la independencia, de ser principiantes entusiastas a triunfadores independientes.

Disminución del desempeño

¿Qué ocasiona los descensos en el desempeño? Casi nunca encontramos disminuciones del desempeño debidas a una declinación de la capacidad. La gente sabe o no sabe cómo hacer algo. A menos que se puedan mencionar casos de Alzheimer en el trabajo, las personas por lo general no pierden su capacidad si ya la tenían desde un principio o fueron capacitadas para tenerla. Por consiguiente, los cambios en el desempeño ocurren ya sea porque el empleo y las habilidades necesarias para desempeñarse en él cambian, o porque los colaboradores pierden su compromiso.

Hacer frente a la pérdida de compromiso
—cambio en la motivación o la confianza—
es uno de los mayores retos que enfrentan
los gerentes.

A lo largo de esta sección nos hemos concentrado en ayudar a los líderes a hacer crecer y desarrollar a sus colaboradores de manera más eficaz, para la obtención de mayores niveles de desempeño y satisfacción. El centro de atención ha sido cómo dirigir maneras que eviten que sucedan cosas nocivas. Por desgracia, los líderes hacen frente a numerosas situaciones en que lo nocivo ya ha sucedido.

La mayor parte del tiempo, los líderes evitan hacer frente a sus colaboradores no comprometidos, en gran medida porque el problema tiene una enorme carga emotiva y porque no saben cómo hacerlo. Cuando en verdad lo abordan, usualmente empeoran las cosas: Convierten a los no comprometidos en no comprometidos activos. La percepción central de parte de tales personas es que su líder o la organización las han tratado injustamente.

Creemos que la razón principal de la pérdida de compromiso es el comportamiento del líder y/o de la organización. Con mucha frecuencia, algo que el líder o la organización han hecho o dejado de hacer es la causa principal del menoscabo del compromiso.

No se proporciona a las personas no comprometidas el tipo de liderazgo que se ajuste a sus necesidades; su supervisión es insuficiente o excesiva. La falta de compromiso tiene otras numerosas causas potenciales: carencia de retroalimentación, carencia de reconocimiento, falta de expectativas de desempeño claras, estándares injustos, gritos o culpabilizaciones, incumplimiento de compromisos, demasiado trabajo o demasiada tensión.

La falta de compromiso se hace aun más difícil porque en la mayoría de los casos la situación se ha generalizado: la pérdida de compromiso afecta a la mayor parte, si no a la totalidad, del comportamiento de la persona en el empleo. El individuo se siente infeliz con respecto a todo y a todos.

Así pues, tenemos en las organizaciones un asunto omnipresente que, o bien es un importante problema de productividad (los no comprometidos) o es un importante problema de productividad que empeora (los no comprometidos activos). La gente suele suponer que la falta de compromiso ocurre principalmente en la base de la organización. No es así. Ocurre en todos los niveles organizacionales.

La literatura y los programas de capacitación actuales que abordan lo que se llama "manejo de los problemas de desempeño" se concentran abrumadoramente en los líderes de primera línea. Tal literatura y tales programas suponen que el colaborador de primera línea es el problema. El lenguaje mismo —"manejo de los problemas de desempeño"— implica que la persona con el problema *es* el problema. La literatura y los programas de capacitación ponen énfasis en asuntos como el desempeño o la conducta inaceptable del colaborador, y documentan problemas de desempeño, desarrollan políticas organizacionales para hacerles frente, ofrecen consejería al colaborador, eliminan a los que rinden mal y realizan consejería correctiva e imponen disciplina[3].

En general, éstas son estrategias donde todos pierden, que intensifican la falta de compromiso y deben utilizarse sólo como último recurso. El enfoque se llama comúnmente "culpar a la víctima". Un proceso que no aborda todas las causas del problema con seguridad no va a funcionar, en particular si la persona que culpa a quien debe rendir tiene que ver con las causas. Si el líder y/o la organización desempeñan un papel como causantes del problema, dicho papel debe identificarse y resolverse como parte de la solución.

Culpar: una mala estrategia

Primero, supongamos que el líder o la organización ha contribuido a la falta de compromiso de un individuo. Éste no es siempre el caso, pero la evidencia sugiere que lo es en la inmensa mayoría de las situaciones en que ha tenido lugar. En seguida, supongamos que el problema ha estado presente durante algún tiempo. Nuevamente, la evidencia apoya esta suposición. Cuando pedimos a los líderes de las organizaciones identificar a las personas que lideran y que tienen "problemas de desempeño", y que nos digan durante cuánto tiempo éstos se han presentado, las respuestas varían entre seis meses y diez años. Dichas respuestas, por sí solas, identifican al líder como parte del problema: las dificultades no se han resuelto.

De nuevo, hacer frente a la falta de compromiso es una empresa difícil y usualmente tiene una enorme carga emocional. Si la situación ha estado presente durante algún tiempo, es probable que exista un alto nivel de tensión emocional en la relación entre el líder y el colaborador. El líder ha estado observando el desempeño y/o el comportamiento, y está cada vez más molesto y frustrado. El colaborador ha estado sufriendo por algo que causa su falta de desempeño o su comportamiento inadecuado, y está cada vez más molesto y frustrado. El líder culpa al colaborador y el colaborador culpa al líder y/o a la organización. Allí no hay mucha diversión.

Abordar eficazmente el problema requiere un sofisticado conjunto de destrezas personales *y* la habilidad de no permitir que el ego se interponga en el camino. Si no está dispuesto a admitir algún comportamiento de parte suya o de la organización que haya contribuido a causar el problema, es improbable que haya una solución.

Manejo de la falta de compromiso

La falta de compromiso tiene lugar cuando existe una brecha entre el desempeño y/o el comportamiento del colaborador y las expectativas del líder. Tales brechas se presentan por dos razones principales. En primer lugar, aparece una brecha cuando la persona ha demostrado capacidad para rendir o comportarse adecuadamente, y ahora su desempeño ha decaído o su comportamiento ha cambiado de modo negativo. En segundo lugar, se presenta una brecha cuando la persona no está dispuesta a aprender y/o adquirir habilidades que lleven a mejorar el desempeño o el comportamiento.

Vemos tres estrategias posibles para hacer frente a la falta de compromiso:

1. Siga haciendo lo que siempre ha hecho.
2. Descúbrala pronto.
3. Pase a un estilo de liderazgo de apoyo (comportamiento del líder alto en apoyo/bajo en dirección).

La primera alternativa —seguir haciendo lo que siempre se ha hecho— le proporcionará lo que siempre ha recibido: cada vez más enojo, frustración y ausencia de solución.

La alternativa más eficaz es descubrir pronto la falta de compromiso: la primera vez que se observa, antes de que se salga de control y empeore. La pronta detección hace más fácil identificar las causas y resolverlas, tanto para usted como para su colaborador.

Así como las mejoras en el desempeño dan lugar a cambios hacia delante en el estilo a lo largo de la curva de desempeño, sus disminuciones exigen cambios hacia atrás en el estilo de liderazgo dentro de dicha curva. Si una persona a quien se está delegando comienza a declinar en su desempeño, usted necesita saber por qué. Entonces, pasará de un estilo de delegación a un estilo de apoyo, en el cual se escucha y se reúnen datos. Si ambos están de acuerdo en que el colaborador está todavía por encima de la situación, se puede explicar la disminución del desempeño y recuperarlo y se puede regresar a un estilo de liderazgo de delegación. Sin embargo, si los dos acuerdan que tal situación de desempeño necesita mayor atención de parte suya, puede ahora adoptar un estilo de entrenamiento, en el cual pueda proporcionar una supervisión más estrecha. Rara vez, si es que sucede, es necesario regresar al principio, a un estilo de dirección.

La tercera alternativa para abordar la falta de compromiso cuando el problema se ha venido presentando durante algún tiempo consiste en pasar con cautela a un estilo de liderazgo de apoyo. A los gerentes impacientes que preferirían retroceder y volver al estilo de liderazgo directivo puede parecerles una alternativa inapropiada. Exploremos por qué y de qué manera un estilo de liderazgo de apoyo es una mejor selección. A medida que usted examine las siguientes cuatro etapas, apreciará por qué hablamos de precaución.

Paso 1: Prepárese

La preparación debe suponer la elección de una forma de desempeño o un comportamiento específico que usted considere que los dos tienen la oportunidad de enfrentar conjuntamente. No intente abordarlo todo al mismo tiempo. Puede decir que comenzará por una parte de un problema mayor, pero manténgalo manejable.

Una vez que haya localizado la forma de desempeño o el comportamiento en el cual quiere concentrarse, reúna toda la información que apoye la existencia de la forma de desempeño o el comportamiento desde su punto de vista. Si se trata de un problema de desempeño, limite sus observaciones a lo que haya visto. No haga suposiciones ni se base en las percepciones de otros. Ésta es una forma segura de generar actitudes defensivas y en todo caso es probable que no logre identificar específicamente a esos "otros". Los "otros" usualmente no quieren que se les nombre. Asimismo, utilice la información más reciente posible. Mientras más atrás vaya en el tiempo, mayor será la posibilidad de quedar inmerso en un debate sobre si la información es real.

Enseguida, identifique cualquier cosa que usted o la organización pueda haber hecho para contribuir a la falta de compromiso. Sea honesto. Reconocer es la parte más importante del avance hacia la solución.

Hágase usted mismo preguntas que determinen su papel en la situación. ¿Eran claras las expectativas de desempeño? ¿Ha hablado a la persona alguna vez sobre su desempeño o comportamiento? ¿Sabe la persona qué es un buen trabajo? ¿Hay algo que obstaculice el desempeño? ¿Ha utilizado usted el estilo adecuado de liderazgo? ¿Está dando retroalimentación sobre el desempeño o el comportamiento? ¿La persona ha sido recompensada por un desempeño o un comportamiento inadecuado? (Con frecuencia en las organizaciones los colaboradores son recompensados por mal comportamiento: nadie dice nada.) ¿La persona ha sido castigada por su buen desempeño o comportamiento? (Suele suceder que las personas sean castigadas por su buen desempeño o buen comportamiento; es decir, hacen bien las cosas y alguien distinto recibe el crédito.) ¿Las políticas apoyan el desempeño deseado? Por ejemplo, ¿se proporciona capacitación o tiempo para aprender las destrezas necesarias?

Después de haberse preparado de manera exhaustiva, está listo para el paso 2.

Paso 2: Programe una reunión, declare el propósito de la reunión y fije directrices

Programar una reunión es vital. Es importante comenzarla declarando su propósito y estableciendo directrices para asegurarse de que ambas partes sean escuchadas, de tal manera que no se produzcan actitudes defensivas. Las personas no comprometidas y con graves problemas de desempeño o comportamiento probablemente van a discutir o estar a la defensiva cuando se les enfrente. Así por ejemplo, la reunión puede abrirse con algo así:

"Jim, deseo que hablemos sobre lo que considero un serio problema en cuanto a su receptividad a las solicitudes de información. Me gustaría establecer algunas directrices sobre la manera como debe efectuarse esta reunión, de modo que ambos podamos compartir plenamente nuestras perspectivas sobre el problema. Deseo que trabajemos juntos para identificar y ponernos de acuerdo sobre el problema y sus causas, para poder fijar una meta y desarrollar un plan de acción para resolverlo. Primero, quisiera compartir mis percepciones sobre el problema y lo que pienso que lo puede haber causado. Deseo que usted me escuche, pero no responda a lo que digo, excepto para hacer preguntas aclaratorias. Luego, deseo que usted repita lo que he dicho, para asegurarnos de que ha entendido mi perspectiva y yo *saber* que la ha entendido. Cuando haya terminado, me gustaría escuchar su parte de la historia con las mismas directrices. Repetiré lo que ha dicho hasta que usted sepa que entiendo su punto de vista. ¿Le parece esto una manera razonable de empezar?"

Utilizando las directrices que ha establecido, los dos deben comenzar a comprender el punto de vista de cada uno sobre el problema de desempeño en cuestión. Asegurarse de que los dos hayan sido escuchados es un modo excelente de reducir las actitudes defensivas y avanzar hacia la solución.

Después de haber establecido las directrices de la reunión, estarán listos para el paso 3.

Paso 3: Trabajen para lograr acuerdo mutuo sobre el problema de desempeño y sus causas

El siguiente paso consiste en identificar dónde existe acuerdo o desacuerdo en cuanto al problema y sus causas. Su tarea es ver si puede lograrse un entendimiento mutuo suficiente para que pueda avanzar la solución conjunta del problema. En la mayoría de situaciones de conflicto es improbable que ambas partes estén de acuerdo en todo. Descubra si hay suficiente fundamento común para trabajar para el logro de la solución. De no ser así, vuelvan a revisar lo que se interpone y pongan de manifiesto una vez más sus posiciones para ver si pueden llegar a un entendimiento y acuerdo.

Cuando piense que es posible avanzar, pregunte: "¿Está dispuesto a trabajar conmigo para resolver este asunto?"

Si no logra aún el compromiso de seguir adelante, debe utilizar un estilo de liderazgo directivo. Establezca expectativas de desempeño claras y un cronograma para realizarlas; fije estándares de desempeño claros y específicos y un programa para seguir el avance de éste; y ponga de manifiesto las consecuencias de no rendir. Entienda que esta estrategia es un último recurso que puede resolver el problema de desempeño pero no el de compromiso.

Una vez obtenga el compromiso de trabajar juntos para resolver el problema, es normal sentir un gran alivio y suponer que el problema está resuelto. No es tan rápido.

Si usted o la organización ha contribuido a la causa del problema, debe tomar medidas para corregir lo que se ha hecho. Lo que sea que haya hecho para ocasionar o agrandar el problema debe abordarse y resolverse. A veces, usted no tiene control sobre lo que ha hecho la organización, pero el simple reconocimiento del impacto que causa aquélla a menudo libera la energía negativa y recupera el compromiso de la otra parte.

Si finalmente se obtiene el compromiso de trabajar juntos para solucionar el problema, pueden pasar al paso 4 y asociarse para el desempeño.

Paso 4: Alianza para el desempeño

Ahora, usted y el colaborador deben hablar sobre la alianza para el desempeño, y decidir de manera conjunta el estilo de liderazgo que habrá de utilizarse para proporcionar dirección o entrenamiento. Se debe fijar una meta, establecer un plan de acción y programar una reunión de control de avance. Este paso es crucial.

Resolver los problemas de falta de compromiso exige sofisticadas habilidades interpersonales y de administración del desempeño. El primer intento de entablar una de estas conversaciones puede no ser tan productivo como usted esperaría. Sin embargo, si la conversación se lleva a cabo con honestidad y buena fe, ésta reducirá el impacto de las habilidades interpersonales imperfectas y sentará el cimiento de una relación productiva, construida sobre el compromiso y la confianza.

Evaluación de desempeño: La tercera parte de un sistema de administración del desempeño

La tercera parte de un sistema eficaz de administración del desempeño es la *evaluación del desempeño*. Es allí donde se resume el desempeño de una persona en el curso de un año. No hemos incluido la evaluación del desempeño en el sentido tradicional en nuestro plan de juego de alianza para el desempeño. ¿Por qué? Porque consideramos que una evaluación eficaz de desempeño no es un suceso anual, sino un proceso continuo que tiene lugar durante todo el período de desempeño. Cuando se programan reuniones de control de avance de acuerdo con el nivel de desarrollo, se tienen continuamente conversaciones abiertas y sinceras sobre el desempeño del colaborador, con lo cual se crea entendimiento y acuerdo mutuos. Si tales reuniones se llevan a cabo bien, la evaluación de desempeño de fin de año será sólo una evaluación de lo que ya se ha discutido. No habrá sorpresas.

La alianza como sistema informal de administración del desempeño

Hasta ahora hemos hablado de la manera como la alianza para el desempeño puede ajustarse a un sistema formal de administración del desempeño. Por desgracia, la mayoría de organizaciones no tiene tal sistema formal de administración del desempeño. Usualmente se fijan metas organizacionales, pero no se establece un sistema para cumplirlas. Como resultado, la administración del desempeño de los colaboradores se deja a la discreción e iniciativa de los gerentes individuales. Si bien se llevan a cabo con frecuencia evaluaciones de desempeño, éstas suelen ser, en el mejor de los casos, caprichosas en la mayoría de organizaciones. Los gerentes que trabajan en ese tipo de ambiente pueden poner en práctica la alianza para el desempeño de manera informal en sus propias áreas, incluso cuando se trata de la evaluación de desempeño. Como señalamos antes, creemos que una evaluación de desempeño eficaz es un proceso continuo que debe tener lugar a lo largo del período de desempeño, y no una vez al año. Si los gerentes trabajan bien con un sistema informal de evaluación de desempeño, quizá mediante su buen ejemplo, surgirá para toda la organización un sistema formal de administración de desempeño, con la alianza para el desempeño como elemento central.

Uno a uno: Póliza de seguros para hacer que la alianza para el desempeño funcione

Cuando aprenden sobre alianza para el desempeño, a las personas les gusta el concepto. Con todo, como dice el refrán, el camino al infierno está empedrado de buenas intenciones. ¿Cómo pueden las personas cerrar la brecha entre *aprender* sobre alianza para el desempeño y realmente *ponerla en práctica*?

Margie Blanchard y Garry Damarest desarrollaron un proceso "uno a uno" que requiere que los gerentes sostengan reuniones de 15 a 30 minutos al menos una vez cada dos semanas con cada uno de sus colaboradores directos[4]. No son reuniones de control de avance, sino de mejoramiento de las relaciones. Teniendo en cuenta que los gerentes tienen muchas personas de las cuales preocuparse, corresponde al colaborador programar tales reuniones, así como fijar la agenda. Es entonces cuando los colaboradores pueden hablar con sus gerentes sobre lo que deseen; es su reunión. Aunque pueden mencionarse el desempeño y las metas, las personas están en libertad de compartir lo que sea que esté en su corazón y en su mente. Tales reuniones permiten a los gerentes y a los colaboradores conocerse mutuamente como seres humanos reales, con esperanzas y temores.

Antiguamente, la mayoría de las personas de negocios tenían una actitud tradicional militarista: "No se acerque a sus colaboradores; usted no puede tomar decisiones difíciles si tiene un vínculo emocional con sus colaboradores". En el ambiente competitivo de hoy, organizaciones rivales vienen en busca de sus mejores colaboradores. La retención de los individuos clave es una ventaja competitiva.

Con demasiada frecuencia, las personas informan que "los cazadores de talentos" que les consiguieron el empleo conocen y se interesan más por sus esperanzas y sus sueños que su propio gerente.

No permita que esto se diga de usted. Las reuniones uno a uno no sólo profundizan el poder de la alianza para el desempeño, sino que también crean relaciones genuinas y satisfacción en el empleo.

El planeamiento, el entrenamiento y la evaluación del desempeño son un excelente fundamento para el liderazgo uno a uno de las personas. En el siguiente capítulo, "Habilidades esenciales para la alianza para el desempeño: El ejecutivo al minuto", revelaremos los secretos clave para liderar.

Habilidades esenciales para la alianza para el desempeño: El ejecutivo al minuto*

Ken Blanchard
y Fred Finch

En el curso de los años, al desarrollar nuestros conceptos y nuestras teorías, hemos creído firmemente en la
regla del 80/20. El 80% de los resultados que los líderes
deben obtener al trabajar con sus colaboradores proviene
de cerca del 20% de las actividades que llevan a cabo.
Los tres secretos de *El ejecutivo al minuto*[1] constituyen
un ejemplo perfecto. En dicho libro, Ken Blanchard y
Spencer Johnson se concentran en tres conceptos básicos:
las metas de un minuto, los elogios de un minuto y las
reprimendas o la reorientación de un minuto. Aunque
estas tres habilidades probablemente representan sólo el
20% de las actividades a las cuales pueden entregarse los
gerentes, si se ponen en práctica les proporcionarán el

---

* Essential Skills for Partnering for Performance: The One Minute Manager®.

resultado que desean (el 80%). Las tres habilidades son básicas en una alianza eficaz para el desempeño.

El establecimiento de las metas de un minuto

Sin metas claras, el liderazgo situacional II no funciona. ¿Por qué? Porque el nivel de desarrollo es específico de la tarea. Como hemos indicado, los individuos no son por completo principiantes entusiastas, aprendices desilusionados, ejecutores capaces pero cautelosos, o triunfadores independientes. Todo depende de qué metas de su empleo se esté hablando.

El uso eficaz del proceso de establecimiento de metas es el fundamento de unos niveles altos de desempeño, satisfacción en el trabajo y sentimientos de autovaloración. En verdad, de acuerdo con las investigaciones, el establecimiento de metas es la herramienta motivacional individual más poderosa de cuantas posee el líder[2]. ¿Por qué? Porque el establecimiento de metas opera de manera que proporciona propósito, reto y significado. Las metas son los postes indicadores a lo largo del camino que hacen que una visión convincente cobre vida. Las metas infunden energía en las personas. Unas metas específicas, claras y que representen un reto conducen a realizar mayores esfuerzos y a tener más logros que las metas fáciles o vagas.

Desde luego, las personas deben tener el conocimiento, las habilidades y el compromiso necesarios para el logro de las metas. En esto se concentra el liderazgo situacional II. Al tratar con principiantes entusiastas y aprendices desilusionados, es probablemente mejor establecer metas de aprendizaje que metas de resultados. Por ejemplo, es mejor para los golfistas principiantes lanzar bolas hacia una red que hacia un campo de práctica, porque si el resultado de sus esfuerzos es evidente, pueden quedar desalentados después de cada tiro. Cuando lanzan hacia la red, en todo lo que se concentran es en si están aprendiendo a dar el *swing* adecuado. Cuando tales golfistas empiezan a mostrar un *swing* competente, pueden salir al campo de práctica.

Si todo buen desempeño comienza con una meta clara, ¿cómo se conoce que ésta se ha establecido? Para que una meta sea clara, las personas necesitan saber qué se les pide que hagan (sus áreas de responsabilidad) y qué es un buen desempeño (los criterios de desempeño por los cuales se les va a evaluar).

Las áreas de responsabilidad

Para obtener el desempeño deseado de sus colaboradores, una organización debe primero tener un sistema bien definido de responsabilidades. Por ejemplo, cuando se pregunta a los colaboradores qué hacen y a sus gerentes qué hacen aquéllos, ambos grupos por lo general dan respuestas ampliamente divergentes, en particular si se les pide establecer prioridades para la lista de las responsabilidades. Como consecuencia, en las organizaciones los individuos suelen ser castigados por no hacer aquello que no sabían que tenían que hacer.

Uno de los mayores obstáculos para el mejoramiento de la productividad proviene de este problema de expectativas organizacionales y responsabilidad poco claras. A veces, los individuos considerados como máximos responsables de una actividad específica pueden ser totalmente ignorantes de su función. Por ejemplo, cuando a un grupo de gerentes de restaurante preocupados por las ventas se les preguntó: "¿Quién es responsable de generar las ventas en su organización?", respondieron que los meseros, pero cuando se les preguntó a éstos cuáles eran sus responsabilidades primordiales, su respuesta sistemática fue: "Servir comidas y tomar los pedidos". No hicieron referencia alguna a las ventas. Así pues, aunque puede parecer algo muy básico, los gerentes deben asegurarse de que sus colaboradores sepan qué se espera de ellos.

Los criterios de desempeño

Los colaboradores deben saber también en qué consiste el buen desempeño, y los criterios de desempeño proporcionan tal información. Éstos ayudan a los gerentes y colaboradores directos a monitorizar el desempeño con mayor facilidad, y sirven como base para la evaluación. Para comprobar si una organización tiene criterios de desempeño claros puede hacérseles a las personas esta pregunta: "¿Está haciendo usted un buen trabajo?" La mayoría de ellas puede responder: "No sé" o "Eso creo". A esta última respuesta, una reveladora pregunta de seguimiento podría ser: "¿Cómo lo sabe?" Las respuestas típicas son: "Mi jefe no me ha reprendido últimamente" o "El que no haya noticias es una buena noticia". Tales respuestas indican que las personas reciben escasa retroalimentación sobre su desempeño hasta cuando cometen un error. Tal estado de cosas es triste. Esa práctica habitual de los gerentes conduce al estilo de administración de uso más común: dejar solos a los colaboradores y luego "eliminarlos". Tal estilo también puede llamarse "administración gaviota". Un gerente gaviota llega volando, hace mucho ruido, habla pestes de todo el mundo y luego sale volando. Si éste es el estilo de administración predominante en las organizaciones, no sorprende que motivar a los colaboradores sea hoy un gran problema organizacional.

Scott Meyers, un consultor de larga data en el campo de la motivación, planteó el mismo asunto mediante la utilización de una analogía novelesca[3]. Meyers estaba asombrado por el número de colaboradores desmotivados en las organizaciones. No obstante, nunca vio a una persona desmotivada después del trabajo. Todo el mundo parecía estar motivado a hacer algo. Una noche, cuando Meyers jugaba a los bolos, vio algunos de los colaboradores "problema" de la última organización en la que había trabajado. Una de las personas más desmotivadas —alguien a quien recordaba muy bien— tomó la bola, se acercó a la línea y la hizo rodar. El colaborador comenzó a gritar y a saltar. ¿Por qué cree el lector que estaba tan feliz? La respuesta era obvia para Meyers: El colaborador hizo moñona. Sabía que había rendido bien: había derribado todos los bolos.

Las metas deben ser claras

Las razones por las cuales las personas no gritan en las organizaciones, como afirmaba Meyers, es que, en parte, no es claro qué se espera de ellas. Para continuar con esta analogía de los bolos, cuando los individuos se aproximan a la pista, notan que no hay bolos al final; es decir, no saben cuáles son sus metas. ¿Cuánto tiempo quisiera usted jugar sin bolos? Y sin embargo, en el mundo del trabajo todos los días las personas juegan sin bolos y, como consecuencia, no pueden decir si lo están haciendo bien.

Los gerentes saben qué quieren que sus colaboradores hagan; simplemente no se molestan en decirles. Suponen que las personas saben. Nunca suponga nada, cuando de establecer metas se trata.

El logro de las metas necesita retroalimentación

Cuando los gerentes suponen que sus colaboradores saben qué se espera de ellos, están creando una segunda forma, ineficaz, de jugar a los bolos. Sitúan los bolos, pero cuando el jugador va a hacer rodar la bola, nota que hay un manto que atraviesa la pista. Entonces, cuando lanza la bola y ésta pasa bajo el manto, oye un golpe pero no sabe cuántos bolos ha derribado. Cuando se le pregunta cómo le fue, dice: "No lo sé, pero me pareció bien".

Es como jugar golf de noche. Muchos de nuestros amigos han dejado de jugar golf. Cuando les preguntamos por qué, dicen: "Los campos están demasiado congestionados". Cuando sugerimos que jueguen de noche, ríen, porque ¿quién jugaría golf sin poder ver los banderines?

Sucede lo mismo al ver el fútbol. ¿Cuántas personas en este país se sentarían frente a sus televisores en una tarde de sábado o domingo, o un lunes en la noche, a ver dos equipos correr de arriba abajo del campo si no hubiera forma de hacer goles?

Para avanzar hacia las metas, los individuos necesitan retroalimentación sobre su desempeño.

El motivador número uno de las personas
es la retroalimentación sobre los resultados.

Otra forma de poner énfasis en esto es el lema que usaba con frecuencia un antiguo colega, Rick Tate: "La retroalimentación es el desayuno de los campeones". ¿Puede el lector imaginar entrenar para los Juegos Olímpicos sin que nadie le diga qué tan rápido corre o qué tan alto salta? La idea parece absurda pero, sin embargo, en las organizaciones mucha gente opera en el vacío, sin saber cómo le va en su trabajo.

El dinero motiva a las personas sólo si representa retroalimentación sobre los resultados. ¿Ha recibido alguna vez el lector un aumento con el cual estuviera complacido, sólo para descubrir que alguien que no cree que trabaje tan duro como usted recibió el mismo aumento o incluso uno mejor? Tal aumento en dinero no sólo no fue motivador sino que se volvió desmotivador cuando usted supo que no tenía nada que ver con sus resultados. De repente, qué tan duro trabajó dejó de ser importante.

Una vez que los gerentes saben que el motivador número uno de las personas es la retroalimentación sobre los resultados, suelen establecer una tercera forma de jugar a los bolos. Cuando el jugador va a la línea a lanzar la bola, los bolos están allí y el manto está aún en su sitio, pero ahora hay otro ingrediente en el juego: un supervisor situado detrás del manto. Cuando el jugador lanza la bola, escucha el golpe de los bolos que caen. Ahora el supervisor levanta dos dedos y dice: "Derribó dos". En realidad, la mayoría de jefes no formularía la retroalimentación de modo tan positivo, sino que diría: "No derribó ocho".

Las evaluaciones del desempeño pueden socavarlo

¿Por qué no levantan los gerentes el manto para que todos puedan ver los bolos? Porque las organizaciones tienen una sólida tradición conocida como *evaluación del desempeño*. La llamamos "Ahora te tengo, estúpido". Por desgracia, muchos gerentes utilizan la evaluación del desempeño como la oportunidad del año para que sus colaboradores se las paguen.

Como indicamos en el último capítulo, el proceso de evaluación del desempeño se utiliza con frecuencia para distribuir a las personas en una curva de distribución normal, categorizándolas y distorsionando así su desempeño. En la mayoría de organizaciones, si seis o siete personas responden ante usted, se desalienta la práctica de dar a todas altas calificaciones, incluso si todas las merecen. Por ejemplo, no toma a los gerentes mucho tiempo darse cuenta de que si dan a todos los colaboradores una alta calificación, posteriormente reciben una calificación baja de *sus* propios gerentes. La única manera como pueden recibir una alta calificación es dar calificaciones bajas a algunos de sus colaboradores. Tener un presupuesto o porcentaje establecido para los aumentos de salario de un grupo con frecuencia estimula esta práctica.

Una de las tareas más difíciles de un gerente es decidir quiénes reciben las calificaciones bajas. La mayoría de estadounidenses, por ejemplo, crece con esta mentalidad de ganar-perder, en la cual en todo grupo algunas personas deben perder. Esta práctica domina nuestro sistema educativo. Por ejemplo, un maestro de quinto grado que hace una prueba sobre las capitales de los estados nunca pensaría en poner a disposición de los estudiantes un atlas durante la prueba para permitirles buscar las respuestas. ¿Por qué? Porque todos los niños recibirían la máxima calificación. ¿Puede imaginar el lector lo que sucedería en la educación de su país si a los niños que tienen que hacer pruebas de vocabulario se les permitiera tener diccionarios en sus mesas? ¡Habría un gran alboroto!

Limite el número de metas

Entre tres y cinco metas es el número ideal en el cual pueden concentrarse los individuos de alto desempeño, de acuerdo con la mayoría de investigaciones[4]. Se debe limitar el número de metas que tienen las personas e intentar identificar las pocas actividades cruciales que van a tener el mayor impacto y producir los mejores resultados. Una vez se establezcan tales metas, deben escribirse, de modo que pueda compararse con frecuencia el comportamiento real con el comportamiento fijado como meta.

Con frecuencia, el establecimiento de metas se considera como un trámite burocrático; un mal necesario para lograr que las cosas se hagan. Cuando tal es el caso, las metas se archivan y los colaboradores salen a hacer lo que quieran hasta cuando se acerque la evaluación de desempeño. Con el establecimiento de "las metas de un minuto", la filosofía consiste en que se deben mantener las metas a mano. Las metas deben poder leerse en un minuto y escribirse en no más de 250 palabras.

Las buenas metas son INTELIGENTES

Aunque la mayoría de gerentes concuerda en la importancia de establecer metas, muchos no dedican tiempo a fijarlas con claridad y escribirlas con sus colaboradores. Como resultado, los individuos suelen quedar atrapados en la "trampa de la actividad", mediante la cual están muy ocupados haciendo cosas, pero no necesariamente las cosas adecuadas. Para concentrarse en *lo que es importante,* se deben fijar metas INTELIGENTES con los colaboradores, lo cual significa que contengan los aspectos más importantes del establecimiento de metas de calidad. Las metas deben ser:

Específicas y mensurables. No puede decirse a alguien: "Quiero que usted mejore". Debe serse específico con respecto al área que necesita mejoría y en qué consiste un buen desempeño. Ser específico refuerza el viejo refrán: "Si no se puede medir, no se puede manejar". Por consiguiente, las metas deben ser específicas, observables y mensurables. Si alguien dice que su trabajo no puede medirse, ofrezca eliminarlo para ver si se pierde algo.

Estimulantes. No toda tarea que se pide a la gente que haga es en extremo estimulante, pero tener metas estimulantes ayuda. A veces todas las personas necesitan saber por qué la tarea es importante. El "porqué" explica de qué manera la tarea de la persona se inserta en el desempeño general del trabajo y en las metas y los objetivos de la unidad, la división, la organización y el cliente. Las personas necesitan saber que lo que hacen marca una diferencia. Eso es estimulante.

Alcanzables. Es una suposición falsa que para motivar a las personas deben establecerse metas inalcanzables. Lo que en verdad motiva a los individuos es tener metas de una dificultad moderada, pero alcanzables. Esto ha sido probado una y otra vez mediante una versión del antiguo juego de lanzamiento de aros. Se pide a las personas lanzar aros a una estaca desde cualquier distancia

que elijan. Según se ha encontrado, las personas desmotivadas se paran ya sea muy cerca de la estaca, donde
la meta se logra con facilidad, o muy lejos, donde sus
posibilidades de éxito son mínimas. Los individuos que
establecen metas demasiado fáciles o demasiado difíciles
no quieren que se les juzgue o se les haga responsables.
Los grandes triunfadores, según la clásica investigación
sobre motivación para el logro llevada a cabo por David
MacClelland, encuentran la distancia adecuada hasta
la estaca mediante experimentación[5]. Si lanzan los aros
desde cierto punto y logran acertar con la mayoría de
ellos, retroceden. ¿Por qué? La meta es demasiado fácil.
Si pierden la mayoría de sus lanzamientos, avanzan. ¿Por
qué? La tarea es demasiado difícil. McClelland halló que
a los grandes triunfadores les gusta establecer metas moderadamente difíciles pero alcanzables; es decir, metas
que les exijan pero que no sean imposibles. Eso es lo que
queremos decir con alcanzables.

Pertinentes. Como señalamos antes, creemos en la regla
del 80/20. El 80% del desempeño que se desea de los
colaboradores proviene del 20% de las actividades en las
cuales pueden participar. Por consiguiente, una meta es
pertinente si se refiere a una de las actividades del 20%
que marca la diferencia en el desempeño general.

Susceptible de seguimiento y con límite de tiempo.
Como gerente, usted debe estar en capacidad de elogiar
los avances o reorientar el comportamiento inadecuado.
Para hacerlo, debe poder medir o contar el desempeño
con frecuencia, lo cual supone que debe establecer un
sistema de registro con el cual se pueda seguir el desempeño. Necesita fijar metas intermedias para poder elogiar
el avance de los colaboradores en el camino. Esto esta-

blece el entrenamiento cotidiano. Si una meta consiste en terminar un informe el 1º de junio, las posibilidades de obtener un informe aceptable, o incluso sobresaliente, aumentan si se solicitan informes intermedios. Recuerde que el buen desempeño es un viaje, no un destino. Una meta es un destino. Lo que los gerentes deben hacer y en lo que pone énfasis la alianza para el desempeño es la administración del viaje.

Elogios de un minuto

Una vez que sus colaboradores entiendan qué se les pide hacer y qué es buen comportamiento, está usted listo para la segunda clave para obtener el desempeño deseado: los elogios de un minuto. Elogiar es la acción más poderosa que puede llevar a cabo un gerente. En verdad, es la clave para capacitar a las personas y hacer triunfadores a todos los que trabajan con usted. Los elogios de un minuto se concentran en reforzar los comportamientos que hacen acercar a las personas a sus metas.

De todas las claves del "ejecutivo al minuto",
el elogio de un minuto es la más potente.

Mire en el interior de su organización para ver si puede "sorprender a sus colaboradores haciendo algo bien". Cuando así sea, hágales un elogio de un minuto que sea inmediato y específico, y manifieste sus sentimientos.

Sea inmediato y específico

Para que un elogio sea eficaz, debe ser *inmediato y específico*. Diga a las personas con exactitud qué hicieron bien tan pronto como sea posible. Por ejemplo: "Usted entregó su informe a tiempo el viernes y estaba bien escrito. Por cierto, lo usé en una reunión hoy y el informe dio una buena impresión de usted, de mí y de todo nuestro departamento". Utilice ejemplos como: "Veo que la productividad en su departamento ha aumentado en un 10%" o "Su informe nos ayudó a ganar el contrato con la compañía X". Los comentarios demasiado generales, como "Aprecio sus esfuerzos", "Muchas gracias", "No sé qué haría sin usted" o "Siga trabajando bien", tienen una menor probabilidad de parecer sinceros y, por lo tanto, es improbable que sean eficaces. En lugar de elogiar a las personas al azar, primero descubra lo que han hecho bien. Un gerente debe dedicar tiempo a observar el comportamiento de los colaboradores y elogiar específicamente las mejoras que note. Tales interacciones informales deben sumarse a sus reuniones de control de avance.

Manifieste sus sentimientos

Luego de elogiar a las personas, dígales cómo se siente con respecto a lo que han hecho. No intelectualice. Manifieste sus sentimientos: "Déjeme decirle cómo me siento. Me sentí tan orgulloso luego de escuchar su presentación del informe financiero ante la junta directiva, que quiero que sepa cuán bien me siento por tenerlo a usted en nuestro equipo. Muchas gracias". Aunque los elogios no toman demasiado tiempo, pueden tener efectos perdurables.

Los elogios tienen un poder universal

Los elogios impulsan toda interacción humana eficaz. Estos mismos conceptos se aplican a cualquier relación, no sólo al hacer a las personas mejores gerentes, sino también al convertirlas en mejores padres, esposos, amigos y clientes. Piense, por ejemplo, en el matrimonio. En los Estados Unidos, fracasa un mayor número de segundos matrimonios que de primeros[6], hecho tristemente divertido, porque algunas personas argumentan que el éxito en el matrimonio es asunto de selección; que si se pudiera tener una segunda oportunidad, las cosas serían mucho mejores. Lo que todo esto confirma es que si usted tiene problemas en una relación, probablemente los seguirá teniendo en la siguiente, *a menos* que aprenda los fundamentos de la interacción humana.

¿Alguna vez ha visto el lector una pareja de enamorados en un restaurante? Cuando uno habla, el otro está muy atento; escucha, sonríe, apoya. No parece importarles si la cena nunca llega. Por contraste, ¿ha visto alguna vez en un restaurante una pareja que realmente no es feliz? Los dos se tornan impacientes y nerviosos si la cena no se les sirve pronto. Parece como si no tuvieran nada que decirse uno a otro. Pueden no decir cuatro frases en dos horas. Tal vez el hombre finalmente diga: ¿Qué tal está tu cena? Y la mujer replica con un "Muy bien. ¿Cómo está la tuya?" Tal es la extensión de su conversación. Su matrimonio está muerto, pero nadie lo ha sepultado.

¿Cómo es que dos personas pasan de estar entusiasmadas por las palabras del otro a no tener nada que decirse? En realidad es muy simple. Las buenas relaciones tienen que ver con la frecuencia con la cual los miembros de la pareja se sorprenden uno al otro haciendo algo bien.

Al enamorarse, todo está bien. El amor es ciego; sólo se ve lo positivo. Cuando se decide contraer matrimonio o comprometerse a cierta permanencia en la relación, con frecuencia comienzan a verse cosas malas en cada uno. Se empiezan a decir cosas como: "No sabía que pensabas eso" o "No puedo creer que harías algo así". Después de un tiempo la pareja puede tornarse crítica, y el énfasis se pone en lo que está mal en la otra persona y no en lo que está bien. El fin de una relación amorosa llega cuando uno de los dos hace algo bien y el otro se lo reprocha de todos modos, porque no lo hizo suficientemente bien. Se escuchan cosas como: "No debería tener que pedirlo" o "Debiste haberlo hecho antes".

La importancia de estar cerca

Este análisis saca a relucir uno de los puntos más importantes por recordar con respecto a los elogios: No espere exactamente el comportamiento adecuado antes de elogiar. Sorprenda a las personas cuando hacen las cosas más o menos bien. Deseamos exactamente el comportamiento adecuado, pero si se espera a que éste se produzca antes de darle reconocimiento, probablemente nunca llegue. Tenemos que recordar que un comportamiento adecuado está compuesto de series completas de comportamientos más o menos adecuados. Todos sabemos que eso acontece con los animales y los niños, pero olvidamos que pasa con los adultos.

Por ejemplo, suponga que usted quiere enseñarle a un niño que está aprendiendo a hablar a decir: "Deme un vaso de agua, por favor". Si usted espera a que el niño diga la frase completa antes de darle agua, morirá de sed. Usted empieza diciendo: "¡Agua! ¡Agua!" y súbitamente, un día, el niño dirá "¡Ajua!". Usted salta, abraza y besa al niño, y pone a la abuela al teléfono de tal manera que el niño le diga: "Ajua, ajua". No es "agua", pero está cerca.

Sin embargo, usted no quiere que a los 21 años de edad, el muchacho vaya a un restaurante y pida "un vaso de ajua", así que después de un tiempo usted sólo aceptará la palabra "agua" y luego pasará a la expresión "por favor". Al entrenar a alguien, usted debe poner el énfasis en que la persona haga algo bien — al principio, aproximadamente bien, y luego hacer que se mueva gradualmente hasta lograr el comportamiento deseado.

Bob Davis, ex presidente de Chevron Chemical, tiene como uno de sus lemas favoritos: "Elogie el avance; al menos es un blanco móvil". Lo que debemos hacer en todas nuestras interacciones, tanto en el trabajo como en el hogar, es acentuar lo positivo y sorprender a las personas haciendo cosas bien, incluso si sólo están aproximadamente bien. Demos una mirada a la crianza de los niños en busca de algunos ejemplos.

Los adolescentes son un problema para muchos padres. ¿Por qué? Antes de que los niños se conviertan en adolescentes, sus padres piensan que son lindos, y cuando los niños lindos hacen algo mal, con frecuencia se les perdona. A los niños lindos se les sorprende haciendo cosas aproximadamente bien. Pero en el momento en que un adolescente entre a la casa, las cosas cambian. Sus padres ahora sólo aceptan la perfección. Le gritan: "¿Dónde has estado?" "¿Por qué no hiciste esto?" "Ése fue un error estúpido". No toma mucho tiempo a los adolescentes darse cuenta de que no les gusta estar en la casa. Los padres pierden influencia sobre sus hijos porque los sorprenden haciendo cosas mal con mayor frecuencia de la que los sorprenden haciendo cosas bien.

¿Por qué son ciertos niños tan diferentes de otros? Por ejemplo: "Mary es una niña modelo. Le va bien en la escuela, ayuda en la casa y es cortés y amable con los adultos, pero Harry no es más que un problema". Es muy probable que Mary haya sido sorprendida haciendo muchas cosas bien, mientras que Harry ha sido sorprendido haciendo cosas mal.

Si usted tiene dificultades con su pareja, con un hijo, con un miembro del equipo, con el jefe o con un amigo, ¿cómo hace para cambiar? Primero hágase esta pregunta: "¿Deseo que esta relación funcione?" Cuando busque una respuesta, examine su instinto. Si en el fondo no quiere hacer que la relación funcione, no lo hará. ¿Por qué? Porque usted controla el calificador, el "Sí, pero…". Si quiere hacer que la relación funcione, sorprenderá a la otra persona haciendo cosas bien o aproximadamente bien, pero si no quiere hacerla funcionar por cualquier razón, fácilmente puede menoscabar los mayores esfuerzos de la otra persona por complacerlo. No importa qué haga bien esa persona, usted le va a decir: "Sí, pero no hiciste esto o aquello bien".

Deje tiempo para los elogios

Nosotros le preguntamos a la gente todo el tiempo: ¿Cuántos de ustedes están aburridos de todos los elogios que reciben en el trabajo o en la casa? Todo el mundo se ríe, porque la mayoría de nosotros no pensamos naturalmente en estarnos elogiando unos a otros. Sin embargo, todos conocemos personas que cargan en su billetera una nota de elogio que recibieron hace años. ¿Cómo rompemos este patrón? Quizá debamos tener una firme intención sobre el particular.

Usted debe dejar al menos dos horas a la semana para los elogios. Escríbalo en su agenda, como lo hace con las citas. Luego, utilice la filosofía de Hewlett-Packard que examinamos en el último capítulo: la gerencia por paseos. Pasee por sus instalaciones, sorprenda a las personas haciendo las cosas bien o más o menos bien, y dígaselo. Haga lo mismo con su esposa, sus hijos y sus amigos. En casa puede no necesitar dos horas a la semana, pero diez minutos seguramente no harán daño. ¿Está haciendo al menos esto?

Trate de elogiar. Le gustará sorprender a las personas haciendo cosas bien. Esto lo entusiasmará y le dejará una chispa en la mirada: simplemente imagine lo que eso hará por las personas a quienes usted sorprenda.

La reprimenda frente a la reorientación

Si los elogios de un minuto se concentran en sorprender a las personas haciendo lo correcto y en acentuar lo positivo, el interrogante que inevitablemente surge es éste: "Todo eso está muy bien y es bueno. ¿Qué se hace si el desempeño de alguien no está a la altura?"

Aunque la etiqueta del tercer secreto del "ejecutivo al minuto" es "la reprimenda de un minuto", realmente hay dos estrategias para lidiar con un desempeño pobre: la reprimenda de un minuto y la reorientación. La reprimenda es adecuada para las personas cuyo lema es: "No lo haré" o con problemas de actitud. Estas personas son ganadoras, ellas saben cómo hacer lo que se les solicita, pero por alguna razón no lo hacen. La reorientación es adecuada para quienes "no pueden hacerlo" o tienen problemas de confianza. Estas personas son aprendices y, por tanto, no saben todavía cómo hacer lo que se les solicita.

Si hay dos estrategias diferentes para lidiar con el desempeño deficiente, entonces, ¿por qué subrayamos la reprimenda de un minuto en *El ejecutivo al minuto?* Porque las personas generalmente no son buenas para darles retroalimentación negativa a quienes normalmente se desempeñan adecuadamente. Aunque eso es verdad, Ken no tarda en admitir que hoy en día probablemente subrayaría la reorientación. ¿Por qué? Porque hoy, con la velocidad a la cual cambian las cosas, la competencia de los colaboradores para hacer un trabajo tiene corta vida.

Hoy en día todos necesitamos seguir aprendiendo. En consecuencia, existen menos situaciones en que sea más indicada una reprimenda de un minuto que la reorientación. Ésa es una de las principales razones por la cual Ken se emocionó tanto en torno al libro *¡Bien hecho!: Cómo obtener buenos resultados mediante el reconocimiento,* escrito con uno de sus viejos coautores, Jim Ballard, y con Thad Lacinak y Chuck Tompkins, dos veteranos entrenadores de ballenas asesinas del SeaWorld de Miami[7]. No se necesita mucha inteligencia para darse cuenta de que no tendría sentido castigar a una ballena asesina y luego decir a sus entrenadores que entraran al agua con ella. Thad y Chuck, quienes han entrenado ballenas asesinas en el SeaWorld durante más de treinta años, señalan que no hay interacción negativa entre las ballenas asesinas y los entrenadores. Cuando una ballena hace algo bien o más o menos bien, gana un elogio. Ésa es la razón por la cual, cuando una ballena realiza exitosamente un truco y regresa al escenario, se le premia con un balde de pescado, se le frota la lengua o se le da un gran abrazo. Si el truco no estuvo a la altura de lo esperado, cuando la ballena regresa al escenario los entrenadores no le gritan o castigan en modo alguno. Simplemente hacen una señal con la mano que le dice a la ballena: "Vuelve a hacerlo nuevamente". Si los entrenadores no pueden ser positivos con la ballena, entra en juego la reorientación.

La reprimenda de un minuto

Como dijimos anteriormente, una reprimenda es adecuada sólo para alguien que tiene las capacidades para hacer el trabajo, pero que por alguna razón carece de compromiso. Con esto en mente, piense en las cuatro claves para dar una reprimenda:

- Primero, como en el elogio de un minuto, *reprenda tan pronto como sea posible* después de un incidente. No guarde sus sentimientos. Si los sentimientos se embolsan y se reprimen, cuando finalmente se dejen salir, tenderán a ser desproporcionados con relación al acto que desencadenó la liberación emocional. El error —y la situación— parecerán mucho peores de lo que realmente son. Éste suele ser el caso cuando los líderes pierden la calma y comienzan a gritar a las personas. Mientras más se espere para dar a alguien retroalimentación negativa, más emotiva se torna ésta. Dé retroalimentación negativa tan pronto como sea posible. Hacerlo ocasiona menos problemas.
- Segundo, *sea específico*. Diga a las personas específicamente qué hicieron mal; por ejemplo: "John, no entregaste tu informe a tiempo el viernes" o "Noté que tus ventas descendieron en un 20% este trimestre".

- Tercero, *comparta sus sentimientos* sobre lo que se ha hecho. "Déjame decirte cómo me siento por tu tardanza en entregar el informe, John. Estoy enojado porque todos los demás entregaron sus informes a tiempo, y no tener el tuyo retrasó mi análisis sobre nuestra posición en el mercado. ¡En realidad quedé frustrado!" No intelectualice en cuanto a lo que la persona hizo mal. Es más importante concentrarse en cómo se siente usted. Describa sus sentimientos con sinceridad y franqueza.

- Cuarto —y éste es probablemente el aspecto más importante— *reafirme los valores* de la persona. En el caso del informe retardado, usted puede decir: "Déjame decirte otra cosa. Eres bueno. Eres uno de mis mejores colaboradores. Por eso me enojó la demora en recibir tu informe. Es muy raro en ti. Cuento contigo para dar ejemplo a los demás. Por eso no te voy a dejar pasar ese comportamiento con respecto a los informes. Sé que eres capaz de cumplir".

Reprenda el comportamiento, no a la persona

Muchas personas no pueden entender por qué se elogia a las personas luego de reprenderlas. Esto se hace por dos razones muy importantes. En primer lugar, se quiere separar el comportamiento de las personas, de ellas como individuos. Es decir, se quiere conservar a las personas pero eliminar su mal comportamiento.

Al reafirmar los valores de las personas después de haberlas reprendido, usted se centra en su comportamiento sin atacarlas personalmente.

Segundo, cuando uno se aleja después de la reprensión, quiere que las personas piensen en lo que han hecho mal, no en cómo se las ha tratado. Si no se hace reafirmación alguna de sus valores, las personas reprendidas tienden a dirigir su energía contra usted, el represor. ¿Por qué? Por la forma como se las trató. Por ejemplo, muchas reprimendas no sólo no terminan con un elogio, sino que terminan con un comentario como: "Y voy a decirle otra cosa..." y luego se propina al individuo un último golpe: "Si cree que va a recibir ese ascenso, le va a llegar otra cosa".

Entonces, cuando usted se aleja, la persona que ha sido reprendida suele acudir a un compañero y, en lugar de examinar su bajo desempeño, habla sobre el incidente y el mal comportamiento del gerente. Psicológicamente, tal persona se libra de su bajo desempeño y convierte al gerente en villano.

Sin embargo, si se termina una reprimenda con un elogio, la persona a quien se reprende tiene menos probabilidades de dirigirse a un compañero de trabajo y quejarse de usted luego de que se aleje, pues se la acaba de elogiar. Ahora, esa persona tiene que pensar en lo que ha hecho mal, y no en el estilo de liderazgo de su jefe.

Muchos problemas en la vida surgen,
no de cometer errores, sino
de no aprender de ellos.

Cuando no aprendemos de nuestros errores, suele ser porque somos atacados por tales errores. Se nos dice de todo y por lo general quienes descubren nuestras equivocaciones nos degradan y dicen que somos viejos gerentes gaviotas.

Cuando el concepto que tenemos de nosotros mismos está bajo ataque, sentimos la necesidad de defendernos y defender nuestras acciones, incluso hasta el punto de distorsionar los hechos. Cuando las personas se ponen a la defensiva, nunca escuchan la retroalimentación que se les da. En consecuencia, el aprendizaje es mínimo. El uso eficaz de la reprimenda de un minuto con alguien que comete un error debe eliminar tal comportamiento defensivo.

Recuerde que las personas son buenas.
Es simplemente su comportamiento
el que a veces representa un problema.

El uso adecuado de la reprimenda de un minuto ayuda a comunicar información importante, necesaria para llevar el desempeño por mejor camino.

La reorientación

Cuando el desempeño de las personas no está a la altura de lo esperado y aquéllas están aún aprendiendo, la reorientación es más adecuada que la reprimenda.

Una respuesta de reorientación eficaz tiene varios aspectos clave:

- Cuando las personas que se encuentran aún aprendiendo hacen algo mal, lo primero que usted debe hacer es asegurarse de que sepan que han cometido un error o de que existe un problema. Sea específico. Comparta lo sucedido con claridad y sin inculpar. Por ejemplo, si un cliente no recibió el pedido correcto, la persona responsable en el departamento de envíos debe saberlo.

- Segundo, la persona que se reorienta debe conocer el impacto negativo causado por el error. Uno podría decir: "Uno de nuestros mejores clientes está realmente molesto. Necesitaba ese pedido para una presentación de ventas y el hecho de que no llegara a tiempo tuvo como consecuencia una presentación menos que estelar".

- Tercero, un gerente en esta situación debe, si es pertinente, asumir la culpa por no aclarar la tarea. Tal vez el pedido no era claro. "Mi responsabilidad es que usted reciba la mayor información posible para que pueda hacer bien su trabajo".

- Cuarto, repase en detalle la tarea y asegúrese de que se entiende con claridad. "Para recuperarnos de este error, debemos enviar por entrega nocturna exactamente lo que pidió el cliente. De ser necesario, tenemos que conseguir a alguien que entregue personalmente el pedido. Debemos hacer todo lo que podamos para corregir esta situación. Volvamos a revisar la orden para estar todos sintonizados".

- El aspecto final de una respuesta de reorientación es poner de manifiesto su continua confianza y credibilidad en la persona. "Aprecio su entusiasmo y deseo de aprender. Sigo teniendo confianza en que puede destacarse en este departamento".

El lector podría pensar que tales aspectos suenan semejantes a la reprimenda de un minuto. La gran diferencia es que la reorientación se concentra en enseñar mientras la persona aún está aprendiendo, en tanto que la reprimenda se concentra en recobrar a la persona que ya tiene las habilidades. En ambos casos, la meta no es derribar a las personas sino hacerlas levantar, de modo que regresen al máximo desempeño con una reprimenda o continúen aprendiendo con reorientación.

Los elogios y la reorientación son claves para mejorar el desempeño

El cuarto paso de la alianza para el desempeño es desarrollar el estilo de liderazgo adecuado. De nuevo, como líder, usted busca constantemente oportunidades de hacer avanzar su estilo de liderazgo, de modo que finalmente se llegue a la delegación. Al aumentar el desempeño de los colaboradores, elogiar sus avances es clave como apoyo a sus esfuerzos. Si en algún momento su desempeño se estanca o retrocede, en lugar de reprenderlos o castigarlos, la mejor estrategia es reorientarlos y hacer que regresen al rumbo. Cuando los gerentes administran por paseos, les corresponde ya sea elogiar los avances y/o reorientar. Tal es la forma como se les enseña a los colaboradores las respuestas correctas, de modo que cuando lleguen al examen final —la evaluación de desempeño— tengan la mayor posibilidad de obtener la mejor calificación.

¿Dónde quedan entonces las reprimendas? De nuevo, las reprimendas pueden ser de utilidad cuando el desempeño declina debido a un problema de actitud, no a un problema de habilidad.

Una reprimenda puede desempeñar un papel clave cuando se detecta tempranamente la falta de compromiso. Tal como discutimos en el último capítulo, cuando usted ha estado usando un estilo de delegación con una persona de excelente desempeño y ésta empieza a declinar, usted debe moverse rápidamente hacia atrás dentro de la línea férrea a un estilo de apoyo y recolectar información acerca del no desempeño. Si usted encuentra que la falta de compromiso es puramente un problema de actitud y no tiene nada que ver con usted o la organización, una reprimenda bien encauzada puede ser justo la respuesta a la necesidad de encarrilar nuevamente el desempeño.

El libro que siguió a *El ejecutivo al minuto, El ejecutivo al minuto en acción,* de Ken Blanchard y Robert Lorber, muestra a los gerentes en ejercicio cómo aplicar los tres secretos — las metas de un minuto, los elogios de un minuto y las reprimendas o la reorientación de un minuto — para mejorar continuamente el desempeño[8].

El cuarto secreto del ejecutivo al minuto

Poco después de salir a la venta *El ejecutivo al minuto*, de Ken Blanchard y Spencer Johnson, un alto ejecutivo le escribió a Ken y le manifestó cuánto había disfrutado de los tres secretos del ejecutivo al minuto. Sin embargo, señaló que los gerentes no siempre están en lo cierto. Insistía en que los gerentes cometen errores todo el tiempo. "Yo creo que el cuarto secreto del ejecutivo al minuto debe ser la disculpa de un minuto", dijo.

Esto tuvo resonancia en Ken, pues su madre siempre decía: "Dos frases que no se utilizan lo suficiente en el mundo podrían hacer de él un mejor lugar: 'Gracias' y 'Lo siento'". El elogio de un minuto cubría las gracias, pero los tres secretos no cubrían el "Lo siento". Entonces, Ken y Margret McBride decidieron escribir *La disculpa de un minuto*[9].

La disculpa de un minuto

Como con los elogios, las reprimendas y la reorientación, la disculpa de un minuto tiene varios aspectos clave:

- Una disculpa de un minuto *comienza con una rendición*. Empieza con su sinceridad y la admisión de que usted ha hecho algo erróneo que debe repararse. La clave aquí es la disposición a asumir plena responsabilidad por las acciones y por cualquier perjuicio que se haya causado a otro. Aquí es necesaria la urgencia, y se debe ser muy específico en cuanto a lo que usted hizo y al malestar que a usted mismo le causó.
- Una disculpa de un minuto *termina con integridad*. Esto supone reconocer que lo que se hizo o se dejó de hacer es equivocado e incoherente con lo que se quiere ser. En este proceso, es importante que se reafirme que uno es mejor que su mal comportamiento y perdonarse a sí mismo.
- Una vez se han hecho estas dos cosas, el centro de atención debe estar en la otra persona y en cómo se puede enmendar el daño que se le ha causado.
- Finalmente, nadie va a escuchar jamás su disculpa si no se comprometen usted y otros a no repetir lo que se hizo mal, y si no pone usted de manifiesto la determinación de mantener el compromiso y cambiar su comportamiento.

¿Qué es una disculpa? Suponga que en una reunión usted estuvo interrumpiendo a una colega, sin permitirle terminar una idea. Cuando otro de sus colaboradores se lo señaló después de la reunión, usted respondió con un gran ¡Ajá!, y se dio cuenta de que lo hecho estaba mal y no beneficiaba al equipo. Tan pronto como le sea posible, vaya donde la persona ofendida y dígale algo como esto: "Alguien me comentó sobre la manera como lo estuve interrumpiendo en la reunión de hoy, sin dejarlo terminar. Quiero disculparme, pues reconozco que esa persona tenía razón y me siento mal. Al mirarme en el espejo vi al culpable que me miraba del otro lado. Me siento terrible. No quiero ser así. En realidad, creo que soy mejor. Prometo no volverlo a hacer jamás y me pregunto qué puedo hacer para enmendar lo que hice hoy".

La historia se habría escrito de nuevo si el presidente Nixon se hubiera disculpado rápidamente por el caso Watergate cuando quedó en claro lo sucedido. Lo mismo es cierto en cuanto al presidente Clinton y el incidente con Monica Lewinsky. Cuando el presidente Kennedy asumió plena responsabilidad por la debacle de Bahía Cochinos, incluso la prensa no tuvo mucho más de qué hablar.

Una disculpa de un minuto puede ser una forma eficaz de corregir un error que se haya cometido y restablecer la confianza necesaria para una buena relación. Agregar la disculpa de un minuto al establecimiento de metas, el elogio, la reprimenda y la reorientación, hace de la alianza para el desempeño un verdadero proceso de toma y daca, en el cual admitir la propia vulnerabilidad puede ser más una regla que una excepción. Las relaciones eficaces de liderazgo uno a uno dependen de la confianza, y la confianza sólo puede existir cuando podemos abandonar nuestra manera de hacer las cosas y ser auténticos al trabajar con nuestros colaboradores.

¿Las herramientas de liderazgo que hemos examinado se aplican solamente a las relaciones uno a uno? En absoluto. En el siguiente capítulo se verá cómo el liderazgo situacional II facilita el desarrollo de equipos de alto desempeño. Las herramientas que usted ha estado aprendiendo para asociarse efectivamente para el desempeño con seguridad pueden ayudarle a liderar sus equipos de trabajo.

CAPÍTULO 9

Liderazgo situacional de equipos

Don Carew,
Eunice Parisi-Carew
y Ken Blanchard

Los equipos se han convertido en una importante estrategia para trabajar. Vivimos en equipo. Nuestras organizaciones están conformadas por equipos. Nos movemos de un equipo a otro sin pensarlo. Considere el tiempo que gastamos en trabajar en equipo: fuerzas de tarea, comités, equipos temporales, equipos interdisciplinarios y equipos administrativos. El porcentaje de tiempo que gastamos en equipos es enorme. A medida que uno se mueve por la jerarquía administrativa, el fenómeno es aun mayor. Los gerentes gastan típicamente entre el 30 y el 99% de su tiempo en reuniones o trabajos de equipo. En *High Five!: The Magic of Working Together*, Ken Blanchard, Sheldon Bowles, Don Carew y Eunice Parisi-Carew muestran que ser eficientes en las organizaciones contemporáneas es un juego de equipos, y que sin colaboración y destrezas para el trabajo en equipo es muy improbable que se tenga éxito[1].

¿Por qué los equipos?

Los equipos pueden ejecutar mejor y con mayor rapidez, y cambiar más fácilmente que las estructuras jerárquicas tradicionales. Tienen el poder de aumentar la productividad y la moral o destruirlas. Si trabaja con eficacia, un equipo puede tomar mejores decisiones, resolver problemas más complejos, y hacer más para mejorar la creatividad y construir habilidades que los individuos trabajando solos. El equipo es la única unidad que cuenta con la flexibilidad y los recursos para responder velozmente a los cambios y las nuevas necesidades que se han hecho lugar común en el mundo de hoy.

El ambiente empresarial se ha hecho cada vez más competitivo y los problemas que enfrenta se han tornado cada vez más complejos. Como subrayamos en el capítulo 4, "Facultar es la clave", tan difícil ambiente ha hecho que las organizaciones se den cuenta de que ya no pueden depender de estructuras jerárquicas y de unos pocos grandes triunfadores para mantener su ventaja competitiva. La exigencia ahora es la colaboración y el trabajo en equipo en todas partes de la organización. El éxito proviene hoy de utilizar el conocimiento colectivo y la riqueza de la diversidad de perspectivas. En consecuencia, ha habido un movimiento consciente hacia los equipos como vehículo estratégico para lograr que el trabajo se realice. El equipo se ha convertido en vehículo para impulsar a las organizaciones hacia el futuro y para entregar productos y servicios de calidad.

Los equipos no son simplemente algo agradable de tener. Son unidades fundamentales de producción. Además, proporcionan de veras una sensación de valor, conexión y significado a las personas que toman parte en ellos. Tengamos en cuenta una historia procedente de una planta industrial de electrodomésticos de General Electric. Luego de decidirse a pasar a una estructura administrativa con base en equipos, la planta creó equipos de gerencia y pidió a Don Carew proporcionar capacitación intensiva en desarrollo, habilidades y liderazgo de equipos. Luego de los primeros dos días de capacitación, un miembro de uno de los equipos —el representante de la línea de ensamblaje— se acercó a Don y le dijo: "Deseo darle las gracias". "De nada", replicó Don, "pero ¿por qué me agradece?" "Porque", dijo el miembro del equipo, "es la primera vez en los 25 años que he trabajado en esta planta que me he sentido importante".

Imagine el lector cuán devastador sería para su autoestima haber sido ignorado durante 25 años.

Es un hecho que la salud y el bienestar de las personas están directamente afectados por el compromiso que tengan con el trabajo. Un estudio con 12 000 trabajadores suecos durante un período de 14 años reveló que quienes se sentían aislados y tenían poca influencia sobre sus empleos tenían un 162% más de probabilidad de sufrir un ataque fatal al corazón que aquéllos que tenían gran influencia en las decisiones en el trabajo y laboraban en equipos[2]. Datos como éstos, combinados con el hecho de que los equipos pueden ser mucho más productivos que los individuos que funcionan solos, proporcionan un argumento persuasivo para la creación de sitios de trabajo de alta participación y el uso de los equipos de trabajo como vehículo central para efectuar las tareas.

Los equipos virtuales se hacen cada vez más cruciales para el éxito. Tales equipos enfrentan retos especiales al crear confianza, desarrollar una comunicación eficaz y manejar la concentración en el trabajo. Sin embargo, no hay razón para que el tiempo y la distancia impidan a las personas interactuar como un equipo[3]. Con una administración adecuada y la ayuda de la tecnología, los equipos virtuales pueden ser en todo tan productivos y gratificantes como los equipos cara a cara.

Por qué fracasan los equipos

Los equipos representan una importante inversión de tiempo, dinero y recursos. El costo de permitirles decaer o producir menos de lo que pueden es pasmoso. Aun peor, una reunión de equipo que se considera como pérdida de tiempo tiene efectos de gran alcance. La energía no se disipa al salir, sino que se desborda hacia todos los aspectos de la vida organizacional. Si las personas salen de una reunión sintiendo que no se les ha escuchado, o si no están de acuerdo con una decisión tomada en el equipo, quedan enojadas y frustradas. Esto tiene impacto sobre el evento siguiente. Cuando las reuniones se consideran productivas y generadoras de facultamiento tiene lugar el efecto contrario; se esparce la energía positiva.

Con base en investigaciones efectuadas en los últimos diez años, Don Carew y Eunice Parisi-Carew hallaron que los equipos fracasan por una diversidad de razones, desde el planeamiento para la puesta en marcha de los equipos hasta la falta de capacitación. En seguida se señalan las diez razones principales que encontraron para que los equipos no lograran su potencial. Ser consciente de tales escollos es importante para poder evitarlos en los equipos en los cuales se participa.

Las diez razones principales por las cuales fracasan los equipos

1. Falta de un estatuto suficiente que defina el propósito del equipo y la forma como trabajará en conjunto para lograr dicho propósito
2. Incapacidad de decidir lo que constituye el trabajo por el cual sus miembros son interdependientes y mutuamente responsables
3. Falta de responsabilidad mutua
4. Falta de recursos para llevar a cabo el trabajo, incluido el tiempo
5. Falta de liderazgo eficaz y falta de liderazgo compartido
6. Falta de normas que fomenten la creatividad y la excelencia
7. Falta de planeamiento
8. Falta de apoyo administrativo
9. Incapacidad de hacer frente a los conflictos
10. Falta de capacitación a todos los niveles en habilidades de grupo

Nuestro propósito en este capítulo no es concentrarnos en las razones por las cuales algunos equipos fracasan o no desarrollan su potencial, sino más bien identificar qué hace grandes a los equipos y sugerir un sendero para ayudarles a llegar allí.

Características de un equipo
de alto desempeño

Definimos un equipo como *dos o más personas que se unen para un propósito común y que son mutuamente responsables de los resultados*. Esto es lo que señala la diferencia entre un equipo y un grupo. Con frecuencia se llama equipos a los grupos de trabajo sin que se desarrolle un propósito común y una responsabilidad compartida. Esto puede conducir a resultados decepcionantes y a la creencia de que los equipos no funcionan bien. Una serie de individuos que trabajan en la misma tarea no son necesariamente un equipo. Puede tener el potencial de convertirse en equipo de alto desempeño luego de que haya aclarado su propósito y sus valores, sus estrategias y responsabilidades.

Algunos equipos logran resultados sobresalientes sin importar cuán difícil sea el objetivo. Son los primeros de su clase. Entre ellos se encuentra el equipo deportivo que supera todas las dificultades para ganar un campeonato, el grupo de científicos que logra un adelanto asombroso, el grupo de voluntarios que recauda una suma de dinero sin precedentes para obras de caridad, o el equipo de desarrollo de productos que presenta una idea única e innovadora. En todas las condiciones de la vida se encuentran equipos de alto desempeño y éstos varían en tamaño, complejidad y propósito.

¿Qué hace diferentes a tales equipos? ¿Qué los distingue y los hace capaces de superar a sus pares? Aunque cada equipo es único, todos tienen características que comparten y que los hacen sobresalir, independientemente de su propósito o sus actividades.

> *Forjar equipos de alta eficacia,*
> *al igual que construir una gran organización,*
> *comienza con una imagen de aquello*
> *a lo cual se apunta: un objetivo.*

Si usted no sabe hacia dónde va, cualquier camino lo llevará allí. Por consiguiente, es imperativo conocer en qué consiste un equipo de alto desempeño y los elementos que lo caracterizan. Hemos identificado siete características cruciales de los equipos de alto desempeño, representadas por un acrónimo formado por la palabra inglesa **PERFORM** (rendir o desempeñarse).

***P**ropósito y valores.* Un equipo de alto desempeño comparte un arraigado sentido de propósito y un conjunto común de valores, y tiene una visión convincente. Si un equipo decae, comience entonces a lograr aceptación. Es a partir de un propósito y unos valores de donde se derivan las metas acordadas mutuamente, se definen los papeles que se desempeñan y se desarrollan las estrategias. Como examinamos en el capítulo 2, "El poder de la visión", si un equipo no sabe quién es (propósito), hacia dónde se dirige (imagen del futuro) y qué guía su viaje (valores), no se desarrolla. El propósito y los valores son el pegamento que mantiene unido al equipo y forma el fundamento de su alto desempeño.

***E**mpoderamiento.* Los miembros de un equipo de alto desempeño confían en la capacidad de éste de superar los obstáculos. Comparten información y conocimientos y se ayudan unos a otros. Las políticas, las reglas y los procedimientos permiten al grupo desempeñar la tarea con facilidad. La información está disponible de inmediato, y los colaboradores cuentan con las habilidades que necesitan, o al menos saben dónde obtenerlas. Se les proporcionan oportunidades para crecer y rendir. Tienen autoridad para actuar, tomar decisiones y elegir, con fronteras claras. Cuentan con autonomía, oportunidades y capacidad de poner en juego su poder personal y colectivo.

Relaciones y comunicación. Un equipo de alto desempeño está comprometido con la comunicación abierta. Los individuos sienten que pueden asumir riesgos y compartir sus pensamientos, opiniones y sentimientos sin temor. No tienen que amarse unos a otros, pero deben respetarse, valorarse e interesarse por los demás. Escuchar se considera tan importante como hablar. Las diferencias realmente se valoran. Se adopta la creencia de que es de las diferencias de donde se deriva la creatividad. Si las diferencias se convierten en conflicto, el equipo tiene la capacidad de hacerle frente, de tal manera que se preserve la dignidad humana. Mediante una retroalimentación sincera y cuidadosa, las personas toman conciencia de sus fortalezas y debilidades y de su impacto sobre otros, y actúan de manera que generen confianza y aceptación. Los individuos están comprometidos entre sí, tanto personal como profesionalmente. Se interesan por los demás y dependen uno del otro. La cohesión es alta.

Flexibilidad. Los miembros de un equipo de alto desempeño son interdependientes y se dan cuenta de que todos son responsables del desempeño, el desarrollo y el liderazgo del equipo. En un equipo de alto desempeño suele ser difícil establecer quién es el líder, porque el liderazgo cambia dependiendo de las necesidades del momento. El equipo se entrega tanto al trabajo intenso como a la diversión. Se valoran los sentimientos tanto como las opiniones. Los miembros reconocen lo inevitable del cambio y se adaptan a las condiciones variables.

Óptima productividad. Los equipos de alto desempeño generan una productividad óptima, reflejada en la cantidad y la calidad del trabajo que llevan a cabo. Un equipo de alto desempeño está comprometido a producir resultados significativos. La productividad es el balance final. Sin resultados, lo demás poco importa. Existe un compromiso con parámetros y calidad elevados. Los miembros de los equipos sienten gran orgullo al cumplir con las fechas, lograr las metas y llevar a cabo su trabajo. Se hacen responsables mutuamente y se esfuerzan por mejorar de manera continua. Han desarrollado métodos eficaces de toma de decisiones y solución de problemas para mejorar la creatividad y la participación. Todos cargan con su propio peso y todos se enorgullecen de los logros del equipo.

Reconocimiento y aprecio. Un equipo de alto desempeño recibe de manera continua retroalimentación positiva y reconocimiento de parte de sus miembros, del líder y de la organización. El reconocimiento y el aprecio son potentes formas de motivar y mejorar el desempeño. El modo más rápido de desmoralizar a un equipo y hacerlo ineficiente es que el equipo produzca y entregue resultados y no escuche nada de sus líderes. El reconocimiento refuerza el comportamiento, crea estima y aumenta la sensación de valor y logro. Tanto el reconocimiento personal como el de equipo son importantes.

Moral. La moral es el resultado de todo lo anterior. Si se presentan los demás elementos del modelo PERFORM, la moral es alta. Los miembros sienten entusiasmo por su trabajo; están orgullosos de sus resultados y de su pertenencia al equipo. El equipo está confiado y es optimista con respecto al futuro y la confianza entre los miembros es alta. Existe un sólido espíritu de equipo y un sentimiento de unidad.

El modelo PERFORM en toda la organización

Los equipos no existen en el vacío. Existen en un contexto organizacional. Para que los equipos triunfen en las organizaciones, los elementos del modelo PERFORM deben estar presentes en todos los niveles (ver figura 9.1).

El modelo PERFORM en acción

Luego de revisar las características de los equipos de alto desempeño mediante el modelo PERFORM, la reacción de la mayoría de personas es "Humm…" Si un equipo realmente tiene tales características, bien le valdrá creer que es eficiente. Veamos un par de ejemplos.

Ken Blanchard fue invitado a un entrenamiento del equipo de baloncesto de los Celtics de Boston durante el apogeo de Larry Bird, Robert Parish y Kevin McHale. De pie en la demarcación lateral con el entrenador KC Jones, Ken preguntó: "¿Cómo lidera usted a un grupo de superestrellas como éste?" KC sonrió y dijo: "Lanzo la bola y de vez en cuando grito '¡Lancen!'" Al observar a Jones como líder, Ken notó que no seguía ninguno de los estereotipos de un líder fuerte. Durante los descansos, los jugadores hablaban más de lo que lo hacía KC. No

Figura 9.1. El modelo PERFORM en toda la organización

		EL INDIVIDUO	EL EQUIPO	LA GERENCIA	LA ORGANIZACIÓN
Propósito y valores	P	• Identifica metas claras, alineadas con los propósitos del equipo • Vive según los valores y las normas del equipo • Se compromete con el propósito del equipo	• Desarrolla un propósito común de equipo, alineado con el propósito organizacional • Desarrolla metas y parámetros claros • Comparte valores comunes	• Proporciona dirección y recursos adecuados para mejorar el propósito del equipo • Expresa imagen general para ayudar a vincular las tareas diarias con el propósito organizacional	• Ha manifestado con claridad la visión, los valores y los factores críticos del éxito
"Empoderamiento"	E	• Se compromete con el mejoramiento y el desarrollo continuos de habilidades y conocimientos • Ofrece nuevas ideas y busca los recursos necesarios	• Sigue prácticas que apoyan la participación y la asunción de riesgos	• Proporciona oportunidades para que el equipo rinda • Proporciona recursos y capacitación para individuos y equipo • Premia la asunción de riesgos y la creatividad informadas	• Está dispuesta a compartir información • Apoya a los equipos mediante políticas y procedimientos • Tiene orientación, sistemas de capacitación, sistemas de capacitación y apoyo administrativo que fomenten el aprendizaje y el crecimiento de los individuos y los equipos
Relaciones y comunicación	R	• Comparte conocimientos y habilidades • Escucha para entender • Valora diferencias • Valora el bienestar de los demás	• Estimula la diferencia de perspectivas • Estimula la retroalimentación abierta • Discute abiertamente la manera como el equipo trabaja en conjunto	• Valora las contribuciones individuales y de equipo • Fomenta un clima de confianza • Comparte toda la información pertinente • Es modelo de comunicación abierta y retroalimentación	• Hace accesible toda la información • Valora las diferencias • Aboga por los sistemas de comunicación abiertos
Flexibilidad	F	• Proporciona liderazgo cuando es adecuado • Toma en cuenta la diversidad de enfoques • Se concentra en tareas, así como en el desarrollo del equipo	• Estimula la variedad de enfoques • Comparte el liderazgo • Estimula la capacitación cruzada	• Apoya ideas nuevas o diferentes • Aboga por la flexibilidad dentro de la organización • Proporciona liderazgo para una fuerte cultura organizacional	• Estimula la creatividad y la innovación • Busca ideas individuales y de equipo • Es muy receptiva, tiene flexibilidad y sistemas adaptables
Óptima productividad	O	• Se compromete con altos parámetros y con la medición del avance • Entiende y usa de modo eficaz soluciones de problemas y toma de decisiones	• Cumple metas y parámetros • Utiliza prácticas sistemáticas de solución de problemas y toma de decisiones	• Proporciona vínculo con resultados organizacionales • Monitoriza el avance • Establece fronteras y apoya decisiones de equipo	• Manifiesta con claridad los factores críticos del éxito • Pone a disposición recursos técnicos y materiales • Alinea sistemas, políticas y prácticas con la visión, los valores y los resultados deseados • Aclara los parámetros de desempeño
Reconocimiento y aprecio	R	• Valora y reconoce las contribuciones de otros • Reconoce y aprecia esfuerzos del equipo	• Celebra las contribuciones inviduales	• Valora y reconoce los logros individuales y de equipo	• Premia y celebra los éxitos de equipo • Asegura que el reconocimiento, la administración del desempeño y los sistemas de remuneración apoyen el trabajo de equipo
Moral	M	• Se siente valorado y respetado • Siente entusiasmo por estar en el equipo • Se enorgullece de contribuir • Está comprometido con el mejoramiento continuo	• Celebra el éxito • Busca el mejoramiento continuo	• Apoya el mejoramiento continuo • Celebra los logros	• Reconoce el éxito • Estimula el mejoramiento y la renovación continuos

corría de arriba abajo de la demarcación lateral gritando cosas a los jugadores durante el juego; la mayoría del entrenamiento lo hacían los miembros del equipo. Se animaban, apoyaban y dirigían mutuamente.

El modelo PERFORM realmente se aplicaba al equipo. Todos conocían *el propósito y los valores* del equipo. Estaban *facultados* para llevar a cabo el trabajo. Tenían muy buenas *relaciones* y se comunicaban bien entre sí. Eran *flexibles* y cambiaban sus planes a medida que surgía la necesidad. Ciertamente obtenían un desempeño *óptimo*. El *reconocimiento* y el apoyo mutuos eran una forma de vida, y la *moral* alta era evidente para cualquiera que los viera jugar.

Al retirarse un líder tan discreto como KC Jones, todos los jugadores en esencia dijeron que era el mejor entrenador que jamás habían tenido. ¿Por qué? Porque les permitía a todos liderar, y en eso consiste un equipo.

Don Carew observó un extraordinario ejemplo de liderazgo de equipo cuando trabajaba con Jim Despain y los líderes y colaboradores de la división de tractores de carriles (TTT) de Caterpillar en East Peoria, Illinois, entre 1994 y 1997[4]. La división TTT se encontraba en profundos problemas a principios de la década de 1990. Perdía millones de dólares al año, era la división de menor desempeño en Caterpillar y había estado envuelta en una acerba huelga. Su cultura era tan rígida como los buldóceres que fabricaba, y trabajar allí era en extremo indeseable. Una ronda de recortes y despidos de personal sólo había empeorado las cosas. La confianza entre la gerencia y los trabajadores por horas estaba en su momento más bajo y las quejas en su momento más alto.

El presidente de Caterpillar había puesto en claro que las cosas tenían que dar un vuelco en la división, y

Despain estuvo de acuerdo. Él y su equipo ejecutivo, junto con los 277 gerentes, examinaron los obstáculos y las posibles soluciones y decidieron abordar una importante categoría problemática: la cultura de la división. Juntos, desarrollaron un conjunto de nueve valores y comportamientos que habrían de convertirse en la base de una nueva cultura; una cultura que transformaría la división TTT en un lugar de trabajo especial, recuperaría su rentabilidad y la convertiría en líder global del sector. Los nueve valores eran la confianza y el respeto mutuo como fundamentos, el trabajo en equipo, el facultamiento, la asunción de riesgos y el sentido de urgencia como pilares que apoyarían el mejoramiento continuo, el compromiso y la satisfacción del cliente.

El equipo de Blanchard, en conjunto con el equipo ejecutivo y un equipo de cambio interno, redefinió el papel desempeñado por los líderes de TTT. Su nueva función sería ser responsables de desarrollar a los colaboradores, fomentar un ambiente positivo de trabajo, construir y apoyar equipos y facultar a otros. Crearon un extenso proceso de desarrollo de liderazgo para ayudar a los líderes de todos los niveles a comportarse de manera que lograran tales fines y fueran coherentes con los valores. Durante 1995 la atención se concentró de manera incesante en comunicar los valores, capacitar y desarrollar a los líderes y miembros de los equipos, e implementar el trabajo de equipo en toda la organización.

Para fines de 1996 los resultados eran extraordinarios. En menos de tres años había tenido lugar una transformación de 250 millones de dólares. La compañía había producido más de 100 millones de dólares en utilidades. La calidad, medida por los clientes, había aumentado 16 veces. La satisfacción de los colaboradores pasó, de ser la más baja en Caterpillar, a ser la más alta. Comentarios frecuentes de los colaboradores sugerían que si TTT regresaba a la antigua cultura, se marcharían. Todo esto lo lograron los colaboradores de todos los niveles trabajando juntos por equipos, y la organización, al crear las condiciones que apoyaban el trabajo en equipo, la colaboración, el respeto mutuo y la confianza.

¿Necesitamos revisar de nuevo el modelo PERFORM? Todo estaba allí: un propósito y unos valores claros, facultamiento, relaciones y comunicación, flexibilidad, óptimo desempeño, reconocimiento y moral.

Saber hacia dónde se va es el primer paso en el viaje hacia el alto desempeño. Pero simplemente reunir a un equipo y hacerle un encargo claro no significa que el equipo tenga alto desempeño. Como hemos dicho, el liderazgo de equipo es mucho más complicado que el liderazgo uno a uno. Incluso, por lo general, los gerentes gastan más tiempo en la preparación de reuniones con uno de sus colaboradores que con su equipo. A menudo las personas no creen eso: manejar un equipo de alto desempeño implica un esfuerzo considerable. Requiere ciertas creencias y actitudes, así como conocimiento y habilidades específicas.

Creencias y actitudes de equipo

Crear y mantener equipos de alto desempeño requiere dos creencias:

Ninguno de nosotros es tan inteligente como todos nosotros, y las personas tienen el derecho de participar en las decisiones que las afectan.

También es esencial que los miembros del equipo adopten actitudes y perspectivas de construcción de comunidad.

Primero, los miembros del equipo deben ***desarrollar una actitud de aprendizaje***. Todo cuanto sucede en el equipo es útil. No existen fracasos, sólo oportunidades de aprendizaje.

Segundo, el equipo debe ***crear un ambiente de confianza***. La confianza se crea al compartir información, ideas y habilidades. Crear confianza exige que los miembros del equipo cooperen en lugar de que compitan, juzguen o culpen. También se crea confianza cuando los miembros del equipo hacen eco a sus compromisos. Es crucial que los miembros del equipo se comuniquen de manera abierta y sincera y demuestren respeto por los otros.

Tercero, el equipo debe ***valorar las diferencias***. Los miembros del equipo deben alentar y honrar las diferencias. La variedad de puntos de vista está en el corazón de la creatividad.

Cuarto, los miembros deben ***ver al equipo como un todo***. Al ver al equipo como un sistema vivo, antes que como una reunión de individuos, los miembros del equipo comienzan a pensar en términos de "nosotros" antes que de "usted" y "yo".

Conocimientos y habilidades de equipo

Trabajar en equipo exige que los líderes adquieran nuevos conocimientos y nuevas habilidades que pueden no haber desarrollado antes. Con todo, si esperan forjar equipos de alto desempeño, será mejor que las aprendan. Así como en el trabajo uno a uno con las personas, en verdad ayuda a los líderes de equipo que sus colaboradores sepan lo que ellos saben. Los miembros de los equipos deben obtener el mismo conocimiento y las mismas habilidades críticas de su líder. Para algunas personas esto es revolucionario. Concebir un equipo como una sociedad entre el líder (o los líderes) y los miembros es algo extraño para muchos.

El conocimiento y las habilidades exigidas de todos los miembros del equipo incluyen la capacidad de observar y comprender lo que ocurre en un equipo en un momento dado, e intervenir en formas que ayuden al equipo a crecer y desarrollarse. Los miembros del equipo deben ***convertirse en observadores participantes.*** Para trabajar bien en un ambiente de equipo, sus miembros deben desarrollar la habilidad de participar y, al mismo tiempo, observar. Esta práctica, equivalente a estar en una película y al mismo tiempo verla, puede dar a los miembros del equipo una valiosa perspectiva. Esto exige conocer tanto el contenido (lo que se hace en la reunión) como el proceso (cómo se lleva a cabo).

Cuando se pregunta a la mayoría de líderes de equipo después de una reunión cómo resultó ésta, hablan sobre el número de puntos de la agenda sobre los que se trató y las decisiones que se tomaron. Se concentran sólo en el contenido. Muy rara vez comentan o parecen interesarse en la forma como interactuó el equipo. Son "negados para el proceso". Algunas veces, éstos son conducidos por un líder egocéntrico que adora escucharse a sí mismo, no está abierto a la retroalimentación y quiere que todo el mundo endose la totalidad de su agenda. Si realmente el lector desea descubrir lo que sucede en equipos como ésos, debe ir a los pasillos y a los baños después de una reunión, donde todo el mundo lleva a cabo reuniones con el tema "Debí haber dicho…".

Se puede ver el dilema que enfrentan muchos líderes de equipo. Si no se tiene la capacidad de observar y comprender lo que ocurre en un equipo en un momento dado, ¿cómo podría saberse de qué manera intervenir para ayudar al equipo a crecer y desarrollarse?

El liderazgo situacional II y los equipos de alto desempeño

Forjar el alto desempeño es todo un viaje; una progresión predecible entre una serie de individuos y un sistema bien aceitado en el cual todas las características del modelo PERFORM son evidentes.

Como señalamos anteriormente, el liderazgo situacional II se aplica ya sea cuando uno se lidera a sí mismo, a otro individuo, a un equipo o a una organización. Lo que cambia es la complejidad y la dimensión del diagnóstico que se analiza para determinar el estilo de liderazgo adecuado. En el liderazgo de equipo, el centro de atención son *las etapas de desarrollo de los equipos*.

Las tres claves para un liderazgo de equipo eficaz son el *diagnóstico*, o capacidad de evaluar las necesidades y la etapa de desarrollo del equipo, la *flexibilidad*, o capacidad de utilizar una diversidad de comportamientos de liderazgo, y el *ajuste*, o capacidad de utilizar comportamientos de liderazgo que satisfagan las necesidades de desarrollo del equipo.

Etapas del desarrollo de los equipos

Todos los equipos son sistemas vivos únicos y complejos. El todo de un equipo es distinto a la suma de sus miembros. Es crucial conocer las características y necesidades de un equipo de alto desempeño. Nos proporciona un blanco al cual apuntar. Sin embargo, todos sabemos que los equipos no comienzan teniendo todas las características del modelo PERFORM. Las investigaciones de los últimos sesenta años han demostrado de manera sistemática que, independientemente de su propósito, los equipos, como los individuos, pasan por etapas de desarrollo a medida que crecen.

Todos los exhaustivos esfuerzos de investigación mencionados fueron sorprendentemente unánimes en sus conclusiones[5]. Todos identificaron cuatro o cinco etapas de desarrollo e hicieron descripciones muy similares de las características de cada etapa. Luego de una comprensiva revisión de más de 200 estudios sobre desarrollo de grupos, Lacoursiere identificó cinco etapas de desarrollo de equipos (EDE - ver figura 9.2), que examinaremos en detalle en un momento:

1. Orientación
2. Insatisfacción
3. Integración
4. Producción
5. Terminación

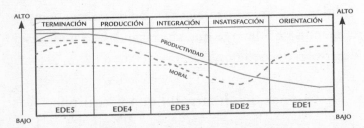

Figura 9.2. Las etapas del modelo de desarrollo de equipos[6]

Comprender tales etapas de desarrollo y las características y necesidades de un equipo en cada etapa es esencial para los líderes y miembros de equipos si han de ser eficaces en la constitución de equipos exitosos y productivos.

Eso es todo lo que constituye *el diagnóstico.* La capacidad de reconocer la etapa de desarrollo y de evaluar sus necesidades exige dar un paso atrás y mirar el equipo como un todo, en lugar de concentrarse en los comportamientos y las necesidades individuales.

Productividad y moral

Dos variables determinan la etapa de desarrollo del equipo: la productividad y la moral. *La productividad* es la cantidad y la calidad del trabajo cumplido. Depende de la capacidad de los miembros de colaborar, de sus conocimientos y habilidades, de la claridad de las metas y del acceso a los recursos necesarios. *La moral* es la confianza, la motivación y la unidad del equipo para alcanzar las metas. El modelo de etapas de desarrollo de los equipos ilustra con claridad la manera como la productividad y la moral varían a medida que el equipo avanza por las etapas de desarrollo.

Cuando un grupo se une por primera vez, no es mucho lo que puede lograr. Sus miembros ni siquiera se conocen entre sí. Con el tiempo, a medida que aprenden a trabajar juntos, su desempeño aumenta gradualmente. Si éste no es el caso, algo anda muy mal. O bien tienen un problema de liderazgo, o las habilidades necesarias para desempeñarse bien no se encuentran presentes en el grupo.

La moral, por otra parte, comienza en alto y baja en picada de repente. Las personas suelen estar entusiasmadas con el hecho de estar en un nuevo equipo, a menos que se les hubiera forzado a formar parte de él. La euforia inicial se disipa con rapidez cuando se hace evidente la realidad de la dificultad de trabajar en equipo. Entonces se puede escuchar a las personas decir: "¿Por qué acepté estar en este equipo?" A medida que las diferencias se exploran y los individuos comienzan a superar las frustraciones iniciales y trabajar juntos se hace más fácil, el equipo comienza a lograr resultados y la moral empieza a elevarse de nuevo. Finalmente, tanto la moral como la productividad son altas cuando el grupo se convierte en equipo de alto desempeño.

¿Por qué son la moral alta y la productividad alta las metas fundamentales? La respuesta es bastante sencilla. Una moral alta sin desempeño es "un paseo", no un equipo. Por otra parte, un equipo de alto desempeño con baja moral finalmente tropieza y el desempeño se disipa. En otras palabras, ninguno de los dos puede por sí solo mantener el alto desempeño.

Diagnosticar el nivel de productividad y de moral es una forma clara de establecer la etapa de desarrollo de un equipo y entender sus necesidades en un momento dado.

Etapa de desarrollo de equipos 1 (EDE1): Orientación

La mayoría de miembros de equipos, a menos que se les coaccione, se sienten bastante deseosos de pertenecer a ellos, aunque con frecuencia llegan con expectativas elevadas y poco realistas. Tales expectativas están acompañadas por algo de ansiedad en cuanto a la manera como se integrarán, cuánta confianza podrán tener en los demás y las exigencias que pesarán sobre ellos. Los miembros de los equipos tienen también poca claridad en cuanto a las normas, las funciones, las metas y los tiempos.

En esta etapa hay una alta dependencia de la figura del líder en cuanto a propósito y dirección. Aunque se ponen a prueba en alguna medida las fronteras y la figura central, el comportamiento suele ser tentativo y cortés. La moral es moderadamente alta y la productividad es baja en esta etapa.

Se nos pidió a dos de nosotros servir en una fuerza de tarea para estudiar y modificar el sistema de remuneración de nuestros socios consultores. En la primera reunión estábamos entusiasmados y ansiosos por ver quién más estaba en el equipo. Se habían presentado muchas quejas con respecto al sistema, y estábamos deseosos de llevar a cabo cambios positivos. Había algo de aprehensión en cuanto a si "ellos" realmente iban a escuchar. También nos preguntábamos cuánto tiempo realmente iba a tomar esto, quién iba a estar a cargo del equipo y cómo nos íbamos a acoplar a los demás miembros. No teníamos idea de cómo proceder o siquiera de cuáles iban a ser nuestras metas. Mirábamos al líder del equipo para que nos orientara en la dirección correcta. Tales sentimientos de entusiasmo, ansiedad y dependencia del líder son normales para los miembros del equipo en la etapa 1.

El reto en la etapa de orientación es hacer arrancar al equipo con pie derecho, desarrollar un sólido estatuto de equipo y forjar relaciones y confianza.

La duración de esta etapa depende de la claridad y la dificultad de la tarea, así como de la claridad en cuanto a cómo el equipo va a trabajar en conjunto. Con tareas sencillas y definidas con facilidad, la etapa de orientación puede ser relativamente corta — entre 5 y 10% de la vida del equipo. Por otra parte, si las metas y las tareas son complejas, el equipo puede invertir entre el 30 y el 60% de su tiempo en esta etapa.

Etapa de desarrollo de equipos 2 (EDE2): Insatisfacción

A medida que el equipo gana algo de experiencia, la moral disminuye al experimentar sus miembros la discrepancia entre sus expectativas iniciales y la realidad. En la etapa 2 aparecen los miembros de equipo renuentes. Las dificultades para cumplir con las tareas y trabajar juntos conducen a confusión y frustraciones, así como a una creciente insatisfacción con la dependencia con respecto a la figura del líder. Se desarrollan reacciones negativas entre los miembros y se forman subgrupos que pueden polarizar al equipo. La ruptura de la comunicación y la incapacidad de resolver problemas reduce la confianza. La productividad aumenta un tanto, pero puede quedar obstaculizada por la moral baja.

Regresemos a la fuerza de tarea sobre remuneración que mencionamos antes. Si bien comenzamos con entusiasmo, pronto nos dimos cuenta de lo intenso del trabajo que había por hacer, la naturaleza polémica de la tarea y la posibilidad de que las recomendaciones que hiciéramos no fueran aceptadas. Comenzamos a experimentar algunos sentimientos negativos fuertes entre los miembros y empezaron a formarse subgrupos y a desarrollarse cierta frustración con el líder del equipo. Ya nos preguntábamos si esto valía el tiempo que le dedicábamos. Tales sentimientos de cuestionamiento, duda y frustración son típicos de los miembros de equipo durante la etapa 2.

El reto en la etapa de insatisfacción es ayudar al equipo a hacer frente a los problemas de poder, control y conflicto, y comenzar a trabajar en conjunto de manera eficaz.

La cantidad de tiempo que se emplea en esta etapa depende de la rapidez con que puedan resolverse los problemas. Es posible que el equipo quede atascado en la etapa de insatisfacción y continúe tanto desmoralizado como relativamente improductivo.

Etapa de desarrollo de equipos 3 (EDE3): Integración

En la etapa de integración, caracterizan a un equipo una productividad entre media y alta y una moral variable o en mejoría. A medida que se abordan y resuelven los problemas hallados en la etapa de insatisfacción, la moral comienza a elevarse. El equipo desarrolla prácticas que permiten a sus miembros trabajar juntos con mayor facilidad. El cumplimiento de las tareas y las habilidades técnicas aumentan, lo cual contribuye a generar sentimientos positivos. Se elevan tanto la claridad como el compromiso con el propósito, los valores, las normas, las funciones y las metas. La confianza y la cohesión crecen a medida que la comunicación se hace más abierta y orientada hacia las tareas. Existe disposición a compartir la responsabilidad y el control.

Nunca, jamás, se tendrá un equipo
de alto desempeño si no se comparten
el liderazgo y el control.

Los miembros de los equipos aprenden a apreciar las diferencias entre ellos. Comienzan a pensar en términos colectivos y no individuales. Debido a que los sentimientos de confianza y cohesión recientemente adquiridos son frágiles, los miembros del equipo tienden a evitar el conflicto por temor a perder el clima positivo. Esta renuencia a enfrentar el conflicto puede hacer lento el avance y conducir a decisiones menos eficaces.

Regresemos a nuestra fuerza de tarea sobre remuneración. Al comenzar nuestro equipo a resolver las frustraciones que habíamos experimentado en la etapa 2, empezamos a escuchar con mayor atención y llegamos a apreciar la diferencia de puntos de vista. Desarrollamos algunas estrategias iniciales para cumplir con la tarea y aclaramos nuestras funciones y nuestras metas. No obstante la dificultad de la tarea, trabajar en el equipo se hizo más agradable. Las personas se llevaban bien y en cada reunión veíamos con mayor claridad lo que necesitaba hacerse. Incluso empezamos a ver la posibilidad de algún éxito más adelante. Tal sensación de aumento de la satisfacción y el compromiso, así como el desarrollo de habilidades y prácticas que hacen más fácil el trabajo conjunto son típicos de la etapa 3.

Aprender a compartir el liderazgo y superar la tendencia a estar de acuerdo para evitar el conflicto son retos de la etapa de integración.

La etapa de integración puede ser bastante corta, dependiendo de la facilidad con la cual se resuelvan los sentimientos de insatisfacción y se integren nuevas habilidades. Si los miembros prolongan la abolición del conflicto, existe la posibilidad de que el equipo regrese a la etapa de insatisfacción.

Etapa de desarrollo de equipos 4 (EDE4): Producción

En esta etapa, tanto la productividad como la moral son altas y se refuerzan mutuamente. Hay cierto sentimiento de orgullo y entusiasmo por formar parte de un equipo de alto desempeño. El centro de atención primario es el desempeño. El propósito, las funciones y las metas son claros. Los estándares son altos y hay compromiso no sólo con satisfacerlos sino con el mejoramiento continuo. Los miembros del equipo tienen confianza en su capacidad de rendir y superar los obstáculos. Están orgullosos de su trabajo y disfrutan del trabajo conjunto. La comunicación es abierta y se comparte el liderazgo. El respeto mutuo y la confianza son normas. El equipo es flexible y encuentra nuevos desafíos a medida que continúa creciendo.

Luego de muchas reuniones y un cuidadoso estudio de las alternativas, la fuerza de tarea sobre remuneración comenzó a ir viento en popa y la conclusión del trabajo se hizo realidad en nuestras mentes. Finalmente empezamos a sentir que el esfuerzo valía la pena y estábamos optimistas en cuanto a que los resultados fueran positivos tanto para la compañía como para los socios consultores. Todos compartíamos la responsabilidad del liderazgo del equipo. Sentíamos que realmente era un gran equipo en el cual estar y nos enorgullecíamos de formar parte de él. Tales sentimientos de logro, orgullo, confianza y sensación de unidad son típicos de los equipos que han alcanzado la etapa 4.

El reto en la etapa de producción es sostener el desempeño del equipo de un reto a otro y el crecimiento continuo. Esta etapa puede seguir adelante con fluctuaciones moderadas en los sentimientos de satisfacción durante el resto de la vida del equipo.

Etapa de desarrollo de equipos 5 (EDE5): Terminación

Esta etapa no se alcanza en los equipos continuos a menos que tenga lugar una reorganización drástica. La terminación, sin embargo, ocurre en los equipos especiales o en las fuerzas de tarea temporales, de modo que los miembros de los equipos deben estar preparados para sus resultados. La productividad y la moral pueden aumentar o disminuir a medida que se acerca el final de la experiencia. Los miembros de los equipos pueden tener sentimientos de tristeza o pérdida, o, por otra parte, sentir la urgencia de cumplir con las fechas establecidas.

Luego de presentar los hallazgos de nuestro equipo de tarea sobre remuneración, nos dimos cuenta de que lamentábamos que todo hubiera terminado. Habíamos compartido algunos momentos de tensión y desarrollado aprecio mutuo real, así como cierto vínculo afectivo. Tan extraordinario grupo de personas con las cuales nos habíamos reunido durante los últimos meses probablemente nunca iba a estar junto de nuevo en la misma forma. En consecuencia, si bien nos sentíamos orgullosos de lo que habíamos logrado, también teníamos cierta sensación de pérdida al aproximarse el final. El elogio y el reconocimiento de la compañía y los socios consultores ayudaron mucho.

El reto en la etapa de terminación es mantener la productividad y la moral necesarias y manejar el cierre, el reconocimiento y la celebración. Esta etapa puede variar en cuanto a duración entre una pequeña parte de la última reunión y una significativa proporción de las reuniones finales, dependiendo de la extensión y la calidad de la experiencia del equipo.

* * *

Si bien las cinco etapas se describen como separadas y distintas, en realidad existe considerable coincidencia entre ellas. Algunos elementos de cada etapa pueden hallarse en todas las demás. Por ejemplo, el simple hecho de que un equipo esté comenzando (etapa de orientación) y deba concentrarse en desarrollar un propósito claro y construir un sólido estatuto de equipo no significa que no necesite revisar y refinar el estatuto en las etapas 2 o 3. Las características y necesidades dominantes del equipo, sin embargo, determinan su etapa de desarrollo en cualquier momento dado. Un cambio en tales características y necesidades señala un cambio en el nivel de desarrollo del equipo.

¿Por qué es importante entender las etapas de desarrollo y diagnosticar las necesidades del equipo?

Las etapas de desarrollo del equipo señalan sus necesidades en cualquier punto de su ciclo de vida. Entender tales necesidades tiene importancia crítica, pues permite a los líderes o miembros del equipo adoptar los comportamientos de liderazgo que respondan a ellas.

Sin capacitación en liderazgo de equipo, las personas a quienes se llama a liderarlo suelen no tener idea de qué hacer. Con frecuencia funcionan por instinto. Por ejemplo, supóngase que un líder de equipo sin experiencia piensa que la única manera de liderarlo es utilizar un estilo de liderazgo participativo. Desde el primer día, pide a todos sugerencias en cuanto a cómo debe operar el equipo. Los miembros piensan que el líder debe responder a tal interrogante. "Después de todo", dicen, "es él quien convocó la reunión". Comienzan a preguntarse por qué entraron a formar parte de este equipo. El líder, con escasa respuesta de su equipo, se frustra y pone en duda por qué aceptó liderar el equipo. Todos están confusos.

Sin una comprensión del marco de referencia de las etapas de desarrollo de los equipos, es sólo por casualidad que el comportamiento del líder llega a ajustarse a las necesidades del equipo. Ésta es la razón por la cual combinar el modelo de etapas de desarrollo de los equipos con el modelo de liderazgo situacional II ayuda a que todo comience a cobrar sentido.

Estilos de liderazgo de equipos

Como lo ilustra la figura 9.3, así como en el caso de autoliderazgo y del liderazgo uno a uno, los estilos de liderazgo requeridos para construir una organización de alto desempeño pueden tener diversas combinaciones de comportamiento directivo y de apoyo, y sin embargo el centro de atención es diferente cuando se aplica a equipos en lugar de individuos. Los cuatro estilos de liderazgo de equipo —*dirección, entrenamiento, apoyo* y *delegación*— varían en cuanto a la cantidad de dirección y la cantidad de apoyo que se ofrecen, y la cantidad de responsabilidad de liderazgo que asumen los miembros del equipo.

Comportamiento directivo en los equipos

Los comportamientos que proporcionan dirección en los equipos son *organizar, educar, enfocar* y *estructurar*. Por ejemplo, al ingresar por primera vez al equipo, se desea

Liderazgo situacional II
Estilos de liderazgo de equipos

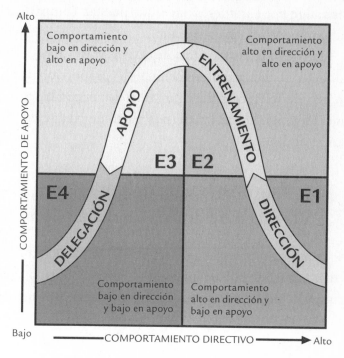

Figura 9.3. Estilos de liderazgo de equipos del liderazgo situacional II

saber cómo está organizado. ¿Qué se necesita aprender para ser un buen miembro del equipo? ¿Dónde concentrará el equipo sus esfuerzos? ¿Cuál es la estructura? ¿Alguien responde ante alguien? ¿Quién hace qué, cuándo y cómo?

Comportamiento de apoyo en los equipos

Entre los comportamientos que proporcionan apoyo en los equipos se encuentran *elogiar, involucrar, escuchar* y *estimular*. Por ejemplo, para desarrollar la armonía y la cohesión del equipo, las personas necesitan tomar parte en la toma de decisiones, que se les anime a participar, que se les reconozca y elogie por sus esfuerzos, que se les valore por sus diferencias y que puedan compartir el liderazgo cuando sea adecuado.

Los comportamientos directivo y de apoyo del modelo de liderazgo situacional II proporcionan un marco de referencia para satisfacer las necesidades del equipo y pueden utilizarse por parte de cualquiera de sus miembros.

Ajuste del estilo de liderazgo a la etapa de desarrollo del equipo

Si combinamos los cuatro estilos de liderazgo con las etapas de desarrollo de los equipos, como lo ilustra la figura 9.4, tendremos un marco de referencia para ajustar a cada etapa un estilo de liderazgo adecuado.

Para establecer el estilo adecuado de liderazgo, primero debe diagnosticarse la etapa de desarrollo del equipo en relación con su meta, tomando en consideración tanto la productividad como la moral. Luego debe localizarse la etapa actual de desarrollo del equipo en el modelo de etapas de desarrollo de los equipos y seguir una línea perpendicular hasta la curva del modelo de liderazgo situacional II. El punto de intersección indica el estilo de liderazgo adecuado para el equipo.

Intervenir con el estilo de liderazgo adecuado en cada etapa ayudará al equipo a avanzar hacia el alto desempeño, o mantenerlo. Ajustar el estilo de liderazgo a las etapas de desarrollo del equipo, de manera similar a lo que acontece con el ajuste de la alianza para el desempeño con los individuos, funciona mejor cuando el o los

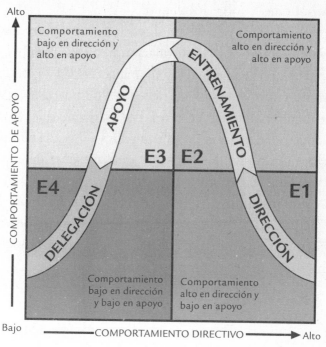

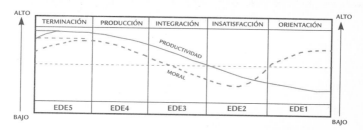

Figura 9.4. Liderazgo situacional II: Ajuste de los estilos de liderazgo a las etapas de desarroilo del equipo

líderes de equipo conocen el liderazgo situacional II y hacen el diagnóstico conjuntamente.

En la etapa 1, *de orientación*, es adecuado un estilo de liderazgo **directivo**. En los inicios de cualquier equipo, los individuos están relativamente ansiosos de estar allí y tienen elevadas expectativas. La moral es alta, pero la productividad es baja debido a la falta de conocimientos sobre la tarea y sobre los demás.

En esta etapa se necesita dirección o estructura, con el fin de suministrar la información necesaria para hacer que el equipo arranque. Hay alguna necesidad de apoyo, pero mucho menor que la necesidad de un comportamiento orientado hacia la tarea. Los individuos necesitan tener claridad sobre el propósito y los valores del equipo y sobre el tipo de participación que se espera de ellos. Deben establecerse normas en torno a la comunicación y la responsabilidad. Deberá haber consenso sobre la estructura y las fronteras: qué tarea va a hacer quién, cuál es el cronograma, qué tareas deben realizarse y qué habilidades se necesitan para llevarlas a cabo.

En esta etapa inicial debe desarrollarse un fuerte estatuto de equipo que cree un sólido fundamento para el trabajo futuro. Un estatuto es un conjunto de acuerdos que manifiesta con claridad qué debe llevar a cabo el equipo, por qué es importante y cómo va a trabajar conjuntamente para lograr resultados. El estatuto documenta los acuerdos comunes pero también es un documento dinámico que puede modificarse a medida que cambian las necesidades del equipo. La investigación de Ruth Wageman ilustra con claridad el hecho de que un fuerte estatuto de equipo es más importante para el excelente funcionamiento que un liderazgo eficaz[7]. La figura 9.5 muestra un modelo para el desarrollo de un estatuto.

En la etapa 2, *de insatisfacción*, es adecuado un estilo de liderazgo de **entrenamiento**. La etapa de insatisfacción se caracteriza por un aumento gradual del desempeño en las tareas y una disminución en la moral. Pueden surgir

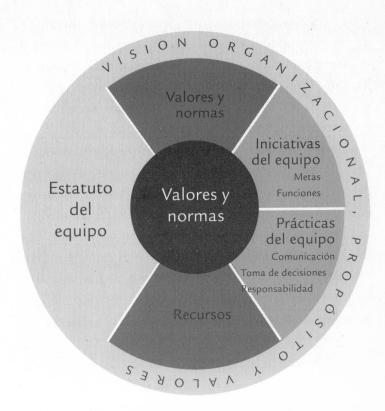

Figura 9.5. El modelo del estatuto de equipo

enojo, frustración, confusión y falta de ánimo, debido a la discrepancia entre las expectativas iniciales y la realidad.

La etapa de insatisfacción invita a continuar con una alta dirección y aumentar el apoyo. Los miembros del equipo necesitan aliento y seguridad, así como desarrollo de habilidades y estrategias para trabajar conjuntamente y para el logro de las tareas. En esta etapa es importante aclarar la imagen global y reconfirmar el propósito, los valores y las metas del equipo. También es importante dar al equipo mayor participación en la toma de decisiones. Reconocer los logros de los miembros del equipo y proporcionar retroalimentación sobre los avances tranquiliza a las personas, estimula el progreso y eleva la moral. Es un buen momento para incentivar la audición atenta y reafirmar que el equipo valora las diferencias de opinión. También es útil en esta etapa tener discusiones abiertas y sinceras sobre asuntos como los bloques y coaliciones emocionales, y resolver los conflictos personales.

En la etapa 3, *de integración*, es adecuado un estilo de liderazgo de *apoyo*. La etapa de integración disfruta de mayores niveles de moral y armonía y un continuo aumento de la capacidad para realizar la tarea, a medida que los miembros aprenden a trabajar conjuntamente. Las metas y las estrategias se han hecho más claras o se han redefinido, y los sentimientos negativos se han resuelto. La seguridad, la cohesión y la confianza han aumentado, pero aún son frágiles. Hay cierta tendencia a evitar el conflicto por temor a caer de nuevo en la insatisfacción de la etapa 2. Los miembros del equipo están más dispuestos y son más capaces de asumir funciones de liderazgo.

En la etapa de integración son necesarios el apoyo y la colaboración para que los miembros del equipo desarrollen seguridad en cuanto a su capacidad de trabajar en conjunto. El equipo necesita menos dirección en torno a la tarea y más apoyo concentrado en la creación de seguridad, confianza, participación y liderazgo compartido. Es un momento para animar a las personas a dar voz a diversas perspectivas y compartir la responsabilidad del liderazgo, así como para examinar el funcionamiento del equipo. Ahora el centro de atención debe recaer en el aumento de la productividad y en el desarrollo de habilidades de solución de problemas y toma de decisiones.

En la etapa 4, *de producción*, es adecuado un estilo de liderazgo de *delegación*. En esta etapa, los miembros del equipo tienen sentimientos positivos en cuanto a los demás y sus logros. La cantidad y calidad del trabajo producido son altas. En esta etapa los equipos suelen necesitar nuevos desafíos para mantener en alto la moral y la concentración en la tarea.

En este punto el equipo por lo general proporciona su propia dirección y su propio apoyo, y necesita validación por este logro. Los individuos comparten las responsabilidades del liderazgo, y los miembros del equipo participan plenamente en el cumplimiento de las metas. En este momento se necesitan reconocimiento y celebración continuos de los logros del equipo, así como la creación de nuevos desafíos y parámetros más elevados. Debido a que el equipo funciona a un alto nivel, en esta etapa es indicado fomentar la autonomía en la toma de decisiones dentro de fronteras establecidas.

En la etapa 5, *de terminación*, es adecuado un estilo de liderazgo de *apoyo*. En los equipos que tienen un punto final claro, la productividad puede continuar aumentando, o bien puede descender debido a la prisa en terminar la tarea. El cercano final de una importante experiencia puede también ocasionar un aumento o una caída de la moral con respecto a los anteriores niveles.

Aceptar y reconocer los sentimientos que se encuentran presentes en esta etapa puede ser de utilidad. Si tiene lugar una baja significativa en la productividad y la moral, son necesarios un aumento en el apoyo, así como algo de dirección, para mantener el alto desempeño.

Por ejemplo, los equipos de las películas de Hollywood son modelos clásicos de grupos que se forman con un propósito y terminan al completarse el proceso. Al acercarse el fin de la penosa filmación de *El señor de los anillos: Las dos torres*, el director, Peter Jackson, permitió a uno de los miembros del elenco, Sean Astin, quien interpretaba el papel de Sam Gamgee, utilizar el personal y los equipos para hacer un pequeño filme sobre el proceso de hacer la película mayor. Este cortometraje, *The Long and the Short of It*, se incluyó en el DVD. No sólo compartía aspectos de detrás de bambalinas, sino que también mostraba al director Jackson participando en la minipelícula de Astin y, con ello, elevando la moral en el escenario.

Permanezca en los rieles

Como dijimos con respecto al liderazgo uno a uno, al desarrollar un equipo es importante permanecer en los rieles: seguir la curva de los estilos de liderazgo a medida que el equipo avanza por las etapas de desarrollo. Luego de estructurar un estatuto de equipo, el líder no puede pasar a un estilo de liderazgo de delegación: se saldría de los rieles y el equipo podría chocar y quemarse. Forjar un equipo de alto desempeño exige un líder que pueda manejar el viaje de la dependencia a la interdependencia. Cuando el trabajo de un gran líder de equipo termina, sus miembros dirán: "Lo hicimos nosotros mismos".

Regresión

Los cambios en el liderazgo, la tarea o los miembros no son raros y pueden afectar la productividad y la moral del equipo. Un cambio significativo en el equipo con frecuencia hace que éste retroceda en las etapas de desarrollo. Un diagnóstico cuidadoso que determine la actual etapa de desarrollo del equipo indicará los estilos de liderazgo necesarios para hacer frente de modo adecuado a la regresión.

El milagro del trabajo en equipo

Cuando los equipos funcionan bien, *pueden suceder milagros*. Un emocionante e inspirador ejemplo de un equipo de alto desempeño es el del conjunto olímpico de hockey de los Estados Unidos de 1980[8]. Veintidós jóvenes —muchos de los cuales jamás habían jugado juntos— llegaron de universidades de todo el país y seis meses más tarde ganaron la medalla de oro olímpica, derrotando a los mejores equipos del mundo, incluido el de la Unión Soviética, cuyos miembros habían jugado juntos durante años. Nadie esperaba que esto sucediera. Se le considera como una de las mayores sorpresas en la historia de los deportes y se le califica como un milagro. Cuando se entrevistó a los miembros del equipo, todos sin excepción atribuyeron su triunfo al trabajo en equipo. El dinamismo, el compromiso, la cohesión, la cooperación, la confianza, el esfuerzo de equipo y una creencia apasionada en una meta común —"Ir por el oro"— fueron las razones del éxito.

Los equipos de alto desempeño son resultado de muchos factores: propósito y valores de equipo claros, metas alcanzables, responsabilidad mutua en cuanto a los resultados, confianza y cohesión de equipo. Con un liderazgo adecuado, compromiso y competencia de parte de los miembros, así como un estatuto de equipo claro, éstos pueden lograr colectivamente metas que serían imposibles de alcanzar individualmente[9].

Es difícil imaginar a un líder siendo efectivo en el nivel de la organización sin que haya tenido primero alguna experiencia como líder situacional de un equipo. Después de todo, los líderes organizacionales supervisan varios equipos, departamentos y/o divisiones. Nuestro próximo capítulo se centra en el liderazgo organizacional.

CAPÍTULO 10

Liderazgo organizacional

Pat Zigarmi, Ken Blanchard,
Drea Zigarmi y Judd Hoekstra

Así como el liderazgo de equipo es más complicado que el liderazgo uno a uno, liderar una organización entera es más complicado que liderar un solo equipo. ¿Por qué? Porque el liderazgo organizacional consiste en liderar el cambio, y liderar el cambio es algo caótico y desordenado.

Hoy en día navegamos en "aguas turbulentas". ¿Qué sabemos sobre las aguas turbulentas? ¡Son al mismo tiempo estimulantes y atemorizantes! Con frecuencia hay que ir hacia los lados o de arriba hacia abajo para avanzar. El flujo lo controla el medio ambiente. Existen obstáculos imprevistos. Ocasionalmente, es sabio utilizar un remolino para reagruparse y reflexionar, pero es fácil perder los remolinos porque las aguas blancas parecen crear su propio impulso.

La importancia de manejar el cambio

Hubo un tiempo en que se podía poner en práctica un cambio y luego regresar a un período de relativa estabilidad. En esa época, cuando las cosas se calmaban se podía planificar con esmero y prepararse para otro cambio. Kurt Lewin describió estas fases como descongelación, cambio y recongelación. La realidad actual es que no hay recongelación. No hay descanso ni posibilidad de prepararse.

En el calor de este caos, es difícil que las personas mantengan la perspectiva. La situación nos recuerda la historia de la pequeña niña que llega un día a casa de la escuela y pregunta a su madre (hoy ciertamente podría haber sido a su padre): "¿Por qué papá trabaja hasta tan tarde todas las noches?" La madre, con una sonrisa comprensiva, le responde: "Bueno, querida, papá no tiene tiempo de terminar todo su trabajo durante el día". En su infinita sabiduría, la pequeña pregunta: "Entonces, ¿por qué no lo ponen en un grupo más lento?" Por desgracia, no hay grupos más lentos. El cambio constante es actualmente una forma de vida en las organizaciones.

Mark Twain dijo una vez: "La única persona a la que le gusta el cambio es un bebé con el pañal húmedo". Gústenos o no, en la dinámica sociedad que rodea a las organizaciones de hoy, la pregunta de si el cambio va a tener lugar ya no es pertinente. El cambio va a suceder. Ya no es más una probabilidad; es una certidumbre.

El problema consiste en saber cómo los gerentes y los líderes pueden sobrellevar el alud de cambios que enfrentan a diario mientras intentan mantener a sus organizaciones adaptables y viables. Deben desarrollar estrategias para escuchar lo que se dice en la organización, de modo que puedan sacar a flote y resolver las preocupaciones de los colaboradores con respecto al cambio. Tienen que hacer intenso uso de estrategias para liderar el cambio de manera que apalanquen la creatividad y el compromiso firme de todos a trabajar en una organización con capacidad de recuperación frente al cambio.

¿Por qué es el cambio organizacional tan complicado?

Piénsese en lo que sucede cuando alguien toma una lección de golf. El instructor cambia el *swing* del golfista, en un esfuerzo por mejorar su puntaje. Sin embargo, los puntajes de los golfistas por lo general empeoran cuando están aprendiendo un nuevo *swing*. Les toma tiempo dominar sus nuevos *swings* y mejorar sus puntajes. Ahora, piénsese en lo que sucede cuando se pide a cada uno de los miembros de un equipo de golfistas cambiar sus respectivos *swings* al mismo tiempo. La caída acumulada del desempeño es mayor para el equipo que la que tendría un golfista individual.

El mismo descenso en el desempeño tiene lugar en las organizaciones en las cuales se pide a un gran número de personas efectuar cambios en el comportamiento al mismo tiempo. Cuando un miembro de un equipo está aprendiendo una nueva habilidad, el resto del equipo suele poder maximizar sus recursos para mantenerlo en marcha. No obstante, cuando todos están aprendiendo nuevas habilidades, ¿quién puede "cargar con el muerto"?

Cuando se introduce un cambio en una organización, por lo general ocurre un descenso inicial en el desempeño organizacional antes de elevarse a un nivel superior al anterior al cambio. Los líderes del cambio eficientes, conscientes de esto y comprendiendo el proceso de cambio, pueden minimizar la caída que se produce en el desempeño cuando muchas personas tienen que aprender nuevos comportamientos simultáneamente. También pueden minimizar el tiempo requerido para alcanzar el desempeño deseado. Más aún, pueden mejorar la capacidad de una organización de iniciar, ejecutar y sostener los cambios exitosos. Esto es precisamente lo que esperamos que el lector aprenda en este capítulo.

¿Cuándo se necesita el cambio?

El cambio es necesario cuando hay una discrepancia entre un conjunto real de eventos —algo que sucede ahora mismo— y un conjunto deseado de eventos —lo que nos gustaría que sucediera. Para entender mejor dónde puede estar su organización en relación con un cambio necesario, responda a las siguientes preguntas:

- ¿Está su organización bien encaminada para realizar su visión?
- ¿Producen las iniciativas de su organización los resultados deseados?
- ¿Produce tales resultados a tiempo?
- ¿Produce tales resultados dentro del presupuesto?
- ¿Mantiene su organización altos niveles de productividad y moral?
- ¿Están sus clientes entusiasmados con respecto a su organización?
- ¿Están sus colaboradores llenos de energía, comprometidos y entusiasmados?

Si encontró difícil responder afirmativamente a las anteriores preguntas, debe enfocarse en liderar el cambio más intensamente.

La mayoría de gerentes informa que administrar el cambio no es su fuerte. En una encuesta aplicada a 350 altos ejecutivos de 14 sectores, el 68% confirmó que sus compañías habían experimentado problemas imprevistos en el proceso de cambio[1]. Además, las investigaciones indican que el 70% de los cambios organizacionales fracasan, y que tales fracasos pueden con frecuencia responder a un liderazgo ineficaz.

El cambio se descarrila o fracasa por razones predecibles

Nuestras investigaciones y experiencias en el mundo real han mostrado que la mayoría de esfuerzos de cambio se descarrilan o fracasan por razones predecibles. Muchos líderes no reconocen o no tienen en cuenta tales razones. Como consecuencia, cometen los mismos errores una y otra vez. Como se dice a menudo…

…la insensatez hace lo mismo una y otra vez y espera diferentes resultados.

Por fortuna hay esperanza. Al reconocer las razones por las cuales el cambio por lo general se descarrila o fracasa, el liderazgo puede ser proactivo y aumentar así la probabilidad de éxito al iniciar, ejecutar y sostener el cambio.

Razones predecibles por las cuales los esfuerzos de cambio por lo general fracasan

1. Las personas que lideran el cambio piensan que anunciarlo es lo mismo que ejecutarlo.
2. Las preocupaciones de las personas con respecto al cambio no emergen y/o no se afrontan.
3. Aquéllos a quienes se pide cambiar no participan en el planeamiento del cambio.
4. No hay una razón urgente o convincente para cambiar. Los argumentos empresariales no se comunican.
5. No se ha desarrollado o comunicado una visión convincente que entusiasme a las personas con respecto al futuro.
6. El equipo de liderazgo del cambio no incluye a quienes lo adoptan pronto, a quienes se resisten a él ni a líderes informales.
7. No se hace una prueba piloto del cambio, y en consecuencia la organización no aprende qué se necesita para apoyar el cambio.
8. Los sistemas organizacionales y otras iniciativas no están alineados con el cambio.
9. Los líderes pierden su centro de atención o no establecen prioridades, y eso ocasiona la llamada "muerte por mil iniciativas".
10. No se capacita a las personas o no se las anima a crear nuevas habilidades.

11. Quienes lideran el cambio no tienen credibilidad: no comunican suficientemente, dan mensajes ambiguos y no son modelo de los comportamientos que el cambio requiere.

12. No se mide el avance y nadie reconoce los cambios que las personas se han esforzado por hacer.

13. No se responsabiliza a las personas por la ejecución del cambio.

14. Las personas que lideran el cambio no respetan el poder de la cultura para matar el cambio.

15. No se exploran las posibilidades y opciones antes de elegirse un cambio específico.

Cuando la mayoría de las personas ven la lista, su reacción depende de si usualmente han sido el objeto o el agente del cambio. Los objetos del cambio suelen sentir como si hubiéramos estudiado su organización durante años, por cuanto han visto en acción, de cerca y personalmente, las razones por las cuales el cambio fracasa. La realidad es que, si bien toda organización es única en algunos sentidos, con frecuencia todas tienen dificultades con el cambio por las mismas razones.

Cuando los agentes del cambio ven esta lista, se desaniman porque se dan cuenta de cuán complicado puede ser poner en práctica el cambio y la cantidad de cosas distintas que pueden salir mal. ¿Dónde deben comenzar? ¿En cuál de las quince razones por las cuales el cambio fracasa se deben concentrar?

A lo largo de los años, nuestra experiencia nos ha indicado que si los líderes pueden entender y superar las tres primeras razones por las cuales el cambio fracasa, están bien orientados a ser líderes eficientes en materia de cambio.

Concentración en el manejo del viaje hacia el cambio

Habiendo trabajado con organizaciones durante más de tres décadas, hemos observado un modelo de liderazgo que sabotea el cambio. Los líderes que han estado pensando en el cambio por un cierto tiempo saben por qué éste debe ponerse en marcha. Tienen claro el problema que afronta su negocio y la necesidad de cambiar. Están tan convencidos de que el cambio debe ocurrir que, en sus mentes, no hay necesidad de discusión alguna. Los líderes ponen toda su energía en anunciar el cambio y muy poco esfuerzo en manejar el viaje hacia él. Olvidan que…

…el liderazgo organizacional eficaz tiene más que ver con el manejo del viaje hacia el cambio que con el anuncio del destino.

Utilizando el estilo directivo 1 del liderazgo situacional II, dicen a todo el mundo lo que quieren que pase y luego desaparecen, empleando un inadecuado estilo de delegación 4; esperan que el cambio se aplique de manera automática. Por desgracia, esto nunca sucede. Se han salido de la línea férrea. Como consecuencia, el cambio se descarrila. ¿Por qué?

El cambio se descarrila porque los individuos saben que pueden sobrevivir al anuncio, o por lo menos a la persona que hace el anuncio. Como no han estado involucrados hasta este punto, perciben que la organización está preocupada sólo por su propio interés, no por el interés de todos los miembros de la misma. Los cambios que se hacen a las personas crean mayor resistencia. En el momento en que haya resistencia manifiesta, las personas que lideran el cambio rompen filas. Cuando lo hacen, su falta de alineación señala que no hay necesidad de que otros se alineen con el cambio, porque éste no va para ninguna parte.

Un mal estilo de dirección 1, seguido de un inapropiado estilo de delegación 4 —anunciar el cambio y después no asumir la responsabilidad de liderarlo—, significa que el cambio jamás se va a ejecutar de manera exitosa. Por el contrario, dedique tiempo a escuchar de manera respetuosa y reflexiva y a responder a las preocupaciones que el personal tiene sobre el cambio.

Manifestación y evaluación de las preocupaciones de los colaboradores

Como señalamos antes, el liderazgo situacional II se aplica ya sea que uno se lidere a sí mismo o lidere a otro individuo, a un equipo o a una organización. En el contexto del autoliderazgo y del liderazgo de uno a uno, el líder diagnostica la capacidad y el compromiso de un colaborador directo con respecto a una tarea específica. En el contexto de un equipo, el líder diagnostica la productividad y la moral de éste. En el contexto organizacional, el centro de atención es el diagnóstico de las etapas predecibles y secuenciales de preocupación por las que pasan las personas durante el cambio.

Un proyecto del Departamento de Educación de los Estados Unidos, dirigido originalmente por Gene Hall y sus colegas de la Universidad de Texas[2], sugiere que las personas que hacen frente al cambio manifiestan seis preocupaciones predecibles y secuenciales:

1. Preocupaciones de información
2. Preocupaciones personales
3. Preocupaciones de ejecución
4. Preocupaciones de impacto
5. Preocupaciones de colaboración
6. Preocupaciones de refinamiento

Las personas que pasan por un cambio suelen hacer preguntas que dan indicios a los líderes sobre la etapa de preocupación en la cual se encuentran. La mayor parte del tiempo, quienes lideran el cambio no escuchan tales preocupaciones porque no hay foros en los cuales los colaboradores puedan expresarlas. Si no hacen preguntas semejantes a las que se mencionan a continuación, las preocupaciones pueden haber sido enfrentadas adecuadamente, o bien pueden estar mostrando lo que se considera como resistencia encubierta o abierta al cambio. En realidad, la mayoría de las personas —"resistentes" o no— simplemente buscan respuestas a preguntas legítimas, aunque no siempre de manera constructiva.

Veamos cada una de las etapas de preocupación y las preguntas que las personas se hacen a sí mismas y hacen a sus pares.

Etapas de preocupación

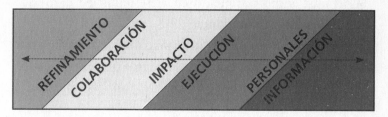

Figura 10.1. Modelo de etapas de preocupación

Etapa 1: Preocupaciones de información

En esta etapa, las personas hacen preguntas para obtener información sobre el cambio. Por ejemplo: ¿Qué es el cambio? ¿Por qué se necesita? ¿Por qué está mal lo que estamos haciendo ahora? ¿Cuánto y qué tan rápido debe cambiar la organización?

Las personas con preocupaciones de información necesitan los mismos datos que utilizan quienes tomaron la decisión de llevar adelante el cambio. No quieren saber si el cambio es bueno o malo hasta entenderlo. Suponiendo que las razones del cambio se basan en información sólida, comparta dicha información con los colaboradores y ayúdeles a ver lo que usted ve. Recuerde que, en ausencia de una comunicación clara y fundada en hechos, los individuos tienden a crear su propia información sobre el cambio, y los rumores se convierten en hechos.

En una aplicación reciente del sistema SAP[3], en la cual el equipo de liderazgo del cambio había explicado bien las razones empresariales, los colaboradores decían:

"Habrá menos errores si entramos los datos una sola vez. Ahorraremos dinero porque eliminaremos las entradas dobles. Habrá menos pasos manuales y más funcionalidad y/o colaboración entre los grupos de trabajo. Será diez veces más fácil el acceso a la información. A la larga, se ahorrará tiempo porque las cosas se harán en el fondo. Se eliminará la redundancia".

Sus preocupaciones de información quedaron en gran medida respondidas gracias a los datos que el equipo de liderazgo les proporcionó mediante múltiples medios.

Etapa 2: Preocupaciones personales

En esta etapa las personas hacen preguntas relacionadas con sus preocupaciones personales. Por ejemplo: ¿Cuál va a ser el impacto del cambio sobre mí personalmente? ¿Qué debo yo cambiar? ¿Voy a ganar o a perder? ¿Estaré bien? ¿Cómo voy a encontrar tiempo para llevar a cabo el cambio? ¿Tendré que aprender nuevas habilidades? ¿Lo puedo hacer?

Las personas con preocupaciones personales desean saber cómo las va a afectar el cambio. Se preguntan si tienen las habilidades y los recursos para ejecutar el cambio. Al cambiar la organización, los compromisos personales y organizacionales se ven amenazados.

Estas preocupaciones deben abordarse de tal manera que las personas sientan que se les ha escuchado. Se ha dicho que "Aquello a lo que uno se resiste, persiste". Si no se permite a las personas hacer frente a sus sentimientos con respecto a lo que sucede, tales sentimientos permanecen. El corolario de este principio es que *si uno hace frente a lo que le molesta, por el simple proceso de enfrentar los sentimientos, las preocupaciones suelen desaparecer.* Si esto es así, el lector conoce el alivio que proviene de compartir los sentimientos con alguien. El simple hecho de tener la posibilidad de hablar sobre las preocupaciones durante el cambio aclara la mente y estimula la creatividad, que puede utilizarse como ayuda, antes que como obstáculo, para los esfuerzos de cambio. Es aquí donde entra en juego el escuchar. Los líderes y gerentes deben permitir a las personas expresar abiertamente sus preocupaciones personales, sin temor a la evaluación, el juzgamiento o la retribución.

Las preocupaciones personales constituyen la etapa de preocupaciones que más se pasa por alto durante el proceso de cambio.

En algunos casos, las preocupaciones personales no se resuelven a satisfacción de un individuo, pero el acto de escuchar tales preocupaciones por lo general hace mucho para reducir la resistencia al esfuerzo de cambio.

Si no se dedica tiempo a hacer frente a las necesidades y los temores individuales, no se logrará que las personas vayan más allá de este nivel básico de preocupación. Por tal razón, veamos algunas de las preocupaciones personales clave que las personas suelen tener con respecto al cambio.

Las personas están en distintos niveles de preparación para el cambio. Aunque casi todo el mundo experimenta algo de resistencia al cambio, algunos individuos pueden entusiasmarse con rapidez por la posibilidad de poner en práctica nuevas ideas; otros necesitan algún tiempo para prepararse para los nuevos desafíos. Esto no significa que haya un lugar "adecuado" donde deba estarse en la secuencia de preparación; simplemente significa que las personas tienen distintas perspectivas y grados de flexibilidad en cuanto a lo que se les pide que hagan. La conciencia de que los individuos se encuentran en distintos niveles de preparación para el cambio puede ser en extremo útil en la ejecución eficaz de cualquier esfuerzo de cambio. Ayuda a identificar los "primeros en adoptarlo", o los defensores del cambio que pueden ser parte del equipo de liderazgo del mismo. Dicha conciencia ayuda a llegar a quienes parecen resistirse al cambio. Las razones de su resistencia pueden representar cautela, o bien pueden constituir claves de problemas que deben resolverse si el cambio ha de llevarse a cabo de modo exitoso.

Las personas se concentran inicialmente en aquello a lo que tienen que renunciar. Las primeras reacciones de las personas a un cambio propuesto con frecuencia tienden a manifestar cierto sentido de pérdida personal. ¿Qué queremos decir con "pérdidas"? Éstas comprenden, entre otras cosas, la pérdida de control, tiempo, orden, recursos, compañeros de trabajo, competencia y prestigio. Para ayudar a las personas a seguir adelante, los líderes deben ayudarlas a hacer frente a tales sentimientos de pérdida. Puede parecer tonto, pero las personas necesitan que se les dé la posibilidad de lamentar sus pérdidas sentidas, quizá simplemente buscando el tiempo para hablar con otros sobre cómo se sienten. Recuerde que aquello a lo que uno se resiste, persiste. El contacto con lo que uno cree que pierde por el cambio ayuda a aceptar algunos de sus beneficios.

Ken Blanchard y John Jones, cofundadores de University Associates, trabajaron con varias divisiones de AT&T a principios de los años 80, cuando la corporación se dividió en siete compañías separadas[4]. Cuando lo anunciaron, los líderes del cambio empezaron por hablar sobre los beneficios. Ken y John se dieron cuenta de que nadie estaría dispuesto a escuchar sobre tales beneficios en ese momento, pues las preocupaciones personales de los individuos no se habían atendido. Para resolver esto, establecieron "sesiones de lamentación" en todas las divisiones; en ellas las personas podían hablar abiertamente sobre lo que creían que iban a perder a causa del cambio. Los siguientes fueron los mayores temas que surgieron:

Pérdida de posición. Cuando se preguntaba en ese momento a las personas en dónde trabajaban, sus pechos se henchían al responder: "AT&T". Sencillamente sonaba mucho mejor que otras alternativas.

Pérdida del empleo de toda una vida. Un compañero de clase de Ken Blanchard, después de graduarse en Cornell, obtuvo un empleo en AT&T. Cuando llamó a casa a decírselo a su madre, esta lloró de alegría. "'Estás hecho' de por vida", dijo. En aquellos días, si se obtenía un empleo en AT&T, la expectativa era que se iba a trabajar allí durante 30 o 35 años, tener una hermosa fiesta de jubilación y después viajar a tomar el sol. En estos tiempos de cambio constante, las personas tienen preocupaciones personales sobre el empleo a largo plazo.

Ken y John hallaron que después de haber expresado sus sentimientos sobre estos tipos de pérdidas, las personas estaban mucho más dispuestas y en capacidad de escuchar los beneficios de la escisión.

Las personas se sienten solas, incluso cuando saben que todos los demás hacen frente al mismo cambio. Cuando el cambio ataca, incluso si todos los que nos rodean enfrentan la misma situación, la mayoría de nosotros tiende a tomarlo de manera personal: "¿Por qué yo?" Lo irónico es que, para que el cambio sea exitoso, necesitamos el apoyo de los demás. Las personas son propensas a sentirse castigadas cuando tienen que aprender nuevas formas de trabajar. Para que el cambio tenga éxito, las personas necesitan obtener la ayuda de quienes las rodean. Nos necesitamos mutuamente. Ésta es la razón que hace que funcionen grupos de apoyo cuando los individuos enfrentan cambios o momentos de tensión en sus vidas. Éstos necesitan sentir que sus líderes (los socios), compañeros de trabajo y familiares están de su lado, y apoyan los cambios que deben hacer. Recuérdese que uno solo no puede crear una organización de talla mundial. Es necesario el apoyo de otros, y ellos también necesitan de nuestro apoyo.

Las personas sienten la preocupación de que no tendrán suficientes recursos. Cuando se pide a las personas cambiar, con frecuencia piensan que necesitan tiempo, dinero, facilidades y personal adicionales, pero la realidad actual es que tendrán que hacer más con menos. Las organizaciones que han hecho recortes tienen menos colaboradores, y a quienes permanecen en ellas se les pide aceptar nuevas responsabilidades. Deben trabajar de manera más inteligente, no de manera más intensa. En lugar de proveer tales recursos directamente, los líderes deben ayudar a las personas a descubrir su propia capacidad de generarlos.

Las personas sólo pueden manejar cierta cantidad de cambios. Más allá de algunos cambios —o incluso sólo uno, si es significativo— las personas suelen quedar abrumadas e inmovilizarse. Por esta razón, es probable que lo mejor no sea cambiarlo todo al mismo tiempo. Elija los campos cruciales que van a marcar la gran diferencia.

*Haga lo que haga, asegúrese
de que los colaboradores tengan experiencias
exitosas antes de poner en práctica más cambios.*

En la aplicación del sistema SAP a la cual se hizo referencia anteriormente, ¿qué preocupaciones personales se manifestaron y cómo se abordaron? En las entrevistas los colaboradores dijeron:

"Vi la base de datos ayer y me di cuenta de que no tengo que hacer nada en este momento. Es menos intimidante ahora que he podido jugar con ella un poco. Me preocupa el tiempo; la fecha para 'salir en vivo' está en medio de todo. Definitivamente va a tomar más tiempo. Me preocupa que sea difícil de aprender y de usar. No creo que la líder de mi equipo pueda hablar por nosotros. Ella no tiene una visión suficientemente buena de nuestro trabajo diario. Espero que haya apoyo de uno a uno, porque la capacitación no crea la sensación de seguridad que necesito para poder usar el sistema con confianza. Si las cosas marchan sin ningún problema, ¿qué vamos a hacer con nuestro tiempo? Tenemos que responder ahora a esta pregunta: '¿Qué significa esto para mí?' No puedo hacer esto y mi trabajo real al mismo tiempo. Cuando termine este proyecto, voy a tener que regresar y arreglar todo lo demás".

Cuando sienten que sus preocupaciones personales han sido escuchadas, las personas suelen dirigir su atención hacia la manera como el cambio realmente va a afectar. Se llama a esto preocupaciones de ejecución.

Etapa 3: Preocupaciones de ejecución

En esta etapa, los colaboradores hacen preguntas en torno a la manera como va a ejecutarse el cambio. Por ejemplo: ¿Qué debo hacer en primer, segundo y tercer lugar? ¿Cómo manejo todos los detalles? ¿Qué pasa si las cosas no funcionan como estaba planeado? ¿A dónde me dirijo en busca de ayuda? ¿Cuánto tiempo va a tomar esto? ¿Es normal lo que estamos experimentando? ¿Cómo van a cambiar las estructuras y los sistemas de la organización?

Las personas con preocupaciones de ejecución se concentran en el meollo de las cosas: los detalles implícitos en la ejecución del cambio. Quieren saber si el cambio ha sido puesto a prueba. Saben que el cambio puede no resultar exactamente como está planeado, de manera que se preguntan: "¿Dónde buscamos asistencia técnica y soluciones a los problemas que surgen al ejecutarse el cambio?" Las personas con preocupaciones de ejecución desean saber cómo hacer el mejor uso de la información y los recursos. También les interesa saber cómo la infraestructura de la organización va a apoyar el esfuerzo de cambio (el sistema de administración de desempeño, el reconocimiento y las recompensas, y el desarrollo de carrera).

En la aplicación del sistema SAP señalada antes, se manifestaron preocupaciones de ejecución como las siguientes:

"Me preocupa que las personas se aferren a sus sistemas preferidos. Algunas otras aplicaciones pueden sobrevivir, y vamos a terminar con sistemas superfluos. No tenemos el equipo para 'correr' el software. Me preocupa que no haya suficiente tiempo para limpiar los datos o verificar los nuevos procesos empresariales que hemos diseñado. Lo quiero probar ahora, y mejor pronto que tarde. Necesitamos mayor información sobre lo que podemos esperar y cuándo podemos hacer sugerencias. Realmente podría usar un cronograma; lo que he visto ha sido demasiado detallado o demasiado escaso. Necesito saber cuándo voy a participar o a quedar triturado. ¿Realmente se hará responsable a la gente por usar el nuevo sistema?"

Etapa 4: Preocupaciones de impacto

En esta etapa los individuos hacen preguntas sobre el impacto del cambio. Por ejemplo: ¿Vale la pena el esfuerzo? ¿El cambio va a significar alguna diferencia? ¿Estamos avanzando? ¿Están mejorando las cosas? ¿Cómo?

Las personas con preocupaciones de impacto se interesan en la pertinencia y las ventajas del cambio. El centro de atención es la evaluación. Es ésta la etapa en la cual las personas *se venden* por los beneficios del cambio, con base en los resultados que se logren. Es también la etapa en la cual los líderes pierden o ganan credibilidad para futuras iniciativas de cambio. Si el cambio no produce un impacto positivo sobre los resultados —o si las personas no saben cómo medir el éxito— será más difícil iniciar y ejecutar el cambio en el futuro. Y a la inversa, ésta es la etapa en la cual se pueden crear líderes del cambio para el futuro.

Etapa 5: Preocupaciones de colaboración

En esta etapa las personas hacen preguntas sobre la colaboración durante el cambio. Por ejemplo: ¿Quién más debe participar? ¿Cómo podemos trabajar con otros para hacer que participen en lo que estamos haciendo? ¿Cómo difundimos el mensaje?

Las personas con preocupaciones de colaboración se centran en la coordinación y la cooperación con otros. Desean que todo el mundo "aborde la nave", porque están convencidas de que el cambio marca una diferencia. Durante esta etapa, haga que quienes lo adopten primero se conviertan en adalides del cambio e influyan sobre aquéllos que todavía están al margen.

Etapa 6: Preocupaciones de refinamiento

En esta etapa las personas hacen preguntas sobre cómo puede refinarse el cambio. Por ejemplo: ¿Cómo podemos mejorar con respecto a nuestra idea original? ¿Cómo podemos mejorar aun más el cambio?

Las personas con preocupaciones de refinamiento se concentran en el mejoramiento continuo. En el curso de un cambio organizacional, generalmente se aprenden cosas. Como resultado, en esta etapa salen a flote nuevas oportunidades para el mejoramiento organizacional.

Las preocupaciones de impacto, colaboración y refinamiento apenas se escucharon en nuestro ejemplo del sistema SAP, pues aún estaba en su fase de planeamiento. Sin embargo, escuchamos las siguientes:

"Esperamos una caída en la productividad cuando salgamos 'al aire'. Tenemos que comenzar a definir quién es el dueño de qué procesos de trabajo y quiénes, aguas arriba o aguas abajo, deben cambiar cuando salgamos en vivo. El SAP no es sólo la aplicación de una nueva tecnología; es el rediseño de procesos empresariales. Tenemos que crear los vínculos y hacer las conversiones de datos ahora. No se han aprovechado los usuarios experimentados del SAP de la compañía. Me preocupa que hagamos los envíos tarde cuando hagamos la conversión. No están previstas las excepciones a los flujos usuales. Los veteranos ya no podrán tomar los atajos a que estaban acostumbrados. El procesamiento en tiempo real nos ayudará finalmente, pero al principio supondrá más tiempo. Es importante ir pensando ahora en la integración de todos los procesos. Estoy seguro de que las cosas van a empeorar en las primeras semanas. ¿En qué va a concentrarse la siguiente fase?"

* * *

Aunque hacer frente a las preocupaciones de las personas en torno al cambio puede parecer como dar muchos apretones de manos, cada etapa de preocupación puede convertirse en importante barrera para el éxito del cambio. Teniendo en cuenta que las etapas de preocupación son predecibles y secuenciales, es importante darse cuenta de que, en un momento dado, distintas personas se encuentran en distintas etapas de preocupación. Así por ejemplo, antes de anunciarse un cambio, los líderes del mismo suelen tener información que otros miembros de la organización no tienen. Además, tales líderes del cambio por lo general han imaginado cómo los va a afectar personalmente el cambio, e incluso han llegado tan lejos como para formular un plan de ejecución antes de que los demás de la organización siquiera se den cuenta del cambio propuesto. En consecuencia, los líderes del cambio a menudo ya han enfrentado y resuelto sus preocupaciones de información, personales y de ejecución; entonces están preparados para hacer frente a las preocupaciones de impacto comunicando los beneficios del cambio a la organización. Los demás miembros de la organización, sin embargo, aún no ha tenido la oportunidad de expresar sus preocupaciones. Como resultado, no estarán listos para oír los beneficios del cambio hasta cuando se hayan abordado sus preocupaciones de información, personales y de ejecución.

Estilos de liderazgo organizacional

Si un líder puede diagnosticar la etapa de preocupación de una persona, puede responder comunicando la información adecuada en el momento adecuado para enfrentar y disminuir, o incluso resolver, tales preocupaciones. Este proceso exige flexibilidad para responder de manera distinta a las preocupaciones de las personas que sufren el cambio.

Resolver las preocupaciones a lo largo del proceso de cambio genera confianza en el equipo de liderazgo, pone los desafíos sobre la mesa, proporciona a las personas la posibilidad de influir sobre el proceso de cambio y les permite dirigir su energía hacia él.

Para ayudar a los individuos a resolver los interrogantes y las preocupaciones que tienen en cada etapa del proceso de cambio, es muy útil responder con la combinación adecuada de dirección y apoyo. Al hacerlo, los interrogantes se responden y las personas quedan preparadas para pasar a la siguiente etapa del cambio. No abordar los interrogantes frena a las personas y retarda, si no detiene, el proceso de avance. Es aquí donde el liderazgo situacional II proporciona un marco de referencia que los líderes y los miembros de los equipos por igual pueden utilizar para suministrar el estilo de liderazgo que se necesita en el momento indicado, manteniendo así el avance del proceso.

Los estilos de liderazgo requeridos siguen adoptando variadas combinaciones de los comportamientos directivo y de apoyo, pero aun así, el centro de atención es distinto cuando se aplica a las organizaciones en lugar de a uno mismo, a los individuos o a los equipos.

Comportamiento directivo para el cambio organizacional

Los comportamientos que proporcionan dirección al liderar organizaciones se relacionan primordialmente con *la concentración de la energía en el desempeño y en llevar a cabo el cambio*. Tales comportamientos directivos, cuando se aplican al liderazgo para el cambio, ayudan a definir y priorizar los cambios necesarios para la organización. Esto incluye explicar las razones empresariales para el cambio. En otras palabras, ¿por qué estamos haciendo esto? Los colaboradores también desean saber quién va a liderar el cambio y si a ellos se les va a consultar o van a participar. Una vez más, es importante aquí una visión clara, de modo que los colaboradores puedan ver hacia dónde va la organización y puedan determinar si están incluidos en esta imagen del futuro. También desean ver el plan de aplicación. Buscarán dirección para hacer una prueba con el cambio y querrán saber cómo se va a hacer uso de los recursos. Los líderes que proporcionan dirección adecuada deben comprobar que la estructura y los sistemas organizacionales estén alineados en apoyo del cambio deseado. Finalmente, la dirección también supone hacer responsables a todos de llevar a cabo el cambio.

Comportamiento de apoyo
para el cambio organizacional

Los comportamientos que proporcionan apoyo al liderar organizaciones se relacionan primordialmente con *facilitar el proceso de cambio e inspirar a todos los colaboradores a trabajar juntos*. Tales comportamientos de apoyo, cuando se aplican a la organización, ayudan a demostrar que el equipo de liderazgo del cambio está apasionadamente comprometido con éste. También garantizan que salgan a la superficie y se escuchen las preocupaciones de los colaboradores. La clave aquí es participación, participación y más participación. La aceptación y la cooperación aumentan cuando los líderes del cambio escuchan y permiten participar a otros en cada una de las etapas del proceso. Esto supone compartir información de manera amplia en toda la organización, pedir aportes, patrocinar pruebas piloto, celebrar los pequeños éxitos y dar reconocimiento a las personas que están cambiando.

El liderazgo situacional II y el cambio

Nuevos trabajos realizados por Patricia Zigarmi, Ken Blanchard, Drea Zigarmi y Judd Hoekstra sobre el liderazgo situacional II y el cambio sirven de guía para ajustar el estilo de liderazgo a las preocupaciones que los colaboradores puedan tener sobre el cambio.

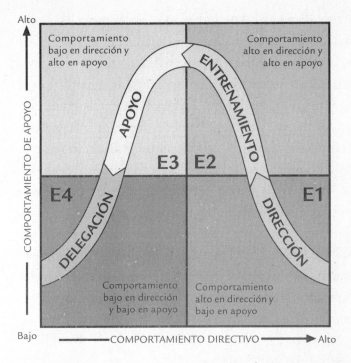

ETAPAS DE PREOCUPACIÓN

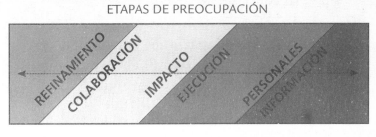

Figura 10.2. El modelo de cambio organizacional

Para las preocupaciones relacionadas con la información, utilice el estilo de liderazgo 1: la dirección

Cuando se introduce un cambio, los colaboradores carecen de conocimientos al respecto pero suelen tener, ingenuamente, una alta moral. Se preguntan para qué es todo esto. Tienen necesidades de información: "¿Qué vamos a hacer distinto?" Los individuos necesitan dirección y concentración en mucha mayor medida que apoyo o inspiración. Para guiar el proceso, los líderes deben identificar los resultados deseados y compartir la imagen de lo que va a ser el cambio exitoso. Deben describir lo que es y lo que podría ser. Satisfacer las necesidades de información de las personas supone establecer un plan de acción para reducir la brecha entre la realidad y el concepto idealizado que las personas tienen sobre el cambio. Es importante compartir información detallada que aclare en dónde se encuentra la organización en este momento y hacia dónde se dirige. Mediante el uso del estilo directivo, los líderes eficaces proporcionan modelos de conducta verosímiles. Emplean métodos creativos para liderar el cambio al poner a las personas cara a cara con los datos relativos a la necesidad de cambiar y al permitir a los individuos llegar a sus propias conclusiones.

Para las preocupaciones personales, utilice el estilo de liderazgo 2: el entrenamiento

A medida que se comparte la información y el conocimiento aumenta, las personas toman conciencia de que necesitan desarrollar nuevas habilidades. Aumenta la ansiedad. Desean saber cómo las va a afectar el cambio personalmente. ¿Van a tener éxito? Las personas todavía necesitan dirección y concentración, pero hay una creciente necesidad de apoyo y compromiso.

Los líderes pueden ayudar a los individuos con preocupaciones personales en torno al cambio propiciando la realización de foros para que los miembros de los equipos manifiesten lo que piensan. Es importante en esta etapa proporcionar aliento y tranquilidad. Los líderes deben continuar explicando a los miembros de los equipos por qué es importante el cambio y transmitir mensajes coherentes sobre la visión, las metas y las expectativas de la organización. Deben preguntar a las personas qué se necesitaría para que se vieran a sí mismas como parte del futuro. Deben crear medios para que los primeros en adoptar el cambio y los usuarios de éste de fuera de la organización ejerzan influencia "entre pares". También deben suministrar recursos que ayuden a resolver las preocupaciones personales: metas claras, tiempo, apoyo administrativo y entrenamiento.

Para las preocupaciones relacionadas con la ejecución, utilice el estilo de liderazgo 2: el entrenamiento

Luego de haber hecho frente a las preocupaciones personales, los individuos comienzan a preguntar si se ha planeado suficientemente. Con frecuencia pueden ver aquello que no se ha hecho más rápido de lo que pueden hacerlo quienes lideran el cambio, pues están más cerca de la realidad cotidiana. Es el momento de llevar a cabo pequeños experimentos, pruebas o experiencias piloto que enseñen lo que está todavía por hacerse. Es el momento de permitir la amplia participación de otros, y pedirles que ayuden a conformar un sólido plan de ejecución. Es el momento de hacer avances con quienes se resisten, para saber por qué lo hacen (más allá de las preocupaciones personales). Es el momento de aumentar la frecuencia del contacto entre los defensores del cambio y los primeros en adoptarlo, y las personas neutrales. Los individuos todavía necesitan tanto dirección y concentración como apoyo y compromiso para hacer frente a sus preocupaciones de ejecución.

Los líderes pueden ayudar a superar esta fase en el proceso de cambio si trabajan para alinear los sistemas con el cambio: planeamiento del desempeño, seguimiento, retroalimentación y sistemas de evaluación. Pueden ofrecer una idea de la cantidad de tiempo que debe tomar el cambio, y si el desempeño se mantiene. Los líderes pueden mejorar la moral si hacen lo que predican y si son modelos de los comportamientos que esperan de otros: apertura, transparencia, flexibilidad, receptividad y capacidad de adaptación al cambio. Los líderes pueden también hacer frente al desaliento proporcionando capacitación y entrenamiento individuales sobre el modo de ejecutar el cambio, y no capacitación masiva. Al demostrar que desean escuchar y responder con sinceridad a las preguntas que plantean las personas, los líderes crean confianza. En esta etapa, es igualmente importante buscar pequeños triunfos, reconocer los avances y compartir el entusiasmo y el optimismo con respecto al cambio.

Para las preocupaciones relacionadas con el impacto del cambio, utilice el estilo de liderazgo 3: el apoyo

Al perder intensidad la segunda etapa del cambio, las personas comienzan a ver los beneficios de utilizar sus nuevas habilidades. Hay un momento revelador. Existe algo de impulso, pero sólo si las preocupaciones personales de ejecución han salido a la superficie y se han resuelto, y sólo si se ha pedido a las personas dar forma al cambio que se les solicita hacer. Comienzan a sentirse más confiadas en su éxito. Desean saber cómo les va en su viaje hacia el cambio y si se puede medir su avance hasta la fecha. La necesidad de dirección y concentración puede disminuir, pero las personas siguen necesitando apoyo, compromiso e inspiración que les permitan saber que están avanzando.

En esta etapa del cambio, los líderes y los miembros de los equipos deben reunir y compartir información e historias exitosas. Al relatar historias, pueden anclar el cambio en la cultura de la compañía. Al trabajar juntos, los líderes y los miembros del equipo pueden solucionar problemas y eliminar barreras u obstáculos que se oponen a la ejecución del cambio. Es importante en esta etapa que los líderes animen a los colaboradores a mantener su esfuerzo y su deseo de cambiar.

Para las preocupaciones de colaboración, utilice el estilo de liderazgo 3: el apoyo

Cuando las personas están firmes en la etapa final del proceso de cambio, ven con claridad que sus esfuerzos están dando resultados y desean extender a otros el impacto positivo. Comienzan a tener más ideas que quieren compartir con otros. En sus mentes, el interrogante es éste: "¿Quién más debe participar en nuestro esfuerzo de cambio?" Requieren muy poca dirección y concentración, pero continúan necesitando apoyo e inspiración para animarlas a utilizar los nuevos talentos que han desarrollado y apalancar el éxito que han tenido.

El centro de atención debe ponerse ahora en estimular el trabajo en equipo y la interdependencia con otros equipos. Los líderes pueden apoyar el cambio alentando las mejoras en el desempeño del equipo, e incentivando a los individuos a asumir retos aun mayores.

Para las preocupaciones de refinamiento, utilice el estilo de liderazgo 3: el apoyo, en combinación con el estilo de liderazgo 4: la delegación

El destino se encuentra ahora a la vista. Los individuos conocen nuevas formas de comportarse y la manera de trabajar en un ambiente cambiado. Están listos para hacer preguntas como: "¿Podemos identificar nuevos desafíos y pensar en nuevas maneras de hacer las cosas? ¿Podemos apalancar lo que hemos hecho hasta ahora?" Disminuye la necesidad tanto de dirección y concentración como de apoyo e inspiración. Es entonces cuando tiene lugar la integración de todo cuanto han aprendido durante el viaje hacia el cambio.

En este punto, los miembros del equipo y los líderes deben apoyar el mejoramiento continuo y la innovación por parte de la organización. Deben animarse mutuamente a seguir poniendo en tela de juicio el estado de cosas y explorar nuevas opciones y posibilidades.

* * *

Al llegar los equipos al destino del cambio deseado, hay cada vez menos necesidad tanto de comportamientos directivos como de apoyo de parte de cualquiera de los miembros de los equipos o del líder. Debido a que se ha llegado al destino, el centro de atención y la inspiración proceden de los miembros de los equipos y del líder funcionando como una unidad de colaboración. Su única preocupación restante, que ahora es más un deseo y un compromiso, es mantener el cambio vivo y floreciente.

El involucramiento y la influencia en el planeamiento del cambio

Como hemos venido subrayando, una vez un líder ha diagnosticado las etapas de preocupación de sus colaboradores, debe aprender a usar la estrategia apropiada de cambio y los comportamientos correspondientes para abordar las preocupaciones específicas que el personal tiene en cada etapa del cambio organizacional.

*Las personas con frecuencia se resienten
por el cambio cuando no se involucran
en la manera cómo aquél debe ser puesto
en marcha. Es así como, al contrario de lo que se
cree popularmente, las personas no se resisten
al cambio sino a ser controladas.*

Cuando los líderes aumentan el compromiso y la influencia de la gente durante un cambio, éste se acepta en buena medida, pues las personas se sienten menos controladas. Cuando los líderes aumentan las oportunidades de involucramiento e influencia, tienen la posibilidad de escuchar las preocupaciones del personal. Esto forja confianza e incrementa la credibilidad en el equipo que lidera el cambio.

En este capítulo nos hemos centrado en la primera de las tres primeras razones predecibles de por qué fracasan los esfuerzos de ejecutar el cambio.

La combinación del liderazgo situacional II con las preocupaciones que tienen las personas en torno al cambio proporciona a los líderes la guía necesaria para permanecer sobre los rieles y manejar no sólo el viaje hacia el cambio exitoso sino también para manifestar y evaluar dichas preocupaciones e involucrar al personal en el planeamiento del cambio. En el siguiente capítulo presentamos un modelo de estrategia de cambio que define ocho variantes para tal efecto. Será de utilidad para superar los aspectos restantes de la lista de razones por las cuales los esfuerzos de cambio por lo general fracasan.

CAPÍTULO 11

Liderazgo
para el cambio

Pat Zigarmi y Judd Hoekstra

L os líderes suelen quedar abrumados cuando tienen que aplicar el cambio. De muchas formas, se sienten atrapados en una propuesta de pérdida mutua. Si intentan un cambio necesario, se arriesgan a desencadenar toda clase de sentimientos negativos reprimidos en los colaboradores. Quienes se resisten son vistos como alborotadores que tratan de arruinar algo bueno. Por otra parte, si los líderes no impulsan constantemente el cambio, su organización se hace obsoleta y todos los colaboradores pierden sus empleos. Se ha dicho que si uno no cambia, muere.

Agréguese a esta perspectiva de pérdida mutua un vistazo a la lista de las 15 razones predecibles para que los esfuerzos de cambio por lo general fracasen, que examinamos en el último capítulo, y los líderes pueden quedar inmovilizados en torno al cambio. Esto explica por qué los autores de este capítulo desarrollamos un modelo de liderazgo para el cambio: para hacer simple lo aparentemente complicado (ver figura 11.1)[1].

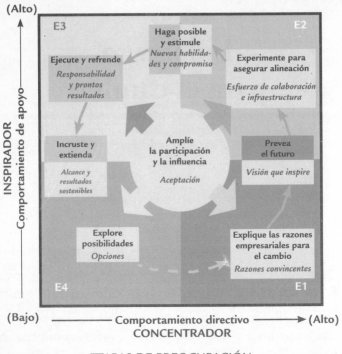

ETAPAS DE PREOCUPACIÓN

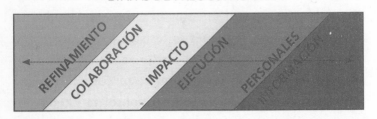

Figura 11.1. El modelo de liderazgo para el cambio

Ocho estrategias de liderazgo para el cambio

En el capítulo 10, "El liderazgo organizacional", nos centramos en las primeras tres razones predecibles por las cuales los esfuerzos de cambio por lo general fracasan: las personas que lideran el cambio piensan que anunciar el cambio es la manera de ponerlo en marcha; las preocupaciones de las personas con respecto al cambio no son manifestadas o abordadas; y quienes son requeridos para que cambien no están involucrados en el planeamiento del cambio mismo.

El modelo de liderazgo para el cambio define ocho estrategias de liderazgo y sus respectivos resultados. Aunque tales estrategias hacen frente a las seis etapas de preocupación, se centran en las restantes doce razones por las cuales los esfuerzos de cambio por lo general fracasan. También describen un proceso para liderar el cambio muy distinto de la manera como se introduce el cambio en la mayoría de las organizaciones.

Estrategia 1: Amplíe las oportunidades de participar e influir

Resultado: Aceptación

Como muestra el modelo de liderazgo para el cambio, la primera estrategia de liderazgo para dicho fin, *ampliar las oportunidades de participar e influir*, debe utilizarse sistemáticamente durante todo el proceso de cambio. Se encuentra en el corazón del modelo de liderazgo para el cambio de Blanchard.

En el corazón de nuestro enfoque con respecto al liderazgo del cambio organizacional se encuentra la creencia central de que la mejor manera de iniciar, ejecutar y sostener el cambio es aumentar el nivel de influencia y participación de las personas a quienes se pide cambiar, y sacar a flote y resolver las preocupaciones por el camino. Ésta fue una estrategia clave en el último capítulo, cuando discutimos cómo debe lidiarse con las tres primeras razones por las cuales los esfuerzos de cambio por lo general fracasan. Sin esta estrategia, no es posible lograr la cooperación y la aceptación que se necesitan de parte de los responsables de llevar a cabo los cambios que se han propuesto.

¿Con cuál de las siguientes decisiones es más probable que usted se comprometa: con una decisión tomada por otros y que se le impone, o con una para cuya toma ha tenido la posibilidad de aportar elementos?

Lo que puede parecer obvio para uno, no lo es para muchos líderes que tratan de llevar a cabo cambios organizacionales. Ellos creen que los cambios se ejecutarán con mucha mayor presteza si toman decisiones rápidas, y las decisiones son más rápidas si hay menos gente que aporte elementos al proceso de tomarlas. *Si bien es cierto que las decisiones pueden tomarse con mayor rapidez cuando participan menos personas, las decisiones rápidas no necesariamente se traducen en una ejecución más pronta y mejor.* El enfoque de liderazgo de "participación mínima y de arriba abajo" hace caso omiso de la diferencia crucial entre obedecer y comprometerse. Los colaboradores pueden cumplir con la nueva directiva hasta cuando desaparezca la presión y luego regresan al viejo comportamiento.

Proporcionar oportunidades de participar e influir produce un compromiso sostenible y de largo plazo hacia una nueva forma de hacer las cosas, no una obediencia de corto plazo. Al pensar hasta qué punto desea permitir la participación de los colaboradores en el proceso de cambio, tenga en mente lo que denota la figura 11.2: La resistencia al cambio aumenta a medida que las personas sienten que no pueden ejercer influencia sobre lo que les sucede.

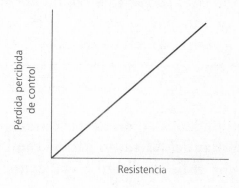

**Figura 11.2. La pérdida percibida de control
aumenta la resistencia al cambio**

Si a las personas no se les trata como a seres inteligentes que llegarían a la misma conclusión sobre la necesidad del cambio que el equipo que lo lidera, perciben una pérdida de control. Su mundo está a punto de cambiar, pero no se les ha pedido hablar de "lo que es", explorar opciones o pensar en posibilidades. Sus preocupaciones de información no se han enfrentado. Así mismo, si las preocupaciones personales no salen a la superficie y se reconocen, las personas pierden su sentido de autonomía. Actúan en connivencia con otros; se tornan ansiosas y su resistencia aumenta. Entonces, cuando se reparten camisetas con un lema y se envía a todo el mundo a capacitaciones iguales para todos, las personas comienzan a creer que la organización realmente está fuera de control. Esto pone en peligro su sensación de control, lo cual aumenta de nuevo la resistencia. En última instancia, las personas tienen que influir en el cambio que se espera que lleven a cabo, o como dijo Robert Lee:

"Las personas a las que no se permite dar forma al cambio tienen su modo de recordarnos que realmente son importantes".

Flexibilidad: Uso de ciertas estrategias distintas del liderazgo para el cambio con el fin de dirigirlo con éxito

Las siete estrategias de liderazgo del cambio organizacional dentro del perímetro del modelo de liderazgo para el cambio de Blanchard hacen frente de manera proactiva a las otras doce razones predecibles por las cuales los esfuerzos de cambio por lo general fracasan. También ilustran un proceso secuencial para iniciar, ejecutar y sostener el cambio.

Para ayudar a dar vida a las restantes siete estrategias de cambio, presentamos el siguiente estudio de caso, relacionado con un problema que ha atormentado a millones de estadounidenses.

Estudio de caso: Padres que no pagan la manutención de sus hijos

Alrededor de 20 millones de niños en los Estados Unidos tienen padres que no los custodian y que evitan su obligación de sostenerlos económicamente. De acuerdo con la Oficina Federal de Manutención de la Niñez, en los Estados Unidos el sostenimiento infantil no erogado se acerca a los 100 000 millones de dólares; el 68% de los casos está constituido por retraso en los pagos. Una abrumadora mayoría de los niños —en particular pertenecientes a minorías— que residen en hogares de un solo padre, donde el otro no contribuye a su manutención, vive en la pobreza.

En los Estados Unidos, las autoridades encargadas de hacer cumplir con la manutención de los niños conforman una confederación no formal de agencias estatales y locales con diferentes directrices y que responden ante la Oficina de Ejecución de la Manutención de la Niñez, de nivel federal.

Lograr que las agencias trabajen juntas es el mayor de los desafíos. Si bien existe legislación para hacer cumplir las obligaciones con respecto a la manutención de los niños, también hay demasiada burocracia e insuficientes recursos humanos para perseguir más allá de las fronteras estatales a los padres que no pagan el sostenimiento y detenerlos. Como resultado, muchos de estos padres han burlado el sistema.

Hasta la década de 1990, la información sobre tales padres se almacenaba en archivos de papel en las oficinas de los funcionarios del condado donde residía el padre que vivía con el niño. Los funcionarios del condado eran responsables del uso de dicha información, de tal manera que se pudiera garantizar el recaudo de los fondos para la manutención de los niños. Con frecuencia, cuando uno de tales funcionarios estaba a punto de hallar a un padre que no hiciera los pagos ordenados por los jueces para el sostenimiento de sus hijos, dicho padre se trasladaba a un condado o incluso a un estado distinto.

Con el enorme reto de compartir información almacenada en archivos de papel más allá de las fronteras del condado, o incluso del estado, se hacía casi imposible atrapar a los padres que no se responsabilizaban por la manutención. Como consecuencia, los padres custodios y los niños que debían recibir los fondos de sostenimiento terminaban perdiendo.

Al crecer la frustración por la situación, el gobierno federal decidió asumir el reto. A principios de los años 90, leyes federales ordenaron que cada estado pusiera en marcha un sistema electrónico que facilitara la labor de compartir información actualizada entre condados y estados para posibilitar el seguimiento de tales padres. Dicho cambio puede sonar relativamente sencillo, si se considera que los computadores y la Internet son hoy comunes y corrientes en la mayoría de empresas. Sin embargo, muchos funcionarios de condado eran mayores de 50 o 60 años, vivían en zonas rurales, nunca habían usado un computador y durante décadas habían tratado de seguir a los padres que no pagaban sostenimiento con un cuaderno de notas, un lápiz y un teléfono.

¿Cree el lector que los funcionarios de condado a quienes se pedía cambiar tenían preocupaciones con respecto al cambio propuesto? Desde luego las tenían. Muchos de ellos tenían preguntas relacionadas con *preocupaciones de información,* como por ejemplo la manera como tener un nuevo computador mejoraría la situación de su condado. En los condados donde ya estaba mejorando el recaudo de los dineros de manutención infantil, los colaboradores se preguntaban si debían participar o si podían continuar utilizando sus archivos de papel hasta cuando les fueran útiles. Los condados que habían venido utilizando durante años sistemas de cómputo para el seguimiento de los casos se preguntaban si debían utilizar el nuevo sistema electrónico o si podían seguir utilizando el sistema actual. Los funcionarios tenían preguntas sobre el tiempo que tomaría pasar la información de sus archivos de papel al sistema computarizado.

Muchos de los funcionarios también tenían preguntas y comentarios asociados con sus *preocupaciones personales.* Decían cosas como éstas: "Nunca he usado un computador". "¿Se me va a enseñar cómo hacerlo?" "¿Lo podré hacer?" "Si no puedo aprender a usar el nuevo sistema de cómputo, ¿voy a mantener el empleo?" "Además de usar el nuevo sistema de cómputo, ¿cómo más va a cambiar mi trabajo? Parece que va a haber mucho trabajo adicional. No estoy listo para esto". Tales preguntas son típicas de esta etapa.

Además, los funcionarios tenían preguntas en torno a las *preocupaciones de ejecución.* Querían saber cuándo se les iba a capacitar en el nuevo sistema de cómputo. Deseaban saber con quién hablar si necesitaban ayuda después de la capacitación. Muchos se preguntaban si algunos condados iban a "salir al aire" antes que ellos, y si podían hablar con alguien en dichos condados. También se preguntaban cuándo iba a estar en marcha el sistema en todo el estado y, finalmente, qué sucedería si el sistema de cómputo fallaba o no estaba disponible durante un período de tiempo.

Una vez el cambio estuvo en marcha, algunos funcionarios plantearon preguntas relacionadas con *preocupaciones de impacto.* Por ejemplo, querían saber si iban a atrapar padres que no pagaban manutención, que no habrían podido atrapar sin el nuevo sistema. Deseaban saber cuánto dinero más estaban recaudando, en comparación con la época en que hacían las cosas a la vieja usanza. Muchos tenían la curiosidad de saber si sus clientes (padres custodios) veían un cambio positivo en la manera como trabajaban con ellos y los resultados que lograban.

Con el tiempo comenzaron a salir a flote las *preocupaciones de colaboración* de los funcionarios. He aquí algunos de sus comentarios:

"He visto de primera mano el éxito del nuevo sistema. ¿Hay alguien que no esté aún convencido de que es una buena idea?

"Estoy muy contento de haber sido parte de la prueba piloto. Estoy ansioso por regresar a mi condado y compartir las buenas noticias. Están muy escépticos con respecto al nuevo sistema".

"El sistema está funcionando bastante bien en los condados vecinos que ya han 'salido al aire'. ¿Hay otros condados o estados con los que deberíamos trabajar y con los cuales no nos hemos conectado?"

Luego de ponerse en marcha el nuevo sistema, los funcionarios pusieron de manifiesto sus *preocupaciones de refinamiento.* Si bien reconocieron que el nuevo sistema constituía una mejora con respecto a la manera como se hacían las cosas, sugirieron campos en los cuales se podían efectuar mejoras. Por ejemplo, surgió la pregunta de cómo podían conectar sus sistemas a otros (los sistemas de manutención de la niñez de otros condados y estados, el Departamento de Vehículos Automotores, la base de datos de colaboradores nuevos, el servicio de recaudo de impuestos), de modo que pudieran hacer un mejor seguimiento de las personas y ejecutar el recaudo de fondos para la manutención de los niños.

Estrategia 2: Explique las razones empresariales para el cambio

Resultado: Razones convincentes para el cambio

La segunda estrategia de liderazgo, **explique las razones empresariales para el cambio,** hace frente a las *preocupaciones de información*.

Cuando los líderes presentan y explican la justificación para el cambio, el resultado es un argumento convincente que ayuda a los colaboradores a comprender el cambio que se propone, los motivos para el cambio, y por qué el *statu quo* ya no es una opción viable. Tal estrategia de liderazgo hace frente a la siguiente razón por la cual fracasan los esfuerzos de cambio.

Por qué los esfuerzos de cambio por lo general fracasan: Razón No. 4

4. No hay una razón urgente o convincente para cambiar. Los argumentos empresariales no se comunican.

Muchas personas de la organización no entenderán la necesidad del cambio; se sienten a gusto con el trabajo que actualmente desempeñan. En consecuencia, tienen *preocupaciones de información* y probablemente hacen preguntas como éstas: ¿Cuál es el cambio? ¿Por qué se necesita? ¿Qué hay de malo en la manera como se hacen actualmente las cosas? ¿Cuánto y con qué rapidez debe cambiar la organización?

Es muy probable que quienes inician el cambio estén frustrados porque hay algo malo en el *statu quo* o ansiosos por la oportunidad que se perdería si se siguiera con las cosas como están. Este espíritu de descontento con la situación debe ser compartido y sentido por aquéllos a quienes se pide cambiar.

Supóngase que un líder intenta de manera errónea crear y comunicar a la organización una visión específica de cambio antes de demostrar que el *statu quo* ya no es una opción viable. La inercia de la situación imperante probablemente será demasiado fuerte, y habrá una menor posibilidad de que precisamente las personas cuya cooperación el líder necesita adopten la imagen del futuro que él se propone crear. Como dijo John Maynard Keynes,

---

la dificultad no radica tanto en desarrollar nuevas ideas como en escapar de las antiguas.

En el ejemplo del sostenimiento de los niños descrito anteriormente, era crucial tener padres custodios y funcionarios de condado que compartieran sus relatos con respecto a la frustración y la desesperanza que sentían al tratar de atrapar a los padres que no pagaban la manutención y recaudar los fondos, valiéndose sólo de un apoyo consistente en lápiz y papel de parte de los agentes del gobierno. Sin que los funcionarios de condado sintieran de algún modo esta frustración, era muy poco probable que estuvieran dispuestos a aprender un nuevo sistema de cómputo y adoptar nuevas formas de trabajo, simplemente porque lo ordenaban los legisladores federales.

Al construirse el raciocinio para el cambio, una de las mejores formas de obtener aceptación de los colaboradores es compartir información de manera amplia y luego pedir a las personas de todos los niveles de la organización que manifiesten por qué creen que la organización debe cambiar. *Pregunte a sus colaboradores por qué razones consideran que la organización debe cambiar, aun si usted considera que ya sabe las respuestas.* Al hacerlo, sus razones para el cambio serán más convincentes a los ojos de los colaboradores, porque fue a ellos a quienes se les ocurrieron. Como resultado de su apropiación de las razones para el cambio, los individuos están mucho más dispuestos a dejar atrás el estado de cosas.

Si utilizamos el ejemplo que citamos en el capítulo 4, "Facultar es la clave", las Compañías Ken Blanchard debían llevar a cabo ciertos cambios como resultado del bajón económico que siguió a los ataques terroristas del 11 de septiembre del 2001. Los líderes compartieron ampliamente información con la organización con respecto a los ingresos proyectados, los gastos presentes y las cifras del punto de equilibrio, lo cual puso a los colaboradores cara a cara con la realidad de la situación y aseguró que la organización entendiera que los "negocios como de costumbre" ya no eran una opción viable. Entonces los líderes preguntaron a los colaboradores qué creían que sucedería si se mantenía la situación tal como estaba. Aquéllos manifestaron con claridad que la supervivencia de la compañía estaba en juego. Como resultado de su participación en la construcción de las razones para el cambio, los asociados aceptaron ciertas iniciativas de recorte de costos, incluso si dichas iniciativas no se ajustaban a sus intereses.

Estrategia 3: Prevea el futuro

Resultado: Visión inspiradora

La tercera estrategia de liderazgo, **prevea el futuro,** hace frente tanto a las *preocupaciones de información* como a las *personales*. Para citar el libro de los Proverbios, 29:18, "Donde no hay visión, la gente perece".

Cuando los líderes prevén el futuro, crean una visión inspiradora que motiva a los miembros de la organización y desencadena su poder y su potencial. Tal estrategia de liderazgo hace frente a la siguiente razón por la cual fracasan los esfuerzos de cambio.

Por qué los esfuerzos de cambio por lo general fracasan: Razón No. 5

5. No se ha desarrollado o comunicado una visión convincente que entusiasme a las personas con respecto al futuro.

En el capítulo 2, "El poder de la visión", describimos la importancia de una visión convincente para la organización, que inspire y entusiasme a los colaboradores y haga que deseen quedarse. Cuando se piensa en cualquier cambio organizacional, siempre es importante regresar a la visión de la organización en busca de razones para el cambio. A veces, esto puede suponer la modificación de la visión de la organización o la creación de una nueva, como lo que aconteció cuando Louis Gerstner asumió la dirección de la IBM. Una imagen nueva y convincente del futuro al ejecutarse el cambio propuesto debe apoyar la visión de la organización, incluidos su propósito y sus valores.

El propósito empleado para crear una visión, ya sea para una organización entera o para una iniciativa específica de cambio, es el mismo. Dicho proceso se describió en detalle en el capítulo 2. Como Ken Blanchard y Jesse Stoner señalan en *¡A todo vapor!: Cómo liderar el poder de la visión en la empresa y en su vida*, el proceso que se emplea para desarrollar una visión es tan importante como la visión misma[2]. En otras palabras, si los colaboradores participan en el proceso y sienten que la visión es suya, tienen una mayor probabilidad de verse a sí mismos como parte de la futura organización. Cuando esto sucede, los individuos están más dispuestos a mostrar la tenacidad necesaria en los tiempos difíciles que inevitablemente acompañan al cambio.

Hacer que los colaboradores participen en el proceso de creación de la visión es también un modo crucial de ayudarles a resolver las *preocupaciones personales* que experimentan durante el cambio. Mientras más se haga participar a las personas en el proceso, mayores posibilidades habrá de que deseen ser parte de la futura organización. Necesitan poder verse en la imagen del futuro para que ésta los inspire.

En nuestro ejemplo anterior de manutención infantil, el equipo de liderazgo para el cambio era responsable de redactar el borrador de la visión inicial. Debido a que no existía visión para el programa de manutención de la niñez del estado para compararla, necesitaban crear una visión para el programa entero y no sólo para la implementación de un sistema electrónico de seguimiento. Enseguida enviaron el borrador de la visión a los funcionarios de condado en todo el estado y les pidieron sus aportes. El resultado fue la creación de una visión compartida, convincente para la vasta mayoría de aquéllos a quienes se les pedía cambiar:

El programa de manutención de la niñez de nuestro estado ayuda a los niños a desarrollarse, proporciona estabilidad financiera a sus familias y ofrece un servicio de la mayor calidad, como modelo de excelencia nacionalmente reconocido para el cumplimiento de las leyes en esa materia.

Aunque un pequeño grupo de líderes podía haber producido estas palabras, dar a los funcionarios de condado la oportunidad de proporcionar aportes garantizó que la visión fuera comprendida y adoptada.

Estrategia 4: Experimente para garantizar la alineación

Resultado: Una voz y una infraestructura alineada

La cuarta estrategia de liderazgo para el cambio, **experimente para garantizar la alineación,** está destinada a las preocupaciones personales y de ejecución.

Cuando los líderes permiten participar a otros en el planeamiento y la experimentación, alientan el esfuerzo de colaboración y ayudan a construir la infraestructura necesaria para apoyar el cambio. La estrategia de experimentar para garantizar la alineación hace frente a las siguientes razones por las cuales fracasan los esfuerzos de cambio.

Por qué los esfuerzos de cambio por lo general fracasan: Razones No. 6, 7, 8 y 9

6. El equipo de liderazgo del cambio no incluye a quienes lo adoptan pronto, a quienes se resisten a él ni a líderes informales.

7. No se hace una prueba piloto del cambio y, en consecuencia, la organización no aprende qué se necesita para apoyar el cambio.

8. Los sistemas organizacionales y otras iniciativas no están alineados con el cambio.

9. Los líderes pierden su centro de atención o no priorizan, y eso ocasiona la llamada "muerte por mil iniciativas".

Amplíe el equipo de liderazgo para el cambio. No es posible hacer que se produzca el cambio en una organización con un solo líder. Como dice David Nadler, "el alcance de los cambios de hoy es demasiado para que un director ejecutivo —incluso uno muy carismático— lo logre solo". El cambio exige un equipo de liderazgo fuerte y de base amplia, que esté alineado y hable con una sola voz a la organización mayor. El resultado es un mensaje unificado que minimiza la ambivalencia y la confusión; un mensaje convincente e inspirador.

En el capítulo 9, "Liderazgo situacional de equipos", describimos la importancia del trabajo en equipo y la forma de construir un equipo de alto desempeño. ¿Cómo se construye un equipo de liderazgo para el cambio? Primero, es importante seleccionar tanto a los patrocinadores como a los miembros del equipo de liderazgo del cambio para la acción cotidiana. Un patrocinador es un ejecutivo que puede legitimar el cambio y tiene autoridad formal de hacer uso de recursos para apoyar la iniciación, la ejecución y la consolidación del cambio. Un miembro del equipo de liderazgo para el cambio es responsable del liderazgo cotidiano del cambio (ejecución de las estrategias de cambio descritas en el modelo de liderazgo para el cambio). Al identificarse a los potenciales patrocinadores y miembros del equipo de liderazgo para el cambio, debe pensarse si poseen las habilidades y los rasgos requeridos para liderarlo y considerar las siguientes preguntas: ¿Han liderado o tomado parte en esfuerzos de cambio exitoso en el pasado? ¿Tienen el tiempo y la disponibilidad requeridos para un líder del cambio? ¿Cuentan con el respeto de sus pares? ¿Tienen grandes habilidades? ¿Están dispuestos a desempeñar el papel de abogado del diablo? ¿Son comunicadores eficaces, deseosos de plantear las preocupaciones de colegas que pueden estar menos inclinados a hacerlo? ¿Tienen la diversidad necesaria para pensar por fuera de los moldes y proponer las mejores soluciones a los desafíos que surjan?

En nuestro ejemplo de la manutención de la niñez, era crucial que el equipo de liderazgo para el cambio incluyera funcionarios de condado que representaran a un conjunto diverso de condados de todo el estado: condados urbanos y rurales, uno que ya usara los computadores para localizar a los padres que no pagaban el sostenimiento, un condado que sólo usara lápiz y papel para ese efecto, un condado con buen desempeño con respecto al recaudo de dineros para la manutención infantil y un condado con bajo desempeño en dicho rubro.

El equipo de liderazgo para el cambio debe constituir una muestra representativa de la organización: defensores y personas que se resistan, líderes formales e informales, y líderes de todos los niveles de la organización.

Es importante incorporar a quienes se resisten al cambio. Una vez trabajamos en una compañía en la que un gerente parecía oponer fuerte resistencia a los cambios que proponía el equipo ejecutivo. Dicho gerente tenía gran credibilidad en su departamento y podía ejercer influencia sobre los colaboradores para que apoyaran o bloquearan el cambio. Luego de que el ejecutivo que propuso los cambios permitió al mencionado gerente participar en muchas de las decisiones relacionadas con aquéllos y desempeñar un activo papel de liderazgo, el gerente terminó por convertirse en uno de los más fuertes apoyos y líderes del cambio. Se ha dicho que...

...quienes diseñan el plan de combate,
rara vez combaten el plan.

Es importante incluir en el equipo de liderazgo para el cambio una diversidad de perspectivas y papeles que representen a la organización entera. De esta manera, pueden surgir y tenerse en cuenta diversas perspectivas antes de que se tomen decisiones finales. Aunque puede parecer incómodo al principio, es muy útil incluir al menos una o dos personas que pudieran considerarse como la "resistencia" y que puedan expresar las preocupaciones de quienes comparten esa perspectiva.

Al incluirse una muestra representativa de la organización, todos sus colaboradores sienten que su punto de vista y sus preocupaciones son escuchados. Un equipo diverso también supone que hay más oportunidades para que los defensores estén en contacto con los individuos neutrales, antes de que se pasen a la resistencia. Cuando quienes se resisten cuentan con un foro donde salgan a flote y se aborden sus preocupaciones, suelen convertirse en los más eficaces agentes de solución de problemas y voceros del cambio.

Cree un equipo de alto desempeño para liderar el cambio. Una vez se haya ampliado el equipo de liderazgo para el cambio para aumentar las oportunidades de participar e influir, debe pensarse cuán importante es que dicho equipo sea de alto desempeño. Es en extremo perjudicial para una organización que sus líderes no estén sincronizados y comuniquen mensajes incoherentes a la organización durante los tiempos de cambio.

Trabajamos en una organización donde el ejecutivo de mayor rango trataba de obtener aceptación de su equipo ejecutivo para una serie de cambios. Algunos miembros de dicho equipo no estaban de acuerdo con lo que se proponía. Aunque hubo reuniones para examinar los cambios, un ejecutivo no manifestó sus preocupaciones. Con su silencio, hacía suponer que apoyaba las recomendaciones del equipo de liderazgo para el cambio y que comunicaría un mensaje coherente a sus colaboradores. Sin embargo, decidió criticar públicamente al alto ejecutivo y a los cambios que se proponían a los integrantes de su departamento. Trató de subvertir el cambio por fuera del equipo de liderazgo.

Cuando los colaboradores perciben falta de alineación en la cima, saben que no tienen que alinearse. Además, saben que, sin alineación, el cambio se detendrá o descarrilará y que pueden sobrevivir a él. En este ejemplo, como consecuencia de sus acciones, el ejecutivo subversivo fue despedido. Los miembros del equipo estuvieron de acuerdo con esta acción durante la sesión de preparación de su estatuto. Se envió un fuerte mensaje sobre alineación a toda la organización. Es importante observar que el ejecutivo fue despedido tanto por no manifestar sus preocupaciones a su equipo como por menospreciar al alto ejecutivo y los cambios propuestos.

Aunque no siempre conduce al despido de alguien, la comunicación de mensajes incoherentes durante un esfuerzo de cambio da como resultado el congelamiento de las personas y la espera hasta que los líderes arreglen las inconsistencias. Un sesgo negativo de parte de un miembro del equipo de liderazgo para el cambio mata el esfuerzo de cambio. De nuevo, con un equipo amplio y diverso, hay más personas para comunicar, pero el reto es hacerlas comunicar un mensaje y hacerlas escuchar tanto como hablar. Recuérdese: el cambio organizacional sostenible tiene lugar mediante la conversación y la colaboración, no mediante la acción unilateral de unos pocos.

Haga participar a otros en el planeamiento y las pruebas piloto. Todos hemos visto o sido parte de cambios que no han resultado tan bien. En la mayoría de tales casos, el plan de ejecución no fue desarrollado por personas que estuvieran siquiera cerca del cliente o el usuario final. En consecuencia, el plan no tuvo en cuenta algunas verdades del mundo real y se hizo caso omiso de él por considerarlo viciado, poco realista y carente de los detalles requeridos por la acción o, peor aún, del todo equivocado.

Como en las anteriores estrategias de cambio que describimos, cuando se hace participar a los colaboradores y se les da la posibilidad de influir, no sólo se obtiene su aceptación sino también un mejor resultado. Así mismo, el proceso de planeamiento debe tener en cuenta el hecho de que no se habrá pensado en todo con anterioridad. Lleve a cabo algunos experimentos o pruebas piloto con los primeros en adoptar el cambio, en un esfuerzo por desenredar los nudos y aprender más sobre la mejor manera de ejecutar el cambio en la organización mayor. Asegúrese de que su plan de ejecución del cambio es dinámico. Al hacer que otros participen en el proceso de planeamiento, puede resolver cierto número de *preocupaciones personales y de ejecución*. Las pruebas de conducción, los programas piloto y los experimentos también le enseñarán qué más debe cambiarse en cuanto a políticas, procedimientos, sistemas y estructuras, de modo que mejore la probabilidad de ejecución exitosa en toda la organización mayor. Los resultados positivos de atraer a otros en esta etapa del proceso de cambio son el esfuerzo de colaboración y la infraestructura adecuada.

Muchos planes de cambio subestiman el impulso generado por los triunfos de corto plazo. Éstos son mejoras que pueden llevarse a cabo en un breve período de tiempo —por lo general tres meses—, con recursos mínimos, costos mínimos y riesgo mínimo. Los triunfos de corto plazo tienen varios beneficios. Primero, hacen frente de manera proactiva a las preocupaciones de impacto (como la de si está funcionando el cambio). Segundo, proporcionan buenas noticias al principio del esfuerzo de cambio, cuando una buena noticia es difícil de encontrar. Tercero, refuerzan cambios en el comportamiento hechos por los primeros en adoptarlo. Finalmente, influyen sobre quienes están "al margen" para que entren en acción.

En la aplicación piloto del estudio de caso sobre manutención infantil descrito antes, fue crucial seleccionar condados que tuvieran la mayor probabilidad de ver resultados significativos de corto plazo tras la implementación del nuevo sistema electrónico de seguimiento. Esto ayudó a poner grasa en los patines y crear impulso para la ejecución posterior a la prueba piloto en otros condados donde el impacto estaba puesto en tela de juicio.

Evite la muerte por mil iniciativas. Con recursos limitados, es crucial elegir qué iniciativas de cambio permitirán a su organización lograr su visión de manera más eficaz y eficiente. Las iniciativas individuales de cambio deben programarse y ejecutarse a la luz de otras actividades e iniciativas que compiten por el tiempo, la energía y la conciencia de marca de las personas.

Durante los momentos de cambio, es esencial proporcionar dirección a los colaboradores con respecto a las prioridades. Como las esponjas, después de cierta cantidad de cambio, las personas no pueden absorber nada más, no importa qué tanta capacidad de recuperación y adaptación tengan.

Decida qué no hacer. Si bien es importante proporcionar dirección en cuanto a qué hacer, es igualmente importante proporcionarla en cuanto a qué *no* hacer. Hágase las siguientes preguntas al decidir qué hacer y qué no hacer: ¿Qué proyecto o iniciativa tendrá el mayor impacto sobre su visión? ¿Qué proporciona mayor valor sobre los recursos invertidos (dinero, personal, tiempo)? ¿Pueden manejarlo las personas responsables de trabajar en el proyecto, teniendo en cuenta todas las cosas que se les imponen como tarea? ¿Hay suficientes personas calificadas que puedan dedicar tiempo a trabajar en el proyecto? ¿Existen sinergias entre este proyecto y otros proyectos cruciales?

Una vez se hayan establecido prioridades y se haya generado la secuencia de posibles proyectos de cambio, reconozca que, teniendo en cuenta que vivimos en un ambiente dinámico, las prioridades pueden cambiar y los recursos tornarse más abundantes o escasos. Esto puede también modificar el tipo y el número de proyectos que emprende una organización en un momento dado.

Decida qué, cómo y cuándo medir y evaluar los avances. Es cierto el adagio: *Lo que se mide se hace.* Teniendo en cuenta que es difícil predecir con absoluta certeza el comportamiento humano —especialmente ante un cambio importante— evalúe los avances logrados en cierto número de frentes, en un esfuerzo por identificar los riesgos potenciales para el éxito del cambio. Tales campos comprenden el compromiso de los patrocinadores, el compromiso de los colaboradores y los cambios en su comportamiento, el logro de hitos en el proyecto, y los resultados empresariales provisorios.

El plan elaborado en esta etapa del proceso de cambio debe describir qué se medirá, cómo se medirá y la frecuencia de la medición. Para aumentar la probabilidad de un cambio exitoso, piense en utilizar *la evaluación de la preparación para el cambio organizacional* (ver el apéndice respectivo), para establecer qué funciona bien y qué exige trabajo adicional.

Comunicación, comunicación, comunicación. Mucho se ha escrito sobre la importancia de la comunicación durante los tiempos de cambio. ¿Por qué es tan importante? Una proporción significativa de la resistencia encontrada durante el cambio organizacional tiene como causa la falta de información, especialmente de información del tipo *qué* y *por qué*. A falta de una comunicación sincera, vehemente y plena de empatía, las personas crean su propia información sobre el cambio y los rumores comienzan a sustituir los hechos.

En alguna ocasión, por ejemplo, trabajamos con una organización sometida a una enorme cantidad de cambios. Al iniciar nuestro trabajo, pronto nos percatamos de que se proporcionaban pocas razones (o a veces ninguna) con respecto a decisiones clave que afectaban a gran número de personas. Sin una justificación, los hechos parecían severos para con los miembros del equipo:

- El proyecto de desarrollo en el que estábamos trabajando fue detenido.
- Nuestro presupuesto fue recortado.

Basadas sólo en estos hechos, muchas personas asumieron que el futuro de la compañía era sombrío. En consecuencia, se requirió un tremendo esfuerzo para contrarrestar la fábrica de rumores que llevó a caídas en la productividad y la moral e hizo que algunas personas comenzaran a buscar otro empleo.

Consideremos estos mismos hechos, sólo que esta vez con una justificación de por medio. ¿Puede el lector ver cómo al proporcionar tales razones se podrían haber evitado los rumores y la resistencia que se produjeron?

- El proyecto en el cual estamos trabajando fue detenido porque encontramos que la seguridad del cliente estaba en riesgo. La seguridad del cliente es nuestro valor de mayor prioridad, y por lo tanto tomamos la decisión de acuerdo con nuestros valores.
- Nuestro presupuesto fue recortado porque la organización está reasignando tales fondos a otro proyecto de desarrollo de un medicamento con base en un reciente acuerdo de licencia que firmamos.

Cierta proporción de la mayor resistencia al cambio se presenta cuando la realidad difiere de las expectativas.

Por consiguiente, entender las actuales expectativas de los afectados por el cambio es crucial si los líderes desean manejar y dar forma, o transformar, tales expectativas de manera eficaz.

Reconozca que la resistencia encubierta mata el cambio. Los líderes eficaces no sólo toleran la expresión abierta de las preocupaciones, sino que en verdad premian a sus colaboradores por compartirlas de manera abierta, sincera y constructiva. Es esencial que los líderes proporcionen oportunidades para la comunicación de doble vía, por cuanto las preocupaciones no pueden salir a flote y resolverse sin un diálogo de "toma y daca".

También es importante reconocer que comunicar el mensaje una vez no es suficiente para que la mayoría de las personas actúe con base en él. En las organizaciones, los colaboradores reciben tal bombardeo de información que una de las mejores formas de discriminar entre lo que necesita acción y lo que no es escuchar los mensajes que se comunican de modo repetitivo a lo largo del tiempo. Éstos se distinguen de los mensajes que vienen y se van. Comunique sus mensajes cruciales al menos siete veces y de siete maneras distintas. Mejor aún, al menos diez veces y de diez formas distintas.

Estrategia 5: Haga posible y estimule

Resultado: Nuevas habilidades y compromiso

La quinta estrategia de liderazgo para el cambio, **Haga posible y estimule,** está destinada a las *preocupaciones de ejecución* e *impacto*.

Cuando los líderes hacen posible y estimulan a los colaboradores de toda la organización a abrazar el cambio, los asociados pueden desarrollar nuevas habilidades y tener un compromiso más profundo con la organización. Tal estrategia de liderazgo hace frente a la siguiente razón por la cual fracasan los esfuerzos de cambio.

Por qué los esfuerzos de cambio por lo general fracasan: Razón No. 10

10. No se capacita a las personas o no se las anima a crear nuevas habilidades.

Nuestra experiencia ha mostrado que la mayoría de las organizaciones adopta esta estrategia demasiado pronto. En muchos casos, los ejecutivos anuncian el cambio y tratan de hacer que los colaboradores se capaciten tan pronto como sea posible. Por desgracia, las *preocupaciones personales* y *de información* de aquéllos no se han enfrentado, de modo que los resultados de la capacitación son menos que óptimos. Así mismo, con frecuencia se imparte la capacitación antes de que se resuelvan todos los problemas, se planifique en previsión de las contingencias, se creen centros de ayuda o se alineen los sistemas. Finalmente, la capacitación temprana suele fracasar porque es la misma para todo el mundo. Luego de seleccionarse los aprendizajes de las pruebas piloto y los experimentos, y una vez esté montada la infraestructura adecuada, la capacitación para el cambio debe hacerse de manera tan individualizada como sea posible. Idealmente, debe tenerse una estrategia de capacitación para cada individuo en el momento indicado.

Nótese cómo muchas otras estrategias de cambio anteceden a la de "hacer posible y estimular" de nuestro modelo. Éste pone todo el énfasis en el resultado por una razón: la mayoría de organizaciones no obtienen buenos resultados en el trabajo inicial que debe llevarse a cabo para establecer un cambio exitoso. El lamento sostenido que con frecuencia escuchamos en nuestro trabajo con las organizaciones que pasan por un cambio es que "¡Estamos elevando los estándares!" Dicho lamento no es malo en sí ni por sí mismo. Sin embargo, nada mata la motivación con mayor rapidez que decir a las personas que eleven su desempeño pero no proporcionarles las nuevas habilidades, herramientas y los recursos necesarios para saltar sobre la altura de la valla recientemente elevada. Como consecuencia, la reacción de las personas a la declaración de los líderes de que "¡Estamos elevando los estándares!" suele ser algo así como "¿Qué significa eso? ¿Acaso no estoy haciendo bien mi trabajo ahora?"

Luego de establecerse las funciones, responsabilidades y competencias requeridas para un cambio perdurable, deben cerrarse las brechas en las habilidades. Los líderes deben emplear un estilo de liderazgo 1, directivo (con alta dirección y bajo apoyo), o más probablemente un estilo de liderazgo 2, de entrenamiento (con alta dirección y alto apoyo), para crear competencia y compromiso en los colaboradores. Asimismo, deben usar los errores como oportunidades para futuros aprendizajes, y elogiar los avances.

En el estudio de caso sobre manutención infantil que describimos antes, un grupo de funcionarios de condado que participó en las pruebas piloto se escogió para capacitar a otros funcionarios en el nuevo sistema de seguimiento electrónico y los nuevos procesos de trabajo, lo cual puso a los funcionarios de condado aprendices cara a cara con otros de cargos similares que habían recorrido la senda antes que ellos. Debido a que los instructores hablaban desde la posición de la experiencia, eran creíbles y podían fijar expectativas realistas para lo que otros funcionarios podían esperar cuando su condado "saliera al aire".

Además, los funcionarios de condado que facilitaron la capacitación utilizaron las sesiones como oportunidades para reunir aportes adicionales y asegurar que el plan de ejecución fuera tan sólido como podía serlo.

Estrategia 6: Ejecute y refrende

Resultado: Responsabilidad sobre los resultados

La sexta estrategia de liderazgo para el cambio, **ejecute y refrende,** está destinada a las *preocupaciones de impacto y colaboración.* James Champy expresó bien esta estrategia:

Un líder debe atraer seguidores… pero si ha de tener éxito el proceso de movilización, dichos seguidores deben convertirse también en líderes, hallar su propio propósito en el reto compartido y difundir el llamado y la visión del cambio.

Cuando los líderes ejecutan y refrendan el cambio, crean condiciones para la responsabilidad y los prontos resultados. Tal estrategia de liderazgo hace frente a las siguientes razones por las cuales fracasan los esfuerzos de cambio.

Por qué los esfuerzos de cambio por lo general fracasan: Razones No. 11, 12 y 13

11. **Quienes lideran el cambio no tienen credibilidad: no comunican suficientemente, dan mensajes mezclados y no son modelo de los comportamientos que el cambio requiere.**
12. **No se mide el avance y nadie reconoce los cambios que las personas se han esforzado por hacer.**
13. **No se responsabiliza a las personas por la ejecución del cambio.**

Mucho se ha escrito sobre la importancia de la ejecución. No nos oponemos al énfasis que se pone en ello. Dicho esto, la ejecución es mucho más fácil si el cambio se lidera utilizando las estrategias que hemos descrito hasta aquí. Si esto no se hace, se librará una batalla cuesta arriba.

Hacer lo que se predica. Si bien es crucial que el equipo de liderazgo para el cambio se comunique con una sola voz, es incluso más importante que los líderes del cambio se apliquen lo que predican y sirvan de modelo a los comportamientos que esperan de otros.

Se considera que las acciones de un líder son al menos tres veces más importantes que lo que dice. Los líderes deben mostrar tanto o más compromiso con el cambio que las personas que lideran. Los individuos evalúan lo que hace o no hace el líder para sopesar el compromiso con el cambio. En el momento en que los asociados o colegas sientan que su líder no está comprometido o actúa de modo incoherente con los comportamientos de cambio deseados, no van a comprometerse más con el esfuerzo.

Medir, elogiar los avances y reorientar cuando sea necesario. Como se señaló anteriormente, aquello que se mide se hace. Debe tenerse en mente que los pensamientos y las acciones de las personas constituyen indicadores líderes de desempeño empresarial y financiero. Los indicadores líderes permiten conducir mientras "se mira por el parabrisas", en vez de depender sólo de indicadores aislados como el desempeño financiero, lo cual es afín a conducir mientras se mira al espejo retrovisor.

Una vez tenga lugar la medición, elogie los avances que se hagan. No espere a que el desempeño sea perfecto. Si lo hace, tendrá que esperar mucho tiempo. Este concepto ha sido crucial en nuestras enseñanzas durante décadas:

La clave para desarrollar a las personas y crear grandes organizaciones es sorprender a unas y otras haciendo bien las cosas y acentuar lo positivo.

Teniendo en cuenta que usted ha planificado para triunfos a corto plazo, debe estar en capacidad de hallar y compartir historias de éxito como medio para influir sobre las personas que permanecen al margen.

Haga eco de su promesa de reconocer y premiar los comportamientos que espera y, así mismo, de su promesa de aplicar las consecuencias a cualquiera que intente descarrilar el programa de cambio. Ésta es la etapa en la cual usted se deshace de las personas que aún se resisten.

En nuestro estudio de caso sobre manutención de la niñez, el gobierno estatal convocó a reuniones mensuales a los funcionarios de condado de todo el estado con fechas similares para su "salida al aire". En tales reuniones, se pidió a cada condado compartir una historia exitosa, así como los desafíos que estaba enfrentando. La idea de hacer responsable a cada condado de compartir una historia exitosa frente a sus pares creó algo de sana competencia para hacer que funcionara el nuevo sistema de seguimiento. Permitió a los primeros condados en adoptarlo influir sobre quienes estaban al margen. Examinar los desafíos también proporcionó oportunidades de aprendizaje que podían retroalimentar al diseño de los sistemas de seguimiento y planeamiento y a la capacitación de los funcionarios.

En otro ejemplo, un equipo de liderazgo para el cambio con el cual trabajamos instituyó el uso de un "tablero de control de desempeño" para medir de manera continua los avances frente a una serie de indicadores clave de desempeño. El equipo de liderazgo para el cambio se reunió dos veces al mes para discutir los avances frente al plan, según se veían en indicadores verdes, amarillos y rojos en el tablero de control. Si un indicador de desempeño clave estaba en verde, esto se elogiaba y celebraba. Si uno de tales indicadores estaba en amarillo o en rojo, el equipo analizaba el mejor modo de responder para hacer que dicho indicador volviera a encarrilarse. Este proceso hizo responsables del desempeño a los colaboradores y también aseguró que recibieran la dirección y el apoyo que necesitaban para corregir el rumbo.

Estrategia 7: Incruste y extienda

Resultado: Efectos sostenibles

La séptima estrategia de liderazgo para el cambio, **incruste y extienda,** está destinada a las *preocupaciones de colaboración* y *refinamiento*. He aquí una buena regla general:

Las organizaciones deben invertir diez veces más energía en reforzar el cambio que acaban de hacer que en buscar el siguiente gran cambio que van a intentar.

Cuando los líderes incrustan y extienden el cambio deseado, pueden alcanzar y sostener los resultados deseados. Tal estrategia de liderazgo hace frente a la decimocuarta razón por la cual fracasan los esfuerzos de cambio.

Por qué los esfuerzos de cambio por lo general fracasan: Razón No. 14

14. Las personas que lideran el cambio no respetan el poder de la cultura para matar el cambio.

La cultura puede definirse como las actitudes, las creencias y las pautas de comportamiento predominantes que caracterizan el funcionamiento de una organización. Aunque un equipo de alto desempeño de liderazgo para el cambio puede generar entusiasmo y éxito a corto plazo durante los tiempos de cambio, es crucial que éste quede incrustado en la cultura de la organización para ser sostenible a largo plazo.

Si se introduce un cambio que no esté alineado con la cultura existente, ésta se debe alterar en apoyo de la nueva iniciativa o aceptar que el cambio pueda no ser sostenible a largo plazo. La mejor manera de modificar la cultura es regresar a la visión de la organización y examinar sus valores. Identifique qué valores apoyan la nueva cultura y cuáles no, y elija los más críticos. Luego defina los comportamientos coherentes con los valores y cree recompensas y sistemas de responsabilidad por los comportamientos congruentes con los valores. Infunde energía a una organización hacer esto en el contexto de la ejecución del cambio.

En muchos casos, un cambio se ejecuta en el interior de una unidad empresarial antes de quedar comprometidas otras unidades. El proceso definido en el modelo de liderazgo para el cambio debe repetirse en las demás unidades que aún no hayan pasado por él.

Para citar una vez más nuestro estudio de caso sobre manutención de los niños, era crucial asegurarse de que todos los obstáculos que se oponían al uso del nuevo sistema de seguimiento fueran eliminados. Si bien en la mayoría de condados había algunos obstáculos comunes por superar, muchos diferían de un condado a otro. En consecuencia, incrustar el cambio en el nivel local requería atención en ese nivel. Gracias al apoyo continuado que se proporcionaba, los obstáculos se suprimieron y los propios condados se persuadían mutuamente sobre los beneficios de aplicar el nuevo sistema de seguimiento. Hacerlo permitía que la iniciativa se extendiera por todo un estado y, finalmente, por todo el país.

Estrategia 8: Explore posibilidades

Resultado: Opciones

La octava estrategia de liderazgo para el cambio, **explore posibilidades,** está destinada a las *preocupaciones de refinamiento*. Al permitir a otros participar en la exploración de posibilidades, de inmediato se reducen las preocupaciones de información al anunciarse el nuevo cambio, porque los colaboradores están "en la jugada" en cuanto a decidir qué se debe cambiar. Tal estrategia de liderazgo hace frente a la siguiente razón por la cual fracasan los esfuerzos de cambio.

Por qué los esfuerzos de cambio por lo general fracasan: Razón No. 15

15. No se exploran las posibilidades y opciones antes de elegirse un cambio específico.

Idealmente, quienes se encuentran más cercanos a los problemas y las oportunidades en una organización son quienes sugieren las opciones que ha de considerar el equipo de liderazgo para el cambio. Para asegurar la validez nominal y la inclusión de las mejores opciones, las que se identifiquen deben ser revisadas por parte de una muestra representativa de aquéllos a quienes se pide cambiar.

En nuestro estudio de caso sobre manutención infantil, los padres responsables y los funcionarios de condado de todo el país manifestaron frustración por el hecho de que los padres que no pagaban el sostenimiento estaban tornándose más difíciles de localizar y más escurridizos que nunca. En consecuencia, el gobierno federal tomó este aporte, exploró las causas profundas del problema e identificó cierto número de posibles respuestas. Se seleccionaron varios proyectos de cambio como parte de una estrategia integrada para ejecutar el recaudo de los pagos de manutención. Tales proyectos comprendían, aunque no exclusivamente, la retención de ingresos provenientes de los colaboradores de los padres irresponsables, la interceptación de reembolsos del impuesto a la renta (estatales y federales), la interceptación de subsidios de compensación por desempleo y la interceptación de premios de lotería. Entre los proyectos también figuraba el reporte al departamento de crédito, la suspensión de la licencia de conducción y profesional, el cruce de datos de instituciones financieras (localización de activos bancarios), el reporte de nuevos colaboradores mediante comparación cruzada, la suspensión de la licencia de caza y pesca, la negación de pasaporte, los embargos, el cruce de datos de préstamos federales y la automatización por computador de las operaciones de manutención de los niños, con inclusión de interfases con muchos otros sistemas de agencias estatales.

Algunas de tales opciones eran potencialmente más factibles y tendrían mayor impacto que otras, pero simplemente al tener opciones, los colaboradores sentían que tenían posibilidades de elección y podían influir sobre lo que cambiaba.

Desde 1995, los recaudos anuales por sostenimiento de la niñez en el estado donde se puso en marcha el sistema de ejecución de los pagos aumentaron de 177 millones de dólares a más de 460 millones. Mayores recaudos significan que un mayor número de niños recibe los fondos de manutención que merecen, y que un número menor de familias tiene que recurrir a la asistencia pública para sobrevivir[3].

Es nuestra esperanza que la instrucción a los líderes sobre la manera de abordar cada etapa de preocupación durante el cambio organizacional haya eliminado del proceso algo del misterio y mostrado al lector cómo puede liderar al más alto nivel. Responder a las preocupaciones de los demás y prestar atención a la manera de aumentar la participación y la influencia en cada una de las etapas del proceso de cambio es el mejor modo que conocemos de crear receptividad, capacidad y liderazgo para el cambio futuro.

Recurso EN LÍNEA

Visite la página **www.LeadingAtAHigherLevel. com** para obtener acceso a la conferencia virtual gratuita titulada *Treat Your People Right*. Utilice la clave "People" para obtener acceso GRATUITO.

Tenga el tipo adecuado de liderazgo

CAPÍTULO 12

Liderazgo de servicio

Ken Blanchard, Scott Blanchard
y Drea Zigarmi

Cuando las personas lideran al más alto nivel, hacen del mundo un mejor lugar porque sus metas se concentran en el bienestar mayor. Hacer un mundo mejor exige un tipo especial de líder: el líder de servicio.

Robert Greenleaf acuñó el término "liderazgo de servicio" en 1970 y publicó ampliamente sobre el concepto durante los siguientes 20 años[1]. Sin embargo, el concepto es antiguo. Hace dos mil años, el liderazgo de servicio fue fundamental en la filosofía de Jesús, ejemplo del líder de servicio comprometido y eficiente[2]. Mahatma Gandhi, el doctor Martin Luther King, Jr. y Nelson Mandela son ejemplos más recientes de líderes que han practicado esta filosofía.

¿Qué es el liderazgo de servicio?

Cuando las personas escuchan la expresión liderazgo de servicio a menudo se confunden. De inmediato traen a la mente pensamientos sobre presos que manejan la cárcel o sobre complacer a todo el mundo. Otros piensan que el liderazgo de servicio es sólo para los líderes eclesiales. El problema es que no entienden el liderazgo. Piensan que no se puede liderar y servir al mismo tiempo. Sin embargo, sí se puede, si se comprende —como hemos subrayado varias veces— que el liderazgo tiene dos partes: la visión y la ejecución. En su función visionaria, los líderes definen la dirección. Es responsabilidad suya comunicar aquello con lo se identifica y desea lograr la organización.

Max Dupree, legendario ex presidente de la junta directiva de Herman Miller y autor de *Leadership Is an Art*, comparaba el papel del líder con el de un maestro de tercer grado de educación básica primaria que repite y repite lo básico. "¡Cuando se trata de visión y valores, hay que decirlos una y otra y otra vez, hasta que los colaboradores los entiendan bien, bien, bien!"

Como el lector sabe ahora, la responsabilidad de desempeñar este papel visionario recae en el liderazgo jerárquico. Los niños miran a los padres, los jugadores miran a sus entrenadores, y los colaboradores miran a sus líderes organizacionales en busca de dirección. La función visionaria es el aspecto de liderazgo del líder de servicio.

Una vez los colaboradores tienen claro hacia dónde van, el papel del líder pasa a ser el de una mentalidad de servicio para la labor de ejecución, el segundo aspecto del liderazgo. ¿Cómo se convierte el sueño en realidad? Es allí donde entra en juego el aspecto de servicio del liderazgo. En una organización tradicional, se piensa en los gerentes como los responsables y se enseña a los colaboradores a ser receptivos ante el jefe. La "vigilancia del jefe" se convierte en deporte popular, y los colaboradores reciben ascensos por su capacidad de influir sobre los niveles superiores. Tal actividad no contribuye mucho al logro de una visión clara. Todo lo que tratan de hacer los colaboradores es protegerse a sí mismos, antes que hacer avanzar a la organización en la dirección deseada.

Los líderes servidores, por otra parte, sienten que el papel que desempeñan es ayudar a las personas a lograr sus metas. Constantemente tratan de hallar qué necesitan sus colaboradores para triunfar. En lugar de querer que éstos complazcan a sus jefes, los líderes servidores desean marcar una diferencia en la vida de sus colaboradores y, entre tanto, producir un impacto en la organización. El liderazgo situacional II es un modelo de liderazgo de servicio.

La aplicación del liderazgo de servicio

Para ayudar al lector a darse cuenta de que el liderazgo de servicio puede tener lugar en cualquier organización, piense en el siguiente ejemplo del Departamento de Vehículos Automotores (DMV) de los Estados Unidos. El DMV tiene tal multitud de personas que atender —básicamente, todas las personas con licencia de conducción— que no sorprende que a veces lo traten a uno como a un número y no como a una persona. En la mayoría de los estados, después de haber pasado las pruebas iniciales, se puede evitar al DMV durante años si se llena el formulario adecuado y se envía por correo.

Ken Blanchard había evitado su oficina local del DMV como a la peste. Pero hace algunos años perdió su licencia de conducción unas tres semanas antes de la fecha en que debía salir para un viaje a Europa. Sabía que tenía que ir al DMV y obtener una nueva licencia para respaldar su pasaporte para ese viaje. Entonces le dijo a su asistente ejecutiva: "Dana, ¿puedes reservar tres horas en mi agenda en algún momento la próxima semana para poder ir al DMV?" En la experiencia de Ken, ése era más o menos el tiempo que usualmente tomaba hacer algo allí: esperaría durante largo tiempo y luego le dirían que estaba en la fila equivocada, que había llenado el formulario equivocado o que había hecho algo que suponía que debía empezar de nuevo.

En consecuencia, Ken se dirigió a la oficina del DMV con escasas expectativas. (Recuerde que no había estado allí en varios años.) Al entrar por la puerta principal de inmediato supo que algo había cambiado, pues una mujer se hizo cargo de él y le dijo: "¡Bienvenido al DMV! ¿Habla usted inglés o español? "Inglés", respondió Ken. Entonces ella dijo: "Por aquí". El tipo detrás del mostrador sonrió y le dijo: "¡Bienvenido al DMV! ¿En qué puedo ayudarle?" Tomó a Ken nueve minutos renovar su licencia, incluida la toma de su fotografía. Le dijo a la mujer que la tomó: "¿Qué están ustedes fumando aquí? Quiero decir, éste no es el DMV que yo conocía y amaba". Ella replicó: "¿No conoce usted al nuevo director?" "No," dijo él. Entonces ella señaló hacia un escritorio detrás de todos los mostradores, totalmente al descubierto. Ciertamente, el director no tenía privacidad alguna. Su oficina estaba en medio de todo. Ken fue allí, se presentó y le preguntó: "¿Cuál es su trabajo como director del DMV?"

Lo que dijo el hombre es la mejor definición de gerencia que hemos escuchado:

"Mi trabajo es reorganizar el departamento de momento en momento, dependiendo de las necesidades de los ciudadanos, mis clientes".

El director obviamente tenía una visión indispensable para este departamento. El fundamento de su negocio era servir a los ciudadanos y sus necesidades, y hacerlo bien.

¿Qué hacía este director? Capacitaba a todos en todos los cargos. Todos podían manejar la recepción; todos podían tomar fotografías. Lo que fuera, ¡todos podían hacerlo! Incluso las personas de la parte de atrás, que normalmente no estaban al frente, podían llevar a cabo cualquier labor. ¿Por qué? Porque si de repente se presentaba una gran flujo de ciudadanos, ¿para qué tener personas en la parte de atrás haciendo tareas de contaduría, contabilidad o secretariales cuando había clientes que necesitaban atención? Entonces, las sacaba cuando se necesitaban.

El director del DMV también insistía en que nadie podía salir a almorzar entre las 11:30 y las 2:00. ¿Por qué? Porque era en ese momento cuando los clientes aparecían. Ken contó esta historia en un seminario una vez, y una mujer se acercó a él en el descanso y le dijo: "¿Dónde queda su DMV? No puedo creer en lo que nos ha dicho", y continuó: "Hace poco hice fila en nuestro DMV durante cerca de cuarenta y cinco minutos y estaba a punto de llegar al frente, cuando una mujer anunció: 'Es la hora del descanso', y tuvimos que permanecer allí más o menos quince minutos, mientras todos los colaboradores salían a tomar café y estirar las piernas".

Esto no acontecía en este "nuevo" DMV, en el cual el director había creado un ambiente de motivación. Los miembros de los equipos estaban realmente comprometidos. Incluso los colaboradores que Ken reconocía de visitas anteriores y que se habían unido a la "diversión" de abusar de los clientes estaban ahora entusiasmados con la idea de servir.

Suele suceder que en un momento dado se vean personas muy entusiasmadas con respecto a su trabajo. Se les ve tres meses después, y están desanimadas. En el 90% de tales casos, lo único que ha cambiado es que tienen un nuevo jefe: alguien que los engaña, que no los escucha, que no les da la posibilidad de participar en la toma de decisiones y que los trata como si realmente fueran subordinados. Lo contrario también es cierto. Los colaboradores pueden estar descontentos en una situación de trabajo cuando de repente llega un nuevo líder y sus ojos comienzan a brillar, su energía aumenta y realmente están listos para rendir bien y marcar la diferencia.

Cuando los líderes señalan una diferencia positiva, las personas actúan como si fueran dueñas del lugar y llevan sus cerebros al trabajo. Sus gerentes estimulan su iniciativa, recientemente adquirida. Otro ejemplo del "nuevo" DMV puntualiza este aspecto.

Los grandes líderes animan a sus colaboradores a llevar su cerebro al trabajo

Por la época en que Ken tuvo su inspiradora experiencia con el DMV, Dana, su asistente ejecutiva, decidió comprar una motoneta para pasear por el sur de California. Al recibir esa belleza de máquina alguien le dijo: "Tienes que obtener una licencia". Jamás había pensado que necesitara una licencia para una motoneta. Entonces fue al DMV para hacer lo que tenía que hacer. La mujer tras el mostrador fue al computador y halló el nombre y los antecedentes de conducción de Dana. Resultó que sus antecedentes eran perfectos. Nunca había cometido una violación de tránsito.

"Dana", dijo la mujer, "noté que dentro de tres meses usted debe hacer de nuevo su prueba escrita de conducción. ¿Por qué no hace ambas pruebas hoy?" Tomada desprevenida, Dana dijo: "¿Pruebas? No sabía que debía hacer ninguna prueba", y comenzó a entrar en pánico. La mujer se acercó al mostrador, dio un golpecito en la mano de Dana y le dijo: "Dana, no se preocupe. Con sus antecedentes de conducción, estoy segura de que puede pasar las pruebas. Y además, si no las pasa, siempre puede regresar".

Dana hizo las pruebas y volvió donde la mujer, quien las calificaba. A Dana le faltó una respuesta correcta para pasar cada una de las pruebas, de modo que, oficialmente, fracasó en ambas. Sin embargo, la mujer le dijo con gentileza: "Oh, Dana, usted está muy cerca de pasar. Déjeme intentar algo. Permítame hacerle de nuevo una pregunta de cada prueba para ver si la puede responder correctamente y yo la puedo aprobar". No sólo era esta una oferta maravillosa, sino el hecho era que cada pregunta tenía sólo dos respuestas. Entonces la mujer dijo: "Dana, usted escogió B. ¿Cuál cree que sería la respuesta correcta?" Cuando Daba respondió: "¡A!", la atenta mujer dijo: "¡Es correcto! ¡Aprobó!"

Ken contó esta historia una vez en un seminario, y un burócrata corrió hacia la plataforma en el descanso y comenzó a decir a gritos: ¿"Por qué cuenta usted esta historia? ¡Esa mujer violó la ley! ¡Su asistente fracasó en ambas pruebas!"

Entonces Ken fue a ver de nuevo a su amigo director del DMV. Le contó sobre el burócrata, y el director dijo: "Déjeme decirle una cosa. Cuando se trata de tomar decisiones, quiero que mis colaboradores usen el cerebro más que las reglas, los reglamentos o las leyes. Mi empleada decidió que era tonto hacer que alguien como su asistente Dana, con sus perfectos antecedentes de conducción, regresara a hacer de nuevo una prueba en la cual sólo se había equivocado en una pregunta. Le garantizo que si hubiera respondido mal cuatro o cinco preguntas, mi empleada no la habría tratado de la misma manera. Y para demostrarle la importancia que le doy a esto, *voy a respaldar la decisión de esa persona con mi empleo*".

¿A alguno de ustedes le gustaría trabajar con este tipo de líder? Mejor será que lo crean. ¿Por qué? Porque es un líder servidor. En el excelente libro *The Purpose Driven Life*, de Rick Warren, la primera frase es: "No se trata de usted"[3]. Así como nuestro director del DMV, los líderes servidores se dan cuenta de que el liderazgo no se refiere a ellos. Se refiere a qué y a quién están sirviendo. ¿Cuál es la visión y quién es el cliente? La visión responde a la pregunta de Matt Hayes y Jeff Stevens: ¿De qué se trata? Como lo afirman los autores de *The Heart of Business*, "las utilidades pueden constituir un subproducto del logro de un propósito mayor e incluso parte del proceso planeado para lograr ese propósito, pero nunca puede ser el propósito y la motivación en sí mismos"[4]. Si las utilidades son nuestra razón de ser como organización, finalmente conducirá a sus colaboradores y a sus clientes a servirse sólo a sí mismos. Como manifestamos en el capítulo 3, "Servicio de alto nivel a los clientes", todo el mundo tiene un cliente. ¿Quiénes son los clientes de un gerente? Las personas que responden ante él. Una vez establecidas la visión y la dirección, los gerentes trabajan para sus colaboradores.

¿Qué tiene mayor impacto sobre el desempeño?

Para descubrir qué tipo de liderazgo tiene mayor impacto sobre el desempeño, Scott Blanchard y Drea Zigarmi trabajaron con Vicky Essary en el estudio de la interacción entre el éxito organizacional, el éxito de los colaboradores, la lealtad de los clientes y el liderazgo[5]. En su estudio, de un año de duración y que incluyó una revisión de centenares de investigaciones efectuadas entre 1980 y el 2005, examinaron dos tipos de liderazgo: el *liderazgo estratégico* y el *liderazgo operativo*.

El liderazgo estratégico es el "qué", que asegura que todos vayan en la misma dirección. Allí se encuentra la pregunta: "¿De qué se trata su negocio?" El liderazgo estratégico comprende actividades como el establecimiento de una visión clara, el mantenimiento de una cultura que alinee un conjunto de valores con dicha visión, y la manifestación de iniciativas de indispensable ejecución, o imperativos estratégicos que la organización debe realizar. La visión y los valores son perdurables, mientras que los imperativos estratégicos son prioridades de corto plazo que pueden durar uno o dos meses, uno o dos años. Un ejemplo de iniciativa estratégica es la declaración por parte de David Novak, presidente de la junta directiva y director ejecutivo de Yum! Brands, de la clientemanía como centro de atención en todos los restaurantes de la compañía en todo el mundo. El liderazgo estratégico se refiere al aspecto del liderazgo relacionado con la visión y la orientación, o a la parte de *liderazgo* del liderazgo de servicio.

El liderazgo operativo es todo lo demás. Proporciona a la organización el "cómo". Comprende las políticas, los procedimientos, los sistemas y los comportamientos por parte del líder que descienden en cascada desde la alta gerencia hasta los colaboradores que se relacionan directamente con el cliente. Tales prácticas administrativas crean el ambiente dentro del cual los colaboradores y los clientes interactúan y al cual responden diariamente. El liderazgo operativo es el aspecto de ejecución del liderazgo, o la parte de *servicio* del liderazgo de servicio.

Blanchard y Zigarmi descubrieron que el éxito de los colaboradores comprendía aspectos como su satisfacción (estoy contento), su lealtad (voy a permanecer en mi empleo), su productividad (cómo lo estoy haciendo), las percepciones de las propias relaciones con el gerente y el ambiente de trabajo en equipo, así como indicadores más tangibles como el ausentismo, los retardos y el vandalismo. Describieron todos estos factores como *pasión del colaborador*.

Tratándose de los clientes, sus reacciones al ambiente de la organización se clasificaron en tres cuerpos de investigación: satisfacción (estoy contento con la manera como esta organización me atiende), lealtad (voy a continuar haciendo negocios con esta organización) y defensa (estoy dispuesto a hablar positivamente de mi experiencia con esta compañía). Al resultado neto de los tres factores lo denominaron *devoción del cliente*.

Blanchard y Zigarmi combinaron todos los indicadores duros del éxito organizacional (rentabilidad, crecimiento a lo largo del tiempo y estabilidad económica) con los blandos (confianza en la compañía y percepción de su integridad) y crearon un concepto que llamaron *vitalidad organizacional*. En muchos sentidos, ésta representa el triple balance final —ser el proveedor elegido, el colaborador elegido y la inversión elegida— que analizamos en el capítulo 1, "¿Es su organización de alto desempeño?"

Si el liderazgo es el motor que impulsa a una organización de alto desempeño, Blanchard y Zigarmi estaban interesados en la manera como los dos aspectos del liderazgo —liderazgo estratégico y liderazgo operativo— interactúan con la pasión del colaborador, la devoción del cliente y la vitalidad organizacional, y ejercen impacto sobre ellas. Como lo señala la figura 12.1, existe una cadena de eventos liderazgo-utilidades.

Figura 12.1. La cadena liderazgo-utilidades

Es muy interesante el hallazgo de Blanchard y Zigarmi de que, si bien el liderazgo estratégico es un componente crítico para establecer el tono y la orientación, sólo tiene un impacto indirecto sobre la vitalidad organizacional. La clave real de ésta es el liderazgo operativo. Si este aspecto del liderazgo se lleva a cabo con eficacia, la pasión del colaborador y la devoción del cliente serán el resultado, a partir de las experiencias positivas y la satisfacción global que las personas tengan con la organización.

También es interesante observar que la pasión positiva de los colaboradores crea una devoción positiva entre los clientes. Al mismo tiempo, cuando los clientes están entusiasmados con la compañía y son devotos de ella, esto tiene un efecto positivo sobre el ambiente de trabajo y la pasión de los colaboradores. A las personas les encanta trabajar en una compañía donde los clientes son incondicionales. Las exalta y juntos, los clientes y los colaboradores, producen un impacto directo sobre la vitalidad organizacional[6].

La gran conclusión de las investigaciones de Blanchard y Zigarmi es que el aspecto de *liderazgo* del liderazgo de servicio, es decir, el liderazgo estratégico, es importante, porque la visión y la orientación ponen las cosas en marcha pero la acción real viene con el aspecto de *servicio* del liderazgo de servicio, es decir, con el liderazgo operativo. Si la visión y la orientación son convincentes y generan motivación, y los líderes las implementan exitosamente a los ojos de los colaboradores y los clientes, la vitalidad organizacional y el triunfo están garantizados.

Para tener éxito, los líderes servidores eficaces deben ser ambientalistas, y su tarea consiste en crear y mantener culturas que estimulen a los colaboradores, de modo que éstos puedan estimular a los clientes. Dichos líderes hacen esto mirando hacia abajo de la jerarquía tradicional y diciendo: "¿En qué puedo servirle?", en lugar de que los colaboradores miren hacia arriba de la jerarquía y formulen la misma pregunta. Ésta es la razón por la cual Yum! Brands llama a su sede corporativa "Centro de apoyo" y cambió el nombre del cargo de todos sus gerentes por el de "entrenador".

Cuando los gerentes se concentran sólo en indicadores organizacionales de vitalidad —como las utilidades—, tienen su mirada puesta en el tablero del marcador y no en la bola. Las utilidades, aspecto clave de la vitalidad organizacional, son un subproducto del servicio al cliente, que sólo puede lograrse sirviendo al colaborador. *Por consiguiente, las utilidades realmente son el aplauso que se recibe por atender a los clientes y crear un ambiente de motivación para los colaboradores.*

Si el aspecto de servicio del liderazgo de servicio tiene mayor impacto sobre la vitalidad organizacional, ¿cómo desarrollan los líderes sus cualidades de servicio?

Ser líder de servicio es un asunto del corazón

La mayor parte de nuestro trabajo en el pasado se ha concentrado en el comportamiento del liderazgo y en cómo mejorar el estilo y los métodos de liderazgo. Hemos intentado cambiar a los líderes desde fuera. En años recientes, sin embargo, hemos hallado que el liderazgo eficaz es un trabajo interior: es un asunto del corazón. Tiene que ver con el carácter y la intención del liderazgo. ¿Por qué se lidera? ¿Para servir o para ser servido? Responder a esta pregunta de manera sincera es muy importante. Creemos que si los líderes no tienen el sentimiento correcto, sencillamente jamás se convertirán en líderes servidores.

La barrera más persistente que se opone a ser un líder de servicio es un corazón motivado por el egocentrismo, que ve el mundo como una propuesta del tipo "dar poco, tomar mucho". Los líderes con el corazón motivado por el egocentrismo ponen su agenda, su seguridad, su posición y su gratificación por encima de aquellas personas que resultan afectadas por sus pensamientos y acciones.

En cierto sentido, todos llegamos a este mundo con la atención centrada en nosotros mismos. ¿Hay algo más egocéntrico que un bebé? Un bebé no llega del hospital preguntando: ¿Cómo puedo ayudar en la casa? Como cualquier padre puede atestiguarlo, todos los niños son egoístas por naturaleza; debe enseñárseles a compartir.

> *Uno finalmente se convierte en adulto cuando se da cuenta de que la vida tiene más que ver con lo que se da que con lo que se recibe.*

El paso del liderazgo egoísta al liderazgo de servicio está motivado por un cambio en el corazón.

Líderes por interés y líderes por llamado

Cuando hablamos sobre el liderazgo de servicio y preguntamos a las personas si son líderes de servicio o líderes egoístas, nadie admite esto último. Con todo, observamos todo el tiempo el ejercicio del liderazgo egoísta. ¿Cuál es la diferencia?

En su libro *Ordering Your Private World*, Gordon McDonald examina una interesante distinción que puede ayudarnos a entender la diferencia entre los líderes de servicio y los líderes egoístas[7]. McDonald afirma que hay dos clases de personas: las que actúan "por interés" y las "llamadas a servir".

Las que actúan por interés piensan que son dueñas de todo: de sus relaciones, de sus posesiones y de sus posiciones. Las personas que actúan por interés son egoístas. La mayor parte de su tiempo lo invierten protegiendo aquello de lo que son dueñas. Manejan burocracias y creen que las ovejas están allí para beneficio del pastor. Quieren estar seguras de que todo el dinero, el reconocimiento y el poder se muevan hacia arriba dentro de la jerarquía y lejos de los colaboradores que están en directo contacto con los clientes y con estos mismos. Son excelentes para crear "estanques de patos".

Las personas llamadas al servicio son muy distintas. Piensan que todo es en préstamo: sus relaciones, sus posesiones y su posición. ¿Sabía usted que sus relaciones son prestadas? Una de las cosas difíciles de aceptar en torno al 11 de septiembre fue que algunos préstamos exigieron su pago prematuramente. Si usted hubiera sabido que mañana podría no volver a ver a alguien importante en su vida, ¿cómo habría tratado a esa persona? Margie Blanchard tiene un dicho sabio: "Mantén tus amores al día".

Las personas llamadas al servicio también entienden que las posesiones sólo son temporales. En tiempos económicos difíciles, mucha gente se pone nerviosa por el riesgo de perder sus juguetes. Piensan: "El que muere con más juguetes gana". La realidad es que "el que muere con más juguetes muere". Es agradable tener cosas hermosas cuando todo marcha bien, pero podría tener que renunciarse a algunas en los tiempos difíciles. Las posesiones son en préstamo.

Los líderes por llamado también entienden que sus cargos son prestados por todos los interesados de la organización, en particular las personas que responden ante ellos. Debido a que los líderes por llamado no son dueños de nada, suponen que el papel que desempeñan en la vida es el de guiar a todos y todo lo que hallan en su camino.

Los líderes egoístas se revelan a sí mismos de dos maneras: Primero, en la manera como reciben retroalimentación. ¿Ha intentado usted dar retroalimentación negativa a alguien de superior jerarquía y esa persona lo ha culpado por ello? Si esto le ha sucedido, ha tratado con un líder egoísta. Éstos odian la retroalimentación. ¿Por qué? Porque si se les da alguna retroalimentación negativa, piensan que no se quiere que sigan liderando, y ésta es su peor pesadilla por cuanto ellos *son* su posición. El segundo modo como se descubren los líderes egoístas es su falta de disposición a desarrollar a otros líderes en torno a ellos. Temen la competencia potencial para su posición de líderes.

Los líderes por llamado tienen alma de servidores y adoran la retroalimentación. Saben que la única razón por la cual están liderando es servir, y que si alguien tiene alguna sugerencia sobre cómo pueden servir mejor, desean escucharlos. Miran la retroalimentación como un regalo. Cuando perciben la retroalimentación, su primera respuesta es: "Gracias. Eso es realmente útil. ¿Puede decirme más? ¿Hay alguien más con quien yo deba hablar?"

Los líderes por llamado también están dispuestos a desarrollar a otros. Piensan que el liderazgo no es sólo un terreno donde se mueven los líderes formales. Para ellos, el liderazgo debe surgir en todas partes. Puesto que creen que el papel que desempeñan en la vida es servir, no ser servidos, desean extraer lo mejor de otros. Si surge un buen líder, los líderes servidores están dispuestos a asociarse con esa persona, e incluso, de ser necesario, ponerse a un lado y desempeñar un papel distinto. Prosperan al desarrollar a otros y tienen la creencia de que en toda la organización van a aparecer individuos con conocimientos a medida que se necesiten.

Robert Greenleaf lo dijo bien: La verdadera prueba de un líder servidor es ésta: ¿Quienes lo rodean se vuelven más sabios, más libres, más autónomos, más saludables y se habilitan mejor para llegar a ser también líderes servidores?"[8]

Las dificultades del ego

¿Qué impide a las personas convertirse en líderes de servicio? El ego humano. Creemos que ego podría significar ganarle la mano a lo bueno y ponerse uno mismo en el centro. Es entonces cuando empezamos a tener una imagen distorsionada de nuestra importancia y a vernos como el centro del universo.

Hay dos maneras como nuestro ego se interpone como obstáculo. Una es el *falso orgullo*, cuando comenzamos a pensar más en nosotros mismos de lo que debiéramos. Es entonces cuando comenzamos a empujar y mangonear por el crédito y pensar que el liderazgo tiene que ver con uno, antes que con aquéllos a quienes se lidera. Invertimos gran parte de nuestro tiempo en promovernos a nosotros mismos. El ego también se interpone mediante la *desconfianza en uno mismo* o el *temor*: pensar más mal acerca de uno mismo que lo que uno debiera. Nos consumimos por nuestras propias deficiencias y somos duros con nosotros mismos. Empleamos mucho tiempo protegiéndonos. Con falso orgullo y dudas de uno mismo, se nos hace difícil creer que estamos bien. Como lo señala el título de una vieja canción, "usted está buscando amor en los lugares equivocados". Usted piensa que, como advierte Robert S. McGee, "su autoestima está en función de su desempeño, sumado a las opiniones de los demás"[9]. Teniendo en cuenta que nuestro desempeño varía día tras día y que la gente suele ser voluble, con la mencionada creencia nuestra autoestima está vacía todo el tiempo.

Es fácil entender que la desconfianza en sí mismo proviene de la falta de autoestima, por cuanto las personas afligidas por esto día tras día actúan como si valieran menos que los demás. Esto es menos evidente entre las personas que tienen falso orgullo, pues se comportan como si valieran más que los demás. Los individuos con falso orgullo, que actúan como si fueran los únicos que cuentan, realmente tratan de compensar su falta de autoestima. Exageran al intentar resarcir sus sentimientos de minusvalía tratando de controlarlo todo y controlar a todas las personas que los rodean. En ese proceso, se hacen odiosos para todos los que están cerca de ellos.

Es interesante ver cómo el falso orgullo y la desconfianza en sí mismos se ponen en juego entre los gerentes. Cuando los gerentes son adictos a su dolencia egomaníaca, ésta erosiona su eficacia. A los gerentes dominados por el falso orgullo se les suele llamar "controladores". Aunque no sepan qué están haciendo, tienen una gran necesidad de poder y control. Incluso cuando es claro para todo el mundo que están equivocados, siguen insistiendo en que están en lo correcto. Tales individuos no hacen mucho tampoco por apoyar a sus colaboradores. Si todos están optimistas y confiados, los controladores opacan el entusiasmo. Apoyan a sus jefes por sobre sus colaboradores porque quieren escalar la jerarquía y ser parte del séquito del jefe.

Del otro lado del espectro están los gerentes impulsados por el temor, a quienes suele caracterizarse como "jefes que no hacen nada". Se les describe como personas que "no están nunca, siempre evitan el conflicto y no ayudan mucho". Con frecuencia dejan solos a sus colaboradores, incluso si éstos están inseguros y no saben qué están haciendo. Los jefes que no hacen nada no parecen creer en sí mismos ni confiar en su propio juicio. Valoran las ideas de otros más que las propias, especialmente las ideas de aquéllos ante quienes responden. En consecuencia, rara vez expresan sus opiniones y apoyan a sus propios colaboradores. Bajo presión, parecen plegarse ante quien tiene más poder.

Si algo de lo anterior parece demasiado cercano como para ser cómodo, no se alarme. La mayoría de nosotros tiene rastros tanto de falso orgullo como de desconfianza en sí mismo, por cuanto el problema es realmente el ego. Estamos atascados, solos, concentrados únicamente en nosotros mismos. La buena noticia es que existe un antídoto para ambos problemas.

Antídoto contra el ego

El antídoto contra el falso orgullo es la humildad. El verdadero liderazgo —la esencia de aquello que las personas anhelan y desean con urgencia seguir— supone cierta humildad que se adecúa y suscita la mejor respuesta de parte de aquéllas.

Jim Collins apoya esta verdad en *Empresas que sobresalen: Por qué unas sí pueden mejorar la rentabilidad y otras no*[*10]. Encontró dos características que describen a los grandes líderes: *voluntad* y *humildad*. Voluntad es la determinación de sacar adelante una visión, una misión y/o una meta. Humildad es la capacidad de darse cuenta de que el liderazgo no tiene que ver con el líder; tiene que ver con las personas y lo que necesitan.

---

* Publicado por Editorial Norma en el 2002.

De acuerdo con Collins, cuando las cosas marchan bien para los típicos líderes egoístas, se miran al espejo, se golpean el pecho y se dicen a sí mismos cuán buenos son. Cuando las cosas salen mal, miran por la ventana y culpan a todos los demás. Por el contrario, cuando las cosas marchan bien para los grandes líderes, éstos miran por la ventana y dan el crédito a todos los demás. Cuando las cosas salen mal, los líderes servidores se miran al espejo y hacen preguntas como ésta: "¿Qué podría yo haber hecho distinto que hubiera permitido a estas personas ser tan extraordinarias como pueden serlo?" Esto exige verdadera humildad.

Por consiguiente, una de las claves para convertirse en líder de servicio es la humildad. Hemos hallado dos definiciones convincentes de humildad. La primera apareció en un libro de Ken Blanchard y Norman Vincent Peale, *The Power of Ethical Management*[11]:

> *Las personas humildes no piensan menos de sí mismas; sencillamente piensan menos en sí mismas.*

En consecuencia, las personas humildes tienen una sólida autoestima.

La segunda definición de humildad procede de Fred Smith, autor de *You and Your Network*[12]:

> *Las personas humildes no niegan su poder; sencillamente reconocen que pasa a través de ellos, no que proviene de ellos.*

Demasiadas personas piensan que lo que son consiste en su posición y el poder que les proporciona, pero esto no es cierto. ¿De dónde procede el poder que se tiene?

No es de la posición; es de las personas cuyas vidas uno toca. A la mayoría de las personas les gustaría hacer del mundo algo mejor, pero ¿cuántas tienen realmente un plan sobre la manera como van a hacerlo? Muy pocas. Y sin embargo, todos podemos hacer del mundo algo mejor mediante las decisiones que tomamos de momento en momento cuando interactuamos con las personas en el trabajo, en el hogar y en la comunidad.

Suponga el lector que al salir de su casa una mañana alguien le grita. Tiene dos posibilidades: Puede responder con otro grito, o bien abrazar a la persona y desearle un buen día. Alguien se le atraviesa con su automóvil en su ruta hacia el trabajo. Usted tiene dos opciones. ¿Sale en su persecución y le hace algún gesto obsceno, o envía una oración hacia él? Tenemos opciones todo el tiempo al interactuar con otros seres humanos. La humildad domestica nuestra naturaleza sentenciosa y nos motiva a extender la mano para apoyar y alentar a otros. Es de allí de donde procede nuestro poder.

¿Cuál es el antídoto contra el temor? El amor. ¿Tiene usted hijos? ¿Los ama? ¿El amor por sus hijos depende por completo de su éxito? Si tienen éxito, usted los ama, y si no lo tiene, ¿no los ama? Pocas personas estarían de acuerdo con esto. Se ama a los hijos de modo incondicional, ¿cierto? ¿Qué pasaría si usted aceptara ese amor incondicional para usted mismo? Usted sabe que Dios no creó basura. Nos ama incondicionalmente a cada uno de nosotros. ¿Sabía usted que no puede controlar lo suficiente, vender lo suficiente, hacer suficiente dinero o tener un cargo suficientemente alto como para obtener más amor? Tiene todo el amor que necesita. Todo lo que debe hacer es abrirse a él.

Qué hacen los líderes de servicio

El secreto: Lo que los grandes líderes saben y hacen[13] *(The Secret: What Great Leaders Know–And Do)*, libro escrito por Ken Blanchard y Mark Miller, vicepresidente de capacitación y desarrollo de Chick-fil-A, muestra cómo los grandes líderes *sirven*. En su versión inglesa, el libro está erigido en torno al acrónimo SERVE, que significa servir. En verdad, Chick-fil-A organiza su programa de capacitación de gerentes alrededor de cinco maneras fundamentales a través de las cuales todo gran líder sirve, y si se tiene en cuenta que Chick-fil-A tiene menos del 5% de rotación entre sus gerentes de restaurante en más de 1 100 establecimientos, el programa tiene un historial bastante bueno.

Ver el Futuro**. Esto tiene que ver con el papel visionario de los líderes, que examinamos en detalle en el capítulo 2, "El poder de la visión". El liderazgo consiste en llevar a las personas de un lugar a otro. No podemos decir lo suficiente en cuanto a la importancia de tener una visión convincente. Establecida ésta, pueden desarrollarse metas y estrategias dentro del contexto de dicha visión.

Tome en consideración estas preguntas al pensar en *ver el futuro:*

- ¿Cuál es el propósito de su equipo?
- ¿Dónde quiere que su equipo esté dentro de cinco años?

---

*   Publicado por Editorial Norma en el 2005.

** S de *See the Future,* en inglés.

- ¿Cuántos miembros de su equipo pueden decirle en qué trata de convertirse o qué quiere lograr el equipo?
- ¿Qué valores desea que impulsen el comportamiento de su equipo?
- ¿Cómo puede comunicar su visión del futuro a su equipo?

Atraer y desarrollar a las personas*. Fue éste el tema de la tercera sección, "Trate bien a sus colaboradores". Condujimos al lector por un viaje de transformación del autoliderazgo al liderazgo uno a uno y de allí al liderazgo de equipo y al liderazgo organizacional. Como líder, una vez establecidas la visión y la orientación, debe invertir la pirámide y concentrarse en atraer y desarrollar a sus colaboradores, de modo que puedan vivir de acuerdo con la visión. También se debe atender a los clientes de manera que se creen clientemaníacos y clientes incondicionales.

Tome en consideración estas preguntas al pensar en *atraer y desarrollar a las personas:*

- ¿Cuánto tiempo invierte usted en buscar personas con talento para que ingresen a la organización?
- ¿Cuáles son las características clave que usted busca en las personas que selecciona?
- ¿Hasta qué punto ha usted atraído con éxito a cada uno de los miembros de su equipo?
- ¿Cuáles son las diez medidas específicas que podría usted tomar para atraer individuos de mane-

---

* E por *Engage and Develop People,* en inglés.

ra más eficaz hacia el trabajo del equipo y de la organización?

- ¿Qué ha hecho usted para sugerir al equipo que cuando se trata de actividades de ejecución, usted trabaja para ellos?
- ¿Cómo estimula usted el desarrollo de sus empleados?

Reinventarse continuamente*. La reinvención continua tiene tres aspectos. Primero, los grandes líderes se reinventan de modo permanente a nivel personal. Siempre están interesados en mejorar sus propios conocimientos y habilidades. Los más grandes líderes son aprendices. Los mejores líderes encuentran su propio modo de abordar el aprendizaje: algunos leen, otros escuchan cintas grabadas, algunos emplean tiempo con mentores. Hacen lo que sea para seguir aprendiendo. Creemos que si se deja de aprender, se deja de liderar. Pensamos que en toda organización, todo el mundo, todos los años, debe tener al menos una meta de aprendizaje. ¿Qué espera usted que haya en su *curriculum vitae* el año próximo que no se encuentra en él este año? Por ejemplo, quizás usted desea aprender inglés, pues cada vez un mayor número de sus clientes son angloparlantes. Usted puede querer aprender algún nuevo programa de cómputo que le haga la vida más fácil y le ayude a recuperar la información que necesita para tomar decisiones eficaces. Sea lo que sea, concéntrese en aprender algo nuevo cada año.

Tome en consideración estas preguntas al pensar en *reinventarse continuamente:*

---

* R por *Reinvent Continuously,* en inglés.

- ¿Quiénes son sus mentores?
- ¿Qué está leyendo, o escuchando en cinta?

La segunda parte de la reinvención continua se aplica a los sistemas y procesos. Los grandes líderes siempre están buscando respuestas a preguntas como éstas:

- ¿Cómo podemos hacer mejor el trabajo?
- ¿Cómo podemos hacerlo con menos errores?
- ¿Cómo podemos hacerlo más rápido?
- ¿Cómo podemos hacerlo por menos?
- ¿Qué sistemas o procesos podemos cambiar para mejorar el desempeño?

Los líderes deben también trabajar para infundir el deseo de mejoramiento en las personas que hacen el trabajo cotidiano. El líder puede defender esta causa, pero son las personas las que hacen que se verifique (o no).

La tercera parte de la reinvención continua es la idea de la invención estructural. Muchas personas suponen que una estructura organizacional es algo permanente. En muchos casos la estructura organizacional ya no sirve a la empresa; los colaboradores sirven a la estructura. Los grandes líderes no cambian la estructura simplemente por tener algo que hacer. Comprenden que su estructura organizacional debe ser fluida y flexible. Tal convicción es clave para la creación de las estructuras y los sistemas generadores de energía que caracterizan a las organizaciones de alto desempeño. Otros líderes, menos competentes, suelen permitir que la estructura impulse sus decisiones, en lugar de adaptar la estructura para satisfacer las exigencias, siempre cambiantes, de la empresa.

Don Shula, el célebre entrenador de la Liga Nacional de Fútbol (NFL) de los Estados Unidos, creía firmemente en esto. Decía que los grandes equipos debían estar dispuestos a escuchar y listos para los cambios en la táctica de juego. Supóngase que, en el fútbol americano, un mariscal de campo solicita estar en la parte media trasera derecha. Cuando llega a la línea de contacto, ve que la defensa está completamente a la derecha. Entonces no se dirige al equipo y le dice: "Un momento; creo que nos van a acabar" sino que decide declarar un nuevo juego. ¿Por qué? Porque la estructura y lo que habían planeado ya no eran adecuados. Shula siempre pensaba que era importante darse cuenta de que no se cambiaba la táctica de juego por nada. Es bueno tener un plan; es bueno tener armada una estructura, pero es indispensable estar siempre vigilante y determinar si les sirve a usted, a sus clientes y a sus colaboradores. Si no es así, cámbiela.

Valorar los resultados y las relaciones*. Los grandes líderes —aquéllos que lideran al más alto nivel— valoran tanto los resultados como las relaciones. Ambos son cruciales para la supervivencia a largo plazo. No unos u otras, sino ambos a la vez. Durante demasiado tiempo muchos líderes han pensado que deben elegir. La mayoría de líderes corporativos han dicho que todo consiste en los resultados. En realidad, hay dos pruebas para un líder. La primera es si obtiene resultados. La segunda, si tiene seguidores. Dicho sea de paso, si no se tienen seguidores, es muy difícil obtener resultados de largo plazo.

Para maximizar los resultados como líder hay que tener altas expectativas tanto con respecto a los resultados como a las relaciones. Si los líderes pueden atender bien

---

*   V por *Value Results and Relationships,* en inglés.

a sus clientes y crear un ambiente de motivación para sus colaboradores, las utilidades y la fortaleza financiera son el aplauso que reciben por realizar un buen trabajo. Como se ve, el éxito está tanto en los resultados como en las relaciones. Es una fórmula comprobada.

Tome en consideración estas preguntas al pensar en la *valoración de los resultados y las relaciones:*

- ¿Cuánto énfasis pone usted en la obtención de resultados?
- ¿Cuántos de sus colaboradores dirían que usted ha hecho una inversión significativa en sus vidas?
- ¿Cuáles son las formas en que usted ha manifestado aprecio por el trabajo bien hecho en los últimos treinta días?

Encarnar los valores*. Todo liderazgo genuino se erige sobre la confianza. Existen muchas maneras de crearla. Una de ellas es vivir de manera coherente con los valores que se profesan. Si yo digo que los clientes son importantes, mis acciones deben apoyar tal declaración. Si decido vivir como si los clientes no fueran importantes, los colaboradores tendrán razones para cuestionar mi confiabilidad. En última instancia, si mis colaboradores me consideran de poca confianza, no se me dará crédito ni se me seguirá como líder. Encarnar los valores consiste en hacer lo que se predica. El líder, por encima de todo, tiene que ser un ejemplo viviente de la visión. Los líderes que dicen: "Haga lo que yo digo, no lo que yo hago", son ineficaces en el largo plazo.

---

*   E por *Embody the Values,* en inglés.

Tome en consideración estas preguntas al pensar en *encarnar los valores:*

- ¿Cómo puede usted integrar mejor sus valores organizacionales con la manera como opera su equipo?
- ¿De qué maneras puede usted comunicar sus valores centrales a su equipo en los siguientes treinta días?
- ¿Cómo puede usted modificar sus actividades diarias para crear una mayor alineación personal con tales valores?
- ¿Cómo puede usted dar reconocimiento y premiar a las personas que encarnan tales valores?

El acrónimo *SERVE* crea una maravillosa imagen de la manera como operan los líderes de servicio, pero es una escena difícil de seguir. Llevar a cabo una buena labor de manera continua en cada uno de estos campos es una tarea considerable, pero vale la pena. El liderazgo de servicio consiste en conducir a las personas a un nivel más alto, liderándolas a un nivel más alto.

El liderazgo de servicio debe ser un mandato, no una elección

Creemos que el liderazgo de servicio jamás ha sido más aplicable al mundo del liderazgo que hoy. No sólo los individuos buscan un propósito y un significado más profundos al hacer frente a los desafíos del cambiante mundo actual, sino que también buscan principios que realmente funcionen. El liderazgo de servicio funciona.

Tal como Blanchard y Zigarmi descubrieron en su investigación, cuando el "qué" —el aspecto de *liderazgo* del liderazgo de servicio— hace que las cosas marchen en la dirección adecuada, y el "cómo" —la parte del *servicio* del liderazgo de servicio— entusiasma a los colaboradores y clientes, la vitalidad organizacional y el éxito están prácticamente garantizados. Si eso es verdad, ¿por qué no todo el mundo —incluso los líderes egoístas, centrados únicamente en hacer dinero o en su poder, su posición y el reconocimiento— quiere ser líder servidor? ¿No beneficia sus motivaciones también el liderazgo de servicio? La respuesta es sí, pero no por mucho tiempo. Las motivaciones egocéntricas no pueden esconderse por mucho tiempo. La verdad queda expuesta. Blanchard y Zigarmi encontraron que hay una correlación directa entre el mal liderazgo y las fallas organizacionales. Lo que sucedió en Enron, WorldCom y otras compañías habla por sí solo.

El liderazgo de servicio no es sólo otra técnica administrativa. Es un modo de vida para quienes tienen alma de servicio. En las organizaciones dirigidas por líderes servidores, el liderazgo de servicio debe ser un mandato, no una opción, y los subproductos serán un mejor servicio, una organización de mayor desempeño y mayor éxito y significado.

El liderazgo de servicio proporciona un mejor liderazgo. Las organizaciones dirigidas por líderes de servicio tienen menos probabilidades de experimentar un mal liderazgo. Al estudiar el mal liderazgo, Barbara Gellerman halló siete pautas distintas, dispuestas a lo largo de una secuencia que iba del liderazgo ineficaz al liderazgo falto de ética. El liderazgo ineficaz sencillamente no hace que se cumpla la tarea por incompetencia, rigidez y falta de autocontrol o insensibilidad. El liderazgo falto de ética, por contraste, tiene que ver con lo bueno y lo malo. "El liderazgo falto de ética puede ser un liderazgo eficaz, del mismo modo en que un liderazgo ineficaz puede ser ético", declara Gellerman. "Pero el liderazgo falto de ética no puede reivindicar decoro ni buena conducta, y por consiguiente el proceso de liderazgo se descarrila"[14].

Las organizaciones dirigidas por líderes de servicio se cuidan del liderazgo falto de ética. Cuando la visión y los valores están claramente definidos, es menos probable que surjan dilemas éticos y morales. Drea Zigarmi, coautor de *The Leader Within*[15], afirma que existe un dilema moral cuando no hay directrices para la toma de decisiones, lo cual fuerza al individuo a depender de sus propios valores y creencias. Surge un dilema ético cuando la organización ha establecido con claridad pautas de comportamiento y el individuo debe decidir de manera consciente si obedece o viola dichas pautas.

Las organizaciones trabajan de manera más eficiente si se han establecido de antemano una visión y unos valores claros, como sucede bajo un liderazgo de servicio. Cuando se presenta un liderazgo falto de ética, éste suele ser el resultado de la confusión moral creada por la falta de pautas nítidamente establecidas en la organización, las cuales siempre son el fruto de una visión convincente.

El liderazgo de servicio provee también una cura para la ineficacia. Supóngase que alguien sin las calificaciones necesarias acepta una posición de liderazgo. ¿Qué se necesita para que dicha persona se vuelva eficaz y lleve a cabo su labor? La clave es la humildad. El verdadero liderazgo de servicio adopta una actitud de sinceridad humilde que extrae lo mejor de los líderes y de aquéllos a quienes sirven. Debido a que los líderes de servicio tienen una autoestima sólida, están dispuestos a admitir que tienen debilidades o que necesitan asistencia. Ubicados en situaciones superiores a sus capacidades, pueden alargar la mano a sus colaboradores en busca de ayuda.

Tuvimos un hermoso ejemplo de lo anterior en nuestra compañía. Debido a una crisis de liderazgo, necesitábamos que Debbie Blanchard, una de las propietarias, se hiciera cargo de nuestro departamento de ventas. La única experiencia en ventas que había tenido era su trabajo en Nordstrom en el verano, cuando estaba en la universidad. Al tener su primera reunión con todo su personal de ventas, se hizo visible su humildad. Les dijo que necesitaba su ayuda para ser eficiente. Voló por todo el país, se reunió con su equipo, descubrió cuáles eran sus necesidades y encontró la forma de ayudarles. En respuesta a su humildad, los vendedores le tendieron la mano para asegurarse de que tenía los conocimientos que necesitaba para ser eficiente. Con Debbie en el timón, el departamento de ventas ha producido las más elevadas ventas en la historia de la compañía, superando con creces sus metas anuales.

El liderazgo de servicio proporciona un mejor servicio. Las organizaciones dirigidas por líderes servidores tienen una mayor probabilidad de atender mejor a sus clientes. Como ya hemos señalado, hoy en día, si no se atiende bien a los clientes, alguien estará esperando, listo y dispuesto a hacerlo. De nuevo, lo único de lo cual la competencia no puede apoderarse es de la relación que sus colaboradores tengan con sus clientes. Bajo un liderazgo de servicio, tales relaciones pueden realmente crecer, por cuanto los colaboradores que se encuentran más cercanos a los clientes cuentan con el poder de elevarse como águilas en lugar de graznar como patos. Como señalamos en el capítulo 3, las grandes experiencias de servicio al cliente creadas por Southwest Airlines y el Ritz Carlton, fueron resultado directo del liderazgo de servicio. Líderes como Herb Kelleher y Horst Shultze orientaron sus organizaciones para facultar a todo el mundo —incluidos los colaboradores en contacto directo con los clientes— para tomar decisiones, usar el cerebro y ser líderes de servicio con la capacidad de realizar la visión de un servicio de alta calidad para los clientes.

El liderazgo de servicio ayuda a crear una organización de alto desempeño. Cuando en el capítulo 1 analizamos el modelo SCORES para las organizaciones de alto desempeño, dijimos que si el destino es convertirse en una de tales organizaciones, el liderazgo es el motor. Y el tipo de liderazgo que deseamos es el liderazgo de servicio. El elemento del modelo SCORES que mejor caracteriza al líder de servicio es *el poder compartido y la alta participación*, los cuales van de la mano con los líderes que se dan cuenta de que no se trata de ellos.

¿Ser un líder de servicio consiste sólo en ser amable por la amabilidad misma? No; en realidad funciona. Practicar el poder compartido y la alta participación tiene gran impacto en los resultados financieros, impacto que se manifiesta en la productividad, la retención y la satisfacción de los colaboradores. Utilizando datos del Departamento de Trabajo de los Estados Unidos y encuestas aplicadas a más de 1 500 firmas de diversos sectores, M. A. Huselid y y B. E. Becker encontraron que tales prácticas participativas mejoraban de manera significativa la retención de los colaboradores, aumentaban la productividad y mejoraban el desempeño financiero. En verdad, pudieron cuantificar el impacto financiero de las prácticas participativas con suficiente confianza como para decir que cada desviación estándar en el uso de las prácticas participativas aumentaba el valor de mercado de una compañía entre 35 000 y 78 000 dólares por colaborador[16].

En las organizaciones de alto desempeño, los líderes de servicio entienden que la toma diaria de decisiones debe tener lugar muy cerca de la acción y por parte de quienes entran en contacto directo con los clientes. Participar en la toma de las decisiones que afectan su vida reduce la tensión de las personas y crea una fuerza de trabajo más sana y feliz. La participación en la toma de decisiones aumenta su sentido de pertenencia y su compromiso, así como su eficacia.

Por ejemplo, Chaparral Steel no utiliza inspectores de calidad. Los colaboradores de sus plantas son responsables de los productos que fabrican y de la calidad de tales productos. Con el poder y la responsabilidad para tomar decisiones, actúan como se espera que lo hagan: como dueños.

En las organizaciones de alto desempeño, los líderes de servicio permiten participar a sus colaboradores de todos los niveles y de diversas áreas de la empresa en la toma de decisiones complejas y estratégicas. Las investigaciones demuestran que las decisiones y los planes de acción son más eficaces cuando los individuos cuyo compromiso se requiere toman parte en el planeamiento[17]. La eficacia se aumenta en calidad, cantidad e implementación. Tal tipo de decisiones suele tomarse en ambientes de equipo, donde todos los participantes se encuentran en el salón al mismo tiempo y están en capacidad de beneficiarse del pensamiento de los demás y reaccionar ante él, y llegar a una "sabiduría colectiva". W. L. Gore, compañía cuyo lema es "compromiso, facultamiento e innovación", reconoce la importancia del contacto personal. Gore incluso llega hasta el punto de limitar el tamaño de sus instalaciones. Construye una nueva fábrica en lugar de ampliar una donde los asociados pierdan contacto entre sí.

Las organizaciones de alto desempeño no dependen de un puñado de grandes ejecutores que guían y dirigen sino que han desarrollado ampliamente capacidades de liderazgo. Esto hace posible la autoadministración, la apropiación y el poder de actuar con rapidez cuando la situación lo exija. Llevar la toma de decisiones a quienes se encuentran más cerca de la acción es una práctica de facultamiento. En las organizaciones de alto desempeño, los líderes servidores crean ambientes donde las personas son libres de decidir si se facultan a sí mismas.

El beneficio de trasladar el poder de los líderes de la alta gerencia a las personas más cercanas a la acción queda ilustrado por el viaje de Summit Pointe, gran organización estatal de medicina del comportamiento que tiene financiamiento local. Eunice Parisi-Carew, una de las investigadoras del modelo SCORES aplicado a las organizaciones de alto desempeño, tuvo la oportunidad de colaborar con Erv Brinker, el director ejecutivo de la firma y excelente ejemplo de líder de servicio. Cuando Erv asumió su cargo, decidió que era crucial compartir el poder concentrado en la cima y permitir a quienes estaban en contacto directo con el cliente tomar las decisiones que tuvieran impacto sobre sus vidas y sobre el servicio que proporcionaban. Su primer paso fue contratar a Dev Ogle, un talentoso y veterano consultor, para que actuara como su guía. Dev empezó por entrenar a sus líderes de mayor rango utilizando un enfoque que ponía énfasis en la importancia de compartir el liderazgo y el poder. La expectativa de Brinker era que los líderes de alto rango actuaran como modelos al hacer pasar a la organización de una cultura jerárquica a una cultura de equipos. El viaje fue exitoso. Summit Pointe es ahora una organización que apoya el desempeño por equipos. Por ejemplo, cada equipo establece sus propios parámetros de desempeño, monitoriza su avance y recibe incentivos pecuniarios con base en sus logros. Para la remuneración utilizan un enfoque de "pago por desempeño". Ahora que tienen el control, los equipos realmente establecen metas más elevadas para sí mismos que aquéllas que anteriormente se les fijaban. Una serie de datos tanto "duros" como "blandos" reveló los excepcionales resultados del liderazgo de servicio:

- Los costos administrativos generales se han reducido de manera significativa, mientras que el número de clientes atendidos ha aumentado: Se pasó de un personal de 230 personas que atendían a 2 000 clientes al año, a 100 colaboradores que atienden a 8 000 clientes, con un ahorro en costos de 1,5 millones de dólares.
- Se han agregado nuevos servicios, como el de prevención, con un aumento en los ingresos de 5 millones de dólares.
- La comunicación entre departamentos ha aumentado de manera extraordinaria.
- La moral de los colaboradores ha mejorado, y el aislamiento, común en un campo de tanta tensión, ha disminuido de manera notable.
- Mientras que el promedio de rotación en el sector es del 29%, el promedio en Summit Pointe llega al 9%.

Los líderes de servicio piensan de modo distinto a los líderes egoístas. No es posible compartir el poder y la toma de decisiones sin creer que las personas pueden manejarlos —y lo harán— de manera responsable si se les proporciona la capacitación y la información adecuadas y se les brinda la oportunidad. Tampoco es posible crear una cultura de alta participación sin incluirlos a todos. Los líderes de servicio de las organizaciones de alto desempeño no sólo aprecian la diversidad cultural, la diversidad de estilos, la diversidad social y la diversidad de raza, religión, orientación sexual y edad, sino que las capitalizan. Se dan cuenta de que la innovación, la toma de decisiones y la solución eficaz de problemas provienen del uso de diferentes perspectivas.

El liderazgo de servicio produce mayor éxito y significado. En su clásico libro *Halftime*, Bob Buford revela que la mayoría de la gente, al avanzar en la vida, desea pasar del éxito al significado; de recibir a dar[18]. Las organizaciones dirigidas por líderes servidores tienen mayores posibilidades de crear ambientes en los cuales los colaboradores de todos los niveles experimenten tanto el éxito como el significado.

Demasiados líderes se concentran hoy sólo en el éxito, y piensan que éste depende sólo de cuánta riqueza han acumulado, de la cantidad de reconocimiento que han obtenido y del poder y la posición que tienen. Nada hay intrínsecamente malo en ninguna de tales cosas, siempre y cuando no se las identifique con quién se es. Como alternativa, nos gustaría que el lector se concentrara en lo opuesto de cada una de ellas al pasar del éxito al significado. ¿Qué es lo opuesto a acumular riquezas? Es la generosidad con el tiempo, el talento, los tesoros y el contacto (alargar la mano en apoyo de otros). ¿Qué es lo opuesto al reconocimiento? El servicio. ¿Qué es lo opuesto al poder y la posición? Son las relaciones con amor.

Con los años hemos encontrado que cuando uno se concentra sólo en el éxito, jamás logra el significado. Tal es el problema con los líderes egoístas; nunca se apartan de su propio camino. Por el contrario, si uno se concentra en el significado —generosidad, servicio y relaciones con amor— se sorprende de cuánto éxito le llega. Piense en la Madre Teresa de Calcuta. No le podría haber importado menos la acumulación de riqueza, reconocimiento y posición. Su vida entera estaba concentrada en el significado. Y sin embargo, ¿qué sucedió? El éxito le llegó por el camino. Su ministerio recibió un extraordinario respaldo financiero, se le reconoció en todo el mundo y se le dio la mayor dignidad dondequiera que fue. La Madre Teresa fue lo máximo en liderazgo de servicio. Si uno se concentra primero en el significado, el énfasis recae en las personas. Con dicho énfasis vendrán el éxito *y* los resultados.

Una sorprendente historia en torno al significado tuvo lugar en la carrera de cien metros planos de los Olímpicos Especiales hace algunos años en Spokane, Washington. Nueve contendores esperaron que la pistola de partida hiciera fuego. Cuando lo hizo, corrieron hacia la meta tan rápido como les fue posible, teniendo en cuenta sus discapacidades físicas. Más o menos a un tercio de la pista uno de los muchachos cayó al suelo. Trató de levantarse y cayó de nuevo. Frustrado, permaneció tendido en la pista, sollozando. Mientras que seis de los demás corredores continuaron avanzando hacia la meta y hacia una posible victoria, dos jóvenes, que oyeron los sollozos de su oponente, se detuvieron, dieron vuelta, se dirigieron hacia su competidor caído y lo ayudaron a levantarse.

Los tres muchachos se tomaron de las manos, caminaron por la pista y cruzaron la meta juntos, mucho después de que los demás habían terminado la carrera. La multitud quedó sorprendida. Cuando ésta se dio cuenta de lo que había sucedido, se levantó al unísono y dio a los jóvenes una ovación más larga y ruidosa que la que había dado al ganador de la carrera.

La vida consiste en las decisiones que tomamos al interactuar con los demás. Podemos decidir ser líderes egoístas o servidores. La mayoría de los jóvenes de la carrera decidió concentrarse en su propio éxito: la victoria. Pero dos de ellos dejaron a un lado sus sueños para servir a otro. La multitud respondió con entusiasmo, porque todos anhelamos vivir al más alto nivel, y los dos jóvenes sirvieron de modelo a lo que esto significa. Tomaron una decisión distinta: fueron verdaderos líderes servidores.

Esperamos que el lector tome este tipo de decisiones. Como líderes, la vida nos presenta constantemente oportunidades de decidir si amamos y servimos a otros. Alguien le dijo recientemente a Margie Blanchard: "Has vivido con Ken durante casi 45 años. ¿En qué piensas que consiste el liderazgo?" Y ella respondió: "El liderazgo no es sobre el amor. Es amor. Es amar la misión; es amar a los clientes, es amar a los colaboradores y es amarse a sí mismo lo suficiente como para salir del camino para que otras personas puedan ser magníficas". Es en esto en lo que consiste liderar al más alto nivel.

CAPÍTULO 13

Establezca su punto de vista sobre liderazgo

Ken Blanchard, Margie Blanchard
y Pat Zigarmi

Muy bien, el lector ya oyó lo que teníamos que decir. A lo largo del libro, en esencia, hemos compartido con usted nuestro punto de vista sobre liderazgo: nuestros pensamientos sobre cómo liderar y motivar a las personas. Nuestro punto de vista sobre liderazgo se basa en la creencia de que, para crear una gran organización, los líderes deben asegurarse de que todos apunten hacia una meta y una visión adecuadas. Deben garantizar que todos traten bien tanto a sus clientes como a sus colaboradores. Como líderes, deben concentrarse en servir, no en ser servidos.

Ahora es su turno.

La meta de este capítulo es ayudar al lector a desarrollar su punto de vista sobre el liderazgo. Esto no sólo contribuirá a que aclare sus pensamientos, sino que también lo preparará para enseñar a otros su punto de vista.

¿Por qué es importante desarrollar un punto de vista claro sobre liderazgo? Ken Blanchard se persuadió de esta idea leyendo el libro de Noel Tichy, *The Leadership Engine,* y hablando con él mientras los dos llevaban a cabo un trabajo de consultoría para Yum! Brands. Las amplias investigaciones de Noel han mostrado que los líderes eficientes tienen un punto de vista sobre el liderazgo claro y susceptible de enseñarse y están dispuestos a enseñarlo a otros, particularmente a aquellas personas con las cuales trabajan[1].

Tomar conciencia de esto produjo tal impacto sobre Ken que, junto con su esposa, Margie, crearon un curso llamado "Cómo comunicar su punto de vista sobre liderazgo", como parte del programa de la maestría en Liderazgo Ejecutivo (MSEL), ofrecido conjuntamente por las Compañías Ken Blanchard y la Escuela de Negocios de la Universidad de San Diego. Como hemos dicho, el liderazgo eficaz es un viaje que comienza con el autoliderazgo, pasa al liderazgo uno a uno, luego al liderazgo de equipos y finaliza con el liderazgo organizacional. Este curso es el centro de atención final de la parte de autoliderazgo del programa de maestría. El curso culmina con presentaciones que hacen todos los estudiantes en la clase, en las cuales se describen sus puntos de vista sobre liderazgo. Los estudiantes transmiten tales puntos de vista como si estuvieran hablando con sus colaboradores en sus cargos de liderazgo organizacional.

Si usted puede enseñar a otras personas su punto de vista sobre liderazgo, aquéllas no sólo tendrán el beneficio de entender de dónde viene usted, sino que también tendrán claridad en cuanto a qué espera usted de ellas y qué pueden ellas esperar de usted. También podrán comenzar a solidificar sus propias ideas sobre liderazgo, de modo que ellas mismas puedan enseñarlo a otros.

Tichy cree firmemente que aprender, enseñar y liderar están inextricablemente entrelazados y por consiguiente deben considerarse partes inherentes a las funciones laborales de todo el mundo. ¿Por qué todo el mundo? Porque el liderazgo es un proceso de influencia; todos somos líderes en algún aspecto de nuestra vida.

Elementos de un punto de vista sobre liderazgo

Al determinar su punto de vista sobre liderazgo, deberá dar respuesta a siete preguntas:

1. ¿Quiénes son aquellas personas (líderes) que han influido en su vida y que han tenido sobre ella un impacto positivo (o, en algunos casos, negativo), tales como sus padres, maestros, mentores o jefes? ¿Qué aprendió usted de dichas personas sobre liderazgo?
2. Piense en el propósito de su vida. ¿Por qué está aquí y qué quiere lograr?
3. ¿Cuáles son los valores centrales que le servirán de guía cuando intente vivir su vida "con un propósito"?
4. Teniendo en cuenta lo que ha aprendido de los líderes del pasado, el propósito de su vida y sus valores centrales, ¿cuáles son sus creencias sobre liderar y motivar a las personas?
5. ¿Qué pueden sus colaboradores esperar de usted?
6. ¿Qué espera usted de sus colaboradores?
7. ¿Cómo fijará usted el ejemplo para sus colaboradores?

Sus modelos de liderazgo

Cuando preguntamos a las personas quién produjo mayor impacto sobre sus vidas, pocas veces mencionan a los jefes u otros líderes organizacionales. Con más frecuencia hablan de sus padres, abuelos, amigos, mentores o maestros. Cuando esta pregunta se le formula a Ken Blanchard, menciona rápidamente a su madre y su padre:

"Mi madre era lo máximo en pensamiento positivo. Le decía a todo el mundo que yo reí antes de llorar, sonreí antes de fruncir el ceño y bailé antes de caminar. Con ese tipo de mensajes, ¿cómo podría yo haber llegado a ser algo distinto de un pensador positivo? Mi padre era oficial naval de carrera y se retiró siendo almirante. Fue para mí un gran modelo de liderazgo. No pensaba que el liderazgo consistiera en elegir entre las personas y los resultados. Pensaba que el liderazgo era una relación de "ambos a la vez"; para él eran importantes tanto las personas como los resultados. Me enseñó que el poder de la posición y la imposición del criterio personal sobre todo lo demás no son formas de liderar. Nunca olvidaré cuando fui elegido presidente del séptimo grado y llegué a casa muy emocionado. Mi padre me dijo: 'Muy bueno, Ken, que seas presidente de tu curso, pero ahora que tienes una posición, no la uses. A los grandes líderes se les sigue no porque tengan una posición de poder, sino porque se les respeta y se confía en ellos como individuos'. Siempre apoyaba y dejaba participar a sus colaboradores, pero exigía alto desempeño.

"Mi madre infundió en mí una intensa creencia en Dios. Esto me ayudó a mantener las cosas dentro de cierta perspectiva. Mi madre decía: 'Ken, no actúes como si fueras mejor que los demás, pero no permitas tampoco que nadie actúe como si fuera mejor que tú. Todos somos hijos de Dios'. El mensaje que recibí de mi madre y mi padre me proporcionó la creencia de que, en la vida, yo estaba para servir, no para ser servido".

¿Quién influenció *su* vida y le dio la idea de lo que es el liderazgo?

El propósito de su vida

¿Por qué está usted aquí? ¿En qué clase de negocio está? Como sugerimos en el capítulo 2, "El poder de la visión", si una organización no cuenta con un propósito claro y una idea de en qué clase de negocio se encuentra, pensamos que hay algo mal. Con todo, pocas personas tienen una idea clara del propósito de su vida. ¿Cómo se pueden tomar buenas decisiones sobre la utilización del tiempo si no se sabe en qué tipo de negocio se está?

El siguiente es un proceso sencillo que ayudará al lector a crear un borrador inicial adecuado de su propósito en la vida[2]. Primero, haga una lista de algunas características personales con respecto a las cuales se siente bien. Son sustantivos, como:

conocimientos en computadores	entusiasmo
fuerza física	ingenio
sentido del humor	capacidad de ventas
inteligencia mecánica	felicidad
habilidades con las personas	encanto
	buena apariencia

habilidades para la solución de problemas	habilidades artísticas creatividad
habilidades para enseñar	paciencia
ejemplo	energía

Por ejemplo, Ken escogió *sentido del humor*, *habilidades con las personas*, *ejemplo* y *habilidades para enseñar*.

En seguida, haga una lista de las formas como interactúa exitosamente con las personas. Éstas son verbos, como:

enseñar	inspirar
producir	administrar
educar	motivar
alentar	planificar
estimular	actuar
liderar	vender
amar	capacitar
ayudar	escribir

Ken eligió *educar, ayudar, inspirar* y *motivar*.

Finalmente, visualice cuál sería su mundo perfecto. ¿Qué harían o dirían las personas? Escriba una descripción de ese mundo perfecto.

Para Ken, el mundo perfecto es aquél donde todos son conscientes de la presencia de Dios en sus vidas y todas las personas son líderes servidores que reflejan la luz de Dios y transmiten ese brillo a otros.

Ahora combine dos de sus sustantivos, dos de sus verbos y su definición de su mundo perfecto, y tendrá un buen comienzo para la definición de su propósito de vida.

El propósito de vida de Ken es ser "un maestro afectuoso y ejemplo de verdades sencillas, que ayude y motive, tanto a mí mismo como a otros, a despertar a la presencia de Dios en nuestras vidas".

Uno de nuestros estudiantes del MSEL dijo que su propósito de vida era "*usar mi humor y mis habilidades con las personas para ayudar e inspirar a otros a tener éxito en alcanzar sus metas*". Y agregó: "Me gustaría que nuestro lugar de trabajo se convirtiera en una compañía donde las personas deseen venir a trabajar y donde la gente pueda crecer para sentirse mejor en cuanto a lo que son y a lo que quieren lograr".

Sus valores esenciales

Los valores son creencias que se sienten con intensidad porque se escogen sobre otras alternativas. Se ha dicho que...

---

*...lo más importante en la vida
es decidir qué es lo más importante.*

Cuando usted era niño, sus padres y otros adultos solían dictar sus valores, pero en algún momento de la vida todos elegimos lo que es importante para nosotros. Su jefe puede valorar los resultados más que a las personas. Usted puede ser lo opuesto. No todas las personas valoran las mismas cosas. Algunas valoran la riqueza y el poder, mientras que a otros les preocupa más la seguridad o la supervivencia. El éxito es un valor; la integridad y las relaciones son también valores. En la siguiente lista hay una muestra de valores personales:

verdad	integridad	orden
eficiencia	paz	espiritualidad
iniciativa	lealtad	aventura
ambientalismo	claridad	cooperación
poder	seguridad	humor
control	amor	colaboración
valor	persistencia	recursos
competencia	sinceridad	confianza
entusiasmo	diversión	excelencia
creatividad	relaciones	trabajo en equipo
felicidad	sabiduría	calidad
honor	flexibilidad	trabajo duro
innovación	perspectiva	receptividad
obediencia	compromiso	cumplimiento
crecimiento financiero	reconocimiento	propósito
apoyo a la comunidad	aprendizaje	autocontrol
servicio	honradez	ingenio
rentabilidad	originalidad	éxito
libertad	franqueza	administración
amistad	prosperidad	apoyo
influencia	respeto	justicia

Al tratar de determinar cuáles son sus valores, puede comenzar con una larga lista. Probablemente le gusten muchos de los valores de la lista, además de otros en los que pueda pensar. Pero mientras más pocos mejor, particularmente si desea que sus valores guíen su comportamiento. En su libro *Administración por valores: Cómo lograr el éxito organizacional y personal mediante el compromiso con una misión y unos valores compartidos* (Managing by*

---

*   Publicado por Editorial Norma en 1997.

Values), Ken Blanchard y Michael O'Connor afirman que más de tres o cuatro valores son demasiado y pueden inmovilizar[3]. Entonces, vea si puede seleccionar los que considera como sus valores más importantes. Si tiene dificultad en limitar el número de sus valores principales, puede combinar dos. Por ejemplo, Ken combinó dos palabras para crear "paz espiritual" como su mayor valor, seguido por integridad, amor y éxito.

Su principal valor suele ser su valor esencial, algo que usted desea que esté presente, sin importar lo que esté haciendo. Entonces, si su valor más importante es la integridad, vivir con integridad no es sólo una opción.

Al hablar sobre un valor esencial, la implicación es que sus valores deben estar ordenados por orden de importancia. ¿Por qué? Porque los valores están a veces en conflicto, como señalamos en el capítulo 2, "El poder de la visión". Por ejemplo, si usted valora el crecimiento financiero pero la integridad es su valor esencial, cualquier actividad que pueda conducir a la ganancia financiera debe tener correspondencia con su valor de integridad.

¿Cómo sabe usted si está viviendo de acuerdo con un valor particular? Debe definir tal valor de un modo tan específico como sea posible. Tomemos algo que podría suponerse no es fácil de definir, como el amor. Ken dice: "Valoro el amor. Sé que estoy viviendo de acuerdo con este valor todas las veces que siento amor por mí mismo y por otros, todas las veces que siento compasión, todas las veces que siento amor en el corazón, todas las veces que siento el amor de otros, todas las veces que mi corazón se llena de amor y todas las veces que busco el amor de otros".

Sus creencias sobre liderar y
motivar a las personas

Es en sus creencias donde hallará la esencia de su punto de vista sobre liderazgo. Éstas deben fluir de manera natural de las personas que han ejercido influencia sobre usted y de su propósito y sus valores.

Por ejemplo, veamos algunas de las creencias sobre liderar y motivar a las personas que Ken comparte con otros. Usted reconocerá que sus creencias constituyen algunos de los elementos cruciales de este libro:

"Creo que las personas que producen buenos resultados se sienten bien con respecto a sí mismas. Por consiguiente, el papel de liderazgo que desempeño como gerente es ayudar a las personas a triunfar, a cumplir sus metas. Deseo que reciban una calificación A. Para hacer de esto una realidad, he aprendido que hay tres aspectos en el manejo del desempeño de las personas: *planeamiento del desempeño, entrenamiento para el desempeño* y *evaluación del desempeño.*

"*El planeamiento del desempeño* hace que las cosas marchen en la dirección correcta, porque durante ese proceso usted aprende de qué se le hará responsable —sus metas— y qué es buen comportamiento: sus pautas de conducta. En esencia, el planeamiento del desempeño es como hacer a usted el examen final al comienzo del curso.

"Durante *el entrenamiento para el desempeño* me concentro, en mis sesiones de entrenamiento diarias, en enseñar 'las respuestas correctas': cómo cumplir las metas y recibir una calificación excelente. Para hacerlo, tengo que manejar mis paseos por la empresa, ya sea personalmente o por medio de un buen sistema de información, de modo que pueda observar el desempeño de los individuos. Si las cosas van en la dirección correcta, los animo con un ¡Muy bien! Si no se avanza, redirijo los esfuerzos de las personas para hacer que corrijan su rumbo. En otras palabras, debe saberse cuándo se obtienen 'respuestas erróneas' de modo que se pueda examinar cómo sería una 'respuesta correcta'.

"En la mayoría de organizaciones, los gerentes invierten más tiempo en *la evaluación de desempeño* anual que en el planeamiento y el entrenamiento. Considero que esto es un error. Si se hace un buen planeamiento y un buen entrenamiento para el desempeño con una persona, su evaluación anual será, en esencia, simplemente eso: una evaluación. No se escuchará nada nuevo de mi parte que no se haya oído ya durante mi sesión de entrenamiento cotidiano. Es el momento en que la persona debe recibir su calificación A. Si no la recibe, me corresponde asumir una gran responsabilidad por este desempeño menor del esperado.

"En algunos casos —cuando la persona no recibe una calificación A y yo he hecho todos los esfuerzos para que sea el mejor estudiante— ambos podemos decidir que esa persona está en un cargo inadecuado para sus capacidades. Entonces nuestra discusión pasa de modo natural hacia el planeamiento de carrera. Todo lo que hago con ella como gerente debe orientarse hacia ayudarla a producir buenos resultados y, en ese proceso, sentirse bien consigo misma".

Lo que los colaboradores
pueden esperar de usted

Hacer saber a los colaboradores lo que pueden esperar de usted subraya la idea de que el liderazgo es un proceso de alianza. Proporciona a las personas una imagen de cómo serán las cosas bajo su liderazgo.

Por ejemplo, uno de los estudiantes del programa MSEL de la Universidad de San Diego describió así lo que sus colaboradores podían esperar de él:

> "Saber que me gusta construir cosas les ayudará a entender lo que pueden esperar de mí. En verdad, veo muchas cosas distintas en el contexto de la construcción. Me gusta construir casas, me gusta construir mi familia, me gusta construir empresas y me gusta construir y desarrollar personas. Me gusta arremangarme para ayudar a construir cualquier cosa. Eso es lo que más disfruto. Entonces ustedes pueden esperar que yo les dedique mucho de mi tiempo y les escuche cuando vean la necesidad.
>
> "Me encanta enseñar y servir de entrenador, de modo que pueden esperar que les enseñe y les ofrezca entrenamiento. Ustedes estarán facultados para manejar sus asuntos del modo que lo consideren adecuado. Nos reuniremos con frecuencia, de modo que siempre estemos sintonizados. Se les permitirá cometer errores. En verdad, los animo a correr rápido y no temer a los errores. Cuando los cometan, hablaremos al respecto y buscaremos mejores alternativas. Tengo estándares elevados, de modo que deben saber que tengo grandes ex-

pectativas sobre ustedes, pero creo que les gustará el apoyo. Creo que uno aprende todos los días de su vida y disfruta haciéndolo. En resumen, estoy aquí para servirles".

Lo que puede usted esperar de sus colaboradores

Teniendo en cuenta que liderar es un proceso de alianza, es perfectamente razonable —en verdad, es imperativo— hacer saber a las personas lo que se espera de ellas. Esto les ofrece una imagen de lo que debe ser su comportamiento bajo su liderazgo.

He aquí otro ejemplo de uno de los estudiantes del programa MSEL de la Universidad de San Diego:

Mis expectativas sobre ustedes pueden fundirse en un refrán conocido como la regla de oro: *Haz a otro lo que quieras que te hagan a ti.* ¿Qué quiero decir con esto? Espero que todos ustedes actúen con ética en todo lo que hacen. Existen muchas oportunidades de tomar atajos y hacer cosas que den como resultado ganancias de corto plazo. Muchos ejemplos empresariales de años recientes han mostrado cuán desastroso puede ser esto. Espero que ustedes permanezcan firmes a este respecto y no permitan que nadie piense que toleran el fraude o algo falto de ética. Ustedes manejan centenares de colaboradores. Si bien cada uno de ellos puede no conocerlo a usted bien, deben conocer su pensamiento sobre este tema por vía de su palabra y su ejemplo".

Cómo fijar el ejemplo

Su punto de vista sobre liderazgo debe hacer saber a los demás cómo va a fijar el ejemplo en cuanto a los valores y comportamientos que estimula. Como la mayoría de padres saben, las personas aprenden de su comportamiento, no de sus palabras. Los líderes deben hacer lo que predican.

Como muestra, el estudiante del MSEL que se acaba de mencionar dejó en claro cómo fijaría el ejemplo para sus colaboradores:

> "Todos ustedes saben que despedí al principal vendedor de nuestra compañía hace cerca de nueve meses por realizar actividades cuestionables. Él pensaba que era intocable debido a su posición de ejecutivo de cuentas de alta producción. Nadie, incluido yo mismo, está por encima de los criterios éticos que se esperan de una persona que trabaje en nuestra compañía".

El desarrollo de un punto de vista propio sobre liderazgo

Ahora es su turno de poner juntos los siete elementos y crear su propio punto de vista sobre liderazgo. Para servirle de guía compartiremos un par de ejemplos de nuestros estudiantes del MSEL. El primer ejemplo es de Stephanie Rosol, quien trabaja en recursos humanos en Harrah's Entertainment, Inc. La seleccionamos porque presenta los siete elementos de su punto de vista sobre liderazgo de modo atractivo y estimulante.

Mis antecedentes

Crecí en un hogar monoparental, producto de un divorcio en California a principios de los años 70, cuando tenía tres años. Soy la mayor de mis hermanos y primos. En consecuencia, fui naturalmente la primera en hacer cosas. No me acostumbré a esperar que alguien las hiciera por mí.

De mi madre aprendí la perseverancia y el optimismo. Ella pensaba que la vida es lo que uno hace de ella y que no se necesita demasiado para ser feliz. Lo único que en verdad se necesita es la posibilidad de elegir. Esto es algo muy importante para mí. Creo que podemos elegir en cuanto a cómo percibimos y reaccionamos ante el mundo que nos rodea. Podemos elegir sobre cualquier cosa, y por esto somos poderosos.

El otro elemento que influyó sobre mí desde temprano fue la falta de estructura. Nada estaba abiertamente prescrito. Si bien se aplicaban las reglas básicas, prevaleció la teoría de que "la vida es para imaginarla". Por una parte, no tenía muchos modelos de conducta claros para lo que quería ser, pero por otra, las únicas limitaciones eran autoimpuestas. Aunque nadie me decía lo que debía ser, nadie me decía tampoco qué no podía ser.

Las primeras experiencias de mi vida me llevaron a creer que el mundo no es siempre seguro para los vulnerables. Debido a esto, sentía la fuerte necesidad de controlar mi ambiente y tenía prisa de llegar a la edad adulta. Desde muy pronto trabajé para atender a mis necesidades. Aunque no era la persona más confiable de la ciudad en la entrega de periódicos o como trabajadora de un restaurante de comida rápida (tenía dificultades con el manejo del tiempo; a veces me sucede todavía), desde los trece años trabajé para poder hacer las cosas que otros dan por sentadas. Creía que si debía ser así, era mi decisión.

Desde el principio me concentré bastante en el logro y la realización. Cuando empecé a adquirir la seguridad, la confianza y el amor que buscaba en el mundo, mi perspectiva comenzó a cambiar. Mis necesidades básicas de supervivencia ya están satisfechas y estoy ahora más concentrada en el significado y el propósito. Mis modelos de liderazgo fueron mis maestros y consejeros. Con su apoyo, he podido pasar a un lugar donde espero servir a los demás.

Mi propósito y mis valores

Creo que mi responsabilidad en una posición de liderazgo es servir a aquéllos con quienes trabajo. Mi meta es que mis interacciones animen a las personas a crecer y hacerse más sanas, sabias, libres, autónomas, y tengan mayores posibilidades de servir a otros tanto dentro como fuera del trabajo.

Deseo dar a usted todas las oportunidades de identificar su potencial, exigirse para alcanzarlo y finalmente lograrlo. Al hacerlo, usted crece, yo crezco y todas las personas a quienes servimos se benefician. *Mi misión en la vida es trabajar con las personas para crear confianza en ellas y reconocer sus capacidades.* Creo que todos hacemos lo mejor que podemos, basados en nuestra conciencia. Prometo darle la oportunidad de aumentar su conciencia día tras día.

¿No sería maravilloso que pudiéramos actuar con la confianza que otros tienen en nosotros? ¿Por qué la validación que buscamos viene con mayor frecuencia de fuera de nosotros? Por ejemplo, cuando no tenemos certidumbre sobre cuáles van a ser nuestros resultados en un gran proyecto, una prueba o al hacer una presentación, quienes nos apoyan nos dicen cosas como "Te va a ir muy bien" o "No sé por qué te preocupas. Siempre te va bien". ¿Por qué es tan fácil para otros manifestar confianza en nosotros mientras que nosotros mismos nos debilitamos con preocupaciones y dudas? Mi teoría es que estamos condicionados a concentrarnos en nuestras debilidades. Subvaloramos aquello que es natural en nosotros. Terminamos *rindiendo para no fracasar,* en lugar de hacer aquello que nos gusta.

¿Cuántos de ustedes han escuchado esta historia? Después de la prematura muerte de un hombre, su familia pasó revista a sus objetos personales y halló una arrugada hoja de papel que el difunto había conservado desde el tercer grado. En la hoja había una lista de las cualidades que sus compañeros de clase valoraban en él (corre rápido, hace bromas divertidas, tiene buena caligrafía, etc.). El hombre la había guardado todo ese tiempo. El punto es que, para muchos de nosotros, nuestro deseo de validación y aprecio nunca desaparece. La validación no se presenta con suficiente frecuencia.

Mis creencias sobre cómo liderar y motivar a las personas

Deseo aumentar su concentración en sus fortalezas y alentarlo a interiorizar su aprecio por sus mejores cualidades. Creo que hemos nacido buenos y que todos tenemos capacidades para la grandeza, pero nuestro éxito no proviene de identificar y/o "reparar" nuestras debilidades: proviene de apalancar nuestras fortalezas. Crecemos más cuando sabemos más. Los ejecutores excelentes no son totalmente equilibrados y redondos. En realidad, son agudos. La tragedia de la vida no es que no poseamos suficientes fortalezas; es que no utilizamos aquéllas que tenemos.

Uno de mis pensamientos favoritos procede de Marianne Williamson, aunque suele darse el crédito de él a Nelson Mandela porque formó parte de su discurso de posesión. Mandela es un líder asombroso que utilizaba la adversidad para mirar hacia adentro. Usaba sus experiencias para servir mejor al mundo. He aquí el pensamiento:

"Nuestro temor más profundo no es que no estemos a la altura de las circunstancias. Nuestro temor más profundo es que tengamos un poder sin medida. Es nuestra luz, no nuestra oscuridad, lo que más nos infunde miedo. Nos preguntamos: "¿Quién soy yo para ser brillante, guapo, talentoso y fabuloso?" Pero en realidad, ¿quién es usted para no serlo? Su idea de pequeñez no sirve al mundo. No hay nada inteligente en disminuirse para que las demás personas no se sientan inseguras cuando están a su lado. Nacimos para poner de manifiesto la gloria que está dentro de nosotros. No sólo está en algunos de nosotros; está en todos, y al dejar brillar nuestra luz, inconscientemente damos a otros permiso para hacer lo mismo. Al liberarnos de nuestros temores, nuestra presencia libera automáticamente a otros".

Deseo apoyarlo en la eliminación de tales dudas y temores, para que vea las debilidades simplemente como fortalezas por desarrollar.

Qué puede esperar usted de mí

Usted puede esperar que yo sea honrada y comprensiva, pero que tenga altas expectativas con respecto a usted y a mí misma. Prometo contribuir a su desarrollo. Mi retroalimentación hacia usted será educar, facilitar y apoyar, antes que dictar, sofocar y controlar. Deseo divertirme con usted y reír con usted. Trabajaré hacia una comunicación fácil que nos permita lograr nuestras metas. Llegaremos allí construyendo confianza. Sepa que sólo tengo las mejores intenciones para usted, para nuestra relación y para el trabajo que realizamos juntos.

Qué espero de usted

Espero que usted asuma la responsabilidad del papel que desempeña y de la contribución que puede hacer. En nuestras reuniones regulares le pediré que me ayude respondiéndome las siguientes preguntas:

¿Qué estoy haciendo que le ayude a tener éxito?

¿Qué no estoy haciendo que usted necesite para tener éxito?

¿Qué estoy haciendo que a usted le gustaría hacer?

¿Cómo podemos asegurarnos de que usted tenga la oportunidad de llevar a cabo lo que hace mejor dentro del papel que desempeña?

Cómo fijaré el ejemplo para usted

Prometo continuar aprendiendo y creciendo para servirle mejor. Me esforzaré por ser modelo de los comportamientos requeridos para un sano equilibrio entre el trabajo y el hogar. Prometo estar abierta a su "antealimentación" (ideas y cosas que usted cree que me sería beneficioso desarrollar o enfocar) y de su retroalimentación (pensamientos sobre algo que no fue todo lo que pudo haber sido).

Agradezco su atención, su cuidado al escuchar y su valioso tiempo. Como ya mencioné, mi intención al comunicar mi punto de vista sobre liderazgo es mejorar nuestra relación, facilitar la comunicación, llevarlo de modo egoísta a mi esquina y hacerle saber que estoy en la suya.

¿Qué preguntas puedo responderle?

Nuestro segundo ejemplo de un punto de vista sobre liderazgo es de Eddie Hiner, estudiante del MSEL y oficial de los equipos SEAL [*Sea, Air and Land* - Tierra, Mar y Aire] de la Armada de los Estados Unidos. Lo incluimos por un par de razones. Si bien Eddie no sigue a la perfección los siete elementos, habla desde el corazón y deja en claro a sus colaboradores de dónde viene, qué cree y cómo van a afectarlos sus creencias. Por consiguiente, no busque poner en práctica nuestra fórmula a la perfección. Su punto de vista sobre liderazgo se refiere a quién es usted y cómo se propone ser con sus colaboradores. También incluimos el punto de vista de Eddie sobre liderazgo porque ilustra la forma como un oficial militar puede ser líder de servicio en el contexto de una organización jerárquica. Creemos que el liderazgo de servicio debe ser el fundamento de todo liderazgo, independientemente de dónde se esté liderando.

Cómo aprendí mi punto de vista sobre liderazgo

Cuando tenía once años mis padres se marcharon, dejándonos a mi hermano y a mí con nuestra abuela. Vivíamos en un remoto pueblo de las montañas Blue Ridge de Virginia, donde mi abuela había permanecido toda su vida. Mi abuelo había muerto unos siete años antes, de modo que sólo estábamos mi abuela, mi hermano y yo. Ella estaba jubilada y vivía de la seguridad social. No es necesario decir que no éramos ricos.

Mi hermano y yo crecimos sin la guía de nuestros padres. Tomamos nuestras propias decisiones en la vida, aprendiendo del ensayo y el error. Mi hermano fue mi primer mentor y, sin duda, el más influyente. Aunque sólo tenía trece años en esa época, poseía visión y era muy sabio para su edad. Sabía que la vida tenía mucho que ofrecernos. Constantemente me alentaba a esforzarme para ser mejor y no permitir que mi situación determinara mi futuro. Me enseñó aquello que aprendí más tarde en los equipos SEAL, "la mentalidad ofensiva". Ésta ha de ser la causa del efecto, y no el efecto que se ha causado. En esencia, significa controlar el propio destino en lugar de dejar que el ambiente lo controle.

Mi hermano era dos años mayor que yo y me enseñó las duras lecciones que había aprendido.

Éramos un *equipo*. Los dos conceptos son en extremo importantes en mi actual profesión.

En mi último año en la escuela conocí a mi siguiente mentor cuando recibí una beca en béisbol. El entrenador Guzzo me enseñó disciplina, trabajo en equipo, honor, y cómo ser triunfador. No le importaba si uno era buen jugador; si uno no era jugador en equipo, no jugaba. En un partido hizo ir a la banca a uno de nuestros mejores jugadores porque pasó por alto la señal de sacrificar el toque de bola y decidió, por sí mismo, intentar darle en el lanzamiento. Su batazo marcó la carrera ganadora, pero el entrenador Guzzo lo sentó por no estar dispuesto a sacrificarse por el equipo.

Poco después de dejar la escuela, decidí que quería estar en los SEAL de la Armada. Desde el momento en que supe sobre los equipos SEAL, sabía que era allí donde quería estar. He aprendido casi todo lo que sé sobre liderazgo viviéndolo en los equipos. La capacitación se centra en los valores nucleares y en los valores de equipo. Parte de la selección exige que se adopten los valores del equipo. Se pone más énfasis en el carácter que en las habilidades o la capacidad física. No sé de ninguna otra organización en el mundo tan buena como ésta para preparar el carácter.

Mi punto de vista
sobre liderazgo

Enfoco mi trabajo como una responsabilidad y un privilegio; trabajo para ustedes. Me comparo a mí mismo con un conductor de diligencias. Al conducir la diligencia, soy responsable de liderar el equipo de caballos, pero sin el equipo, soy peatón. Incluso sin mí, ustedes tirarían de la diligencia y seguirían siendo un equipo. El trasfondo de las cosas es que, sin ustedes, yo no tendría empleo. Sin mí, ustedes seguirían teniendo empleo. Por consiguiente, estoy aquí por ustedes y no al contrario.

Soy consciente de que todo el mundo comete errores. Si ustedes cometen un error o no utilizan bien su criterio por falta de experiencia, reconózcanlo y sigan adelante. Puedo manejarlo. Si el problema es de carácter, la historia es distinta. Al tomar una decisión, encuentro útil hacerme algunas preguntas: ¿Parece bien? ¿Suena bien? ¿Se siente bien? Si respondo no a alguna de ellas, sé que probablemente no es lo que debe hacerse. También tengo en cuenta si la decisión apoya la misión y si estaría dispuesto a entrar a la oficina del comandante y comunicarle mi decisión. Si no estoy dispuesto a hacerlo, reconsidero la decisión.

Recuerde que todos estamos aquí por la misma razón: cumplir la misión. Esto supone que a veces tendré que tomar decisiones con las que no estén todos de acuerdo. No espero que lo estén. Si todos pensamos igual, ninguno de nosotros piensa en absoluto. Es crucial que cada uno de ustedes piense por sí mismo, pero a veces tomaré decisiones que no serán aceptadas por todos. Tal es mi trabajo y mi responsabilidad. Recuerden que pelean por la democracia, pero no trabajan en una; yo tampoco. Todos recibimos órdenes. Tenga presente que yo siempre trato de hacer lo mejor por el equipo y que los protegeré de las cabezas. La mayor parte del tiempo les dejaré a ustedes las decisiones. Confío en su criterio, porque ustedes son los expertos. Ustedes tienen la autoridad para usarlo. Yo estoy aquí para guiarlos, pero no soy un dictador. En las contadas ocasiones en que en verdad tenga que dar una orden directa, espero que la sigan tanto en la práctica como en el espíritu. Recuerden que existe una razón para ella.

Los últimos diez años con los equipos han tenido la mayor influencia sobre mi perspectiva de liderazgo. La adversidad que he encontrado en los equipos ha ayudado a estimular un poderoso vínculo entre los hombres con quienes trabajo y yo. El sentido de hermandad que procede de dicho vínculo realmente ha influido sobre la manera como abordo el liderazgo.

Todos los líderes con quienes he trabajado me han dado el mismo consejo: cuide a sus hombres. Ésa es la razón por la cual el concepto de liderazgo de servicio no es nuevo para mí. La idea está profundamente arraigada en los equipos SEAL.

Como comandante de pelotón, no sólo soy responsable del desempeño de mi equipo en el trabajo; también respondo por ayudar a ustedes a manejar sus vidas personales. Estar en un equipo no es trabajo de tiempo parcial. El hombre completo entra en combate, no sólo el que trabaja.

Cuando finalmente usted llegue a los equipos, se dará cuenta por qué los rasgos del carácter que valoramos son cruciales para nuestro éxito. Es muy simple: "O vivimos por el equipo o podemos morir por no hacerlo".

Mientras se escribía este libro, Eddie estaba en Irak. Sin importar cuán peligrosa fuera la misión, ¿no le gustaría a usted tenerlo como líder?

En este libro hemos hecho lo mejor posible para ofrecer al lector el punto de vista sobre liderazgo que hemos desarrollado en el curso de los últimos 25 años. Entonces, al desarrollar su propio punto de vista sobre liderazgo, no sea demasiado duro con usted mismo. Podría ser la primera vez que piensa en sus creencias sobre cómo liderar y motivar a las personas. Siéntase libre de incorporar cualquiera de las ideas que ha aprendido en estas páginas.

El mundo necesita más personas que lideren al más alto nivel. Como señalamos en la introducción, nuestro sueño es que algún día todo el mundo conozca a alguien que lidere al más alto nivel. Soñamos con el día en que los líderes egoístas sean historia, y los líderes que sirven a otros sean la regla, no la excepción.

Usted puede ser un líder que marque una diferencia positiva en nuestro planeta. Entonces, ¡vaya y hágalo! Contamos con usted.

Recurso EN LÍNEA

Visite la página **www.LeadingAtAHigherLevel. com** para obtener acceso a la conferencia virtual gratuita titulada *The Right Kind of Leadership*. Utilice la clave "Leadership" para obtener acceso GRATUITO.

Notas

Introducción

1. Hayes, Matt and Jeff Stevens, The Heart of Business (Bloomington, Indiana: Author House, 2005).
2. Greenleaf, Robert. *Servant Leadership: A Journey into the Nature of Legitimate Power and Greatness* (Edición del 25° aniversario), Nueva Jersey: Paulist Press, 2002.

Capítulo 1

1. John Elkington utiliza la frase "contabilidad de triple balance" en su libro *Cannibals with Forks* (1998). El uso que Elkington da a esta frase incluye medidas de responsabilidad ambiental y social en los informes de contabilidad. Nuestra acepción de la expresión "triple balance" tiene un enfoque distinto: el éxito con los clientes, los colaboradores y los inversionistas.
2. Para mayor información sobre el modelo SCORES de las organizaciones de alto desempeño y la investigación que se llevó a cabo, ver "High Performing Organizations: Scores", por Don Carew, Fay Kandarian, Eunice Parisi-Carew y Jesse Stoner. Ken Blanchard Companies, 2001.
3. El perfil SCORES de las organizaciones de alto desempeño es una evaluación organizacional sólida en términos psicométricos, con validez y confiabilidad amplias, que proporciona retroalimentación en cuanto a la medida en que las prácticas de una organización se asemejan a aquéllas de las organizaciones de alto desempeño. Desarrollado por Don Carew, Fay Kandarian, Eunice Parisi-Carew y Jesse Stoner, el perfil SCORES de las organizaciones de alto desempeño es una publicación de las Compañías Ken Blanchard.

4. Complemento de la prueba SCORES para las organizaciones de alto desempeño.

Capítulo 2

1. Jesse Stoner, "Visionary Leadership, Management, and High Performing Work Units" (disertación doctoral, Universidad de Massachusetts, 1988).
2. Los documentos de Ford Motor Company indican que los colaboradores tenían información de que las llantas Firestone instaladas en los vehículos utilitarios deportivos Explorer tenían poco o ningún margen de seguridad en conducción a máxima velocidad a la presión de los neumáticos que Ford recomendaba. Los documentos eran parte de una colección de papeles que los investigadores del Congreso hicieron públicos antes de la tercera ronda de audiencias del Congreso durante la investigación del manejo de las fallas en las llantas por parte de Ford y Bridgestone/Firestone Inc.
3. Collins, Jim y Porras, Jerry, *Built to Last: Successful Habits of Visionary Companies* (Nueva York: HarperCollins, 1994).
4. Investigaciones descritas en *Leaders: The Strategies for Taking Charge*, por Warren Bennis, 1985, y *The Leadership Challenge*, de Kouzes y Posner, entre otros.
5. *The New York Times*, 2 de agosto de 1995.
6. Stoner, Jesse y Drea Zigarmi, "From Vision to Reality" (Escondido, California: The Ken Blanchard Companies, 1993). Los elementos de una visión convincente también fueron descritos por Jesse Stoner en "Realizing Your Vision" (Provo, Utah: Executive Excellence, 1990).
7. Garfield, Charles y Hal Bennett, *Peak Performance: Mental Training Techniques of the World's Greatest Athletes* (Nueva York: Warner Books, 1989).
8. Blanchard, Ken y Michael O'Connor, *Managing by Values* (San Francisco: Berrett-Koehler, 1997).
9. Blanchard, Ken y Jesse Stoner, *Full Steam Ahead!: Unleash the Power of Vision in Your Company and Your Life* (San Francisco: Berrett-Koehler, 2003).

Capítulo 3

1. Rick Sidorowicz, "Back to the Beginning – Core Values", *The CEO Refresher* (Ontario, Canadá: Refresher Publications, Inc., 2002).
2. Blanchard, Ken y Sheldon Bowles, *Raving Fans: A Revolutionary Approach to Consumer Service* (New York: William Morrow, 1993).
3. Blanchard, Ken, Jim Ballard y Fred Finch, *Customer Mania!* (Nueva York: Simon & Schuster/Free Press, 2004).
4. Peters, Thomas y Nancy Austin, *A Passion for Excellence* (Nueva York: Random House, 1997).
5. Blanchard, Ken y Don Sula, *Everyone's a Coach* (Grand Rapids, Michigan: Zondervan, 1995).
6. Blanchard, Ken y Sheldon Bowles, *Gung Ho!: Turn On the People in Any Organization* (New York: William Morrow, 1998).

Capítulo 4

1. La ley Sarbanes-Oxley de 2002 es una ley federal de los Estados Unidos también conocida como Ley de reforma de la contabilidad de las compañías cotizadas en bolsa y protección del inversionista (comúnmente llamada SOX o SarbOx).
2. Edward Lawler, *Creating High Performance Organizations: Practices and Results of Employee Involvement and Total Quality Management* (San Francisco: Jossey-Bass, 1995).
3. En una investigación más reciente y rigurosa, S. R. Silver indagó la relación entre el facultamiento organizacional y las medidas "duras" en cuanto a desempeño de equipo entre 50 grupos de ingenieros de investigación aplicada. El estudio encontró que el facultamiento organizacional tenía un impacto positivo sobre la calidad, la oportunidad y los resultados financieros en el desempeño de equipo.

   Silver, S. R, "Perceptions of Empowerment in Engineering Workgroups: The Linkage to Transformational Leadership and Performance", disertación doctoral inédita, 1999, Washington D. C, Universidad George Washington.

En un estudio muy riguroso, S. E. Siebert, S. R. Silver y W. A. Randolph analizaron datos recolectados entre 375 colaboradores de 50 equipos de trabajo de una división de un fabricante de equipos de oficina e impresión de alta tecnología, que figura en la lista de las 100 empresas más importantes de la revista *Fortune*. Establecieron que un clima de facultamiento estaba relacionado positivamente con las evaluaciones de los gerentes en cuanto al desempeño de las unidades de trabajo y la satisfacción en el empleo.

Siebert, S. E., S. R. Silver y W. A. Randolph, "Taking Empowerment to the Next Level: A Multiple-Level Model of Empowerment, Performance, and Satisfaction", *Academy of Management Journal*, 47 (2004).

4. Malone, T. W., "Is Empowerment Just a Fad? Control, Decision Making, and IT", *Sloan Management Review*, (invierno de 1997): 23-35.

5. Discurso de posesión de John Fitzgerald Kennedy, 20 de enero de 1961.

6. Blanchard, Ken, John Carlos y Alan Randolph, *Empowerment Takes More Than a Minute* (San Francico: Berrett-Koehler Publishers, 1996).

7. Tal como se describió en el modelo SCORES para las organizaciones de alto desempeño en el capítulo 1, "¿Es su organización de alto desempeño?"

8. Harris, Jim, "Five Principles to Revitalize Employee Loyalty and Commitment", *R&D Innovator* 5, No. 8 (agosto de 1996).

9. Davenport, Thomas H. y Laurence Prusak, *Working Knowledge* (Boston: Harvard Business School Press, 2000).

10. Harris, Jim, "Five Principles to Revitalize Employee Loyalty and Commitment", *R&D Innovator* 5, No. 8 (agosto de 1996).

11. Blanchard, Ken, Alan Randolph y Peter Grazier, *Go Team: Take Your Team to the Next Level* (San Francisco: Berrett-Koehler, 2005).

12. Blanchard, Ken, Jim Ballard y Fred Finch, *Customer Mania! It's Never Too Late to Build a Customer-Focused Company* (Nueva York: Simon & Schuster/Free Press, 2004).

13. Barney Bunnell y Marcelina Gilliam, dos de los líderes de turno, presentaron esta historia en la Conferencia Blanchard para Clientes. Recibieron una estruendosa ovación.

Capítulo 5

1. El modelo original de Hersey y Blanchard ganó prominencia en 1969 en el texto clásico de los autores, *Management of Organizational Behavior*, ahora en su octava edición. Luego de hallar que algunos aspectos esenciales del modelo no eran validados en la práctica por miles de usuarios y que no se ajustaba a las investigaciones sobre desarrollo de equipos, Ken y los fundadores de las Compañías Ken Blanchard —Margie Blanchard, Don Carew, Eunice Parisi-Carew, Fred Finch, Drea Zigarmi y Patricia Zigarmi— crearon el modelo de liderazgo situacional II. El libro *Leadership and the One Minute Manager*, escrito conjuntamente con Drea Zigarmi y Patricia Zigarmi, marcó una nueva generación del modelo de liderazgo situacional II para gerentes de todas partes.

2. Derivado del Análisis del comportamiento del líder II (LBAII, por su sigla en inglés), instrumento diseñado para medir tanto las percepciones propias como las de otros sobre la flexibilidad del líder, así como la eficacia de éste al elegir un estilo de liderazgo adecuado.

   Zirgami, Drea, Carl Edeburn y Ken Blanchard, *Getting to Know the LBAII: Research, Validity, and Reliability of the Self and Other Forms*, 4ª edición (Escondido, California: The Ken Blanchard Companies, 1997).

3. La aplicación del modelo original de liderazgo situacional II se llevó a cabo cuando Don Carew y Eunice Parisi-Carew desarrollaron el programa de liderazgo de equipo, Susan Fowler y Laurie Hawkins abogaron por el autoliderazgo situacional, y Drea Zigarmi, Pat Zigarmi y Judd Hoekstra centraron su energía en el liderazgo organizacional.

Capítulo 6

1. Ver el modelo SCORES para las organizaciones de alto desempeño en el capítulo 1, "¿Es su organización de alto desempeño?"

2. Blanchard, Ken, Jim Ballard y Fred Finch, *Customer Mania!: It's Never Too Late to Build a Customer-Focused Company* (Nueva York: Free Press/Simon & Schuster, 2004).

3. Belasco James y Ralph Stayer, *Flight of the Buffalo: Soaring to Excellence, Learning to Let Employees Lead* (Nueva York: Warner Books, 1994).

4. Robert Slater, *The New GE: How Jack Welch Revived an American Institution* (Nueva York: McGraw-Hill, 1993).

5. Basado en el programa de autoliderazgo situacional, desarrollado para enseñar habilidades de liderazgo situacional II a los colaboradores directos y otros asociados.

6. Blanchard, Ken, Susan Fowler y Laurence Hawkins, *Self Leadership and The One Minute Manager* (Nueva York: William Morrow, 2004).

Capítulo 7

1. Belasco, Jim y Ralph Stayer, *Flight of the Buffalo: Soaring to Excellence, Learning to Let Employees Lead* (Nueva York: Warner Books, 1994).

2. La "gerencia por paseos" ("Management by Wandering Around") fue desarrollada por los ejecutivos de Hewlett-Packard en los años 70. Se popularizó en un libro escrito por Tom Peters y Robert Waterman a principios de los años 80, *In Search of Excellence* [publicado en español por Editorial Norma bajo el título *En busca de la excelencia: Experiencias de las empresas mejor gerenciadas de los Estados Unidos,* mayo del 2003]. Su investigación reveló que los gerentes de las empresas estadounidense más exitosas se mantenían cerca de los clientes y de las personas que realizaban el trabajo; participaban, en lugar de permanecer aislados de las rutinas diarias de la empresa.

3. Una búsqueda en Internet de "handling performance problems" [manejo de problemas de desempeño] proporcionará una excelente idea del contenido de la literatura y los programas de capacitación.

4. Blanchard, Marjorie y Garry Demarest, *One on One Conversations* (Escondido, California: The Ken Blanchard Companies, 2000).

Capítulo 8

1. Blanchard, Ken y Spencer Johnson, *The One Minute Manager* (Nueva York: William Morrow, 1982 y 2003).

2. Una introducción a las investigaciones sobre el establecimiento de metas puede hallarse en Locke, E. A. y G.

P. Latham, *Goal Setting: A Motivational Tool That Works* (Nueva Jersey: Prentice-Hall, 1984). Dos excelentes resúmenes breves pueden hallarse en Latham, Gary P., "The Motivational Benefits of Goal Setting" (Nueva York: *Academy of Management Executive*, 2004, Vol. 18, No. 4, pp. 126-129). Ver también Kerr, Stephan y Landauer Steffen, "Using Stretch Goals to Promote Organizational Effectiveness and Personal Growth" (Nueva York: *Academy of Management Executive*, 2004, Vol. 18, No. 4, pp. 134-138).

3. Meyers, Scott, *Every Employee a Manager* (Nueva York: McGraw-Hill, 1970).

4. Seijts, Gerard y Gary Latham, "Learning Versus Performance Goals: When Should Each Be Used? (Nueva York: *Academy of Management Executive*, 2004, Vol. 18, No. 4, pp. 124-131).

5. McClelland, David, J. W. Atkinson, R. A. Clark y E. L. Lowell, *The Achievement Motive* (Princeton: Van Nostrand, 1953).

6. Basado en datos de la Oficina del Censo de los Estados Unidos y del Centro Nacional de Estadísticas de Salud, citados en "U.S. Divorce Statistics" (Toronto: *Divorce Magazine*, 2002).

7. Blanchard, Ken, Jim Ballard, Thad Lacinak y Chuck Tompkins, *Whale Done!: The Power of Positive Relationships* (New York: The Free Press, 2002).

8. Blanchard, Ken y Robert Sorber, *Putting the One Minute Manager to Work* (New Cork: William Morrow, 1984).

9. Blanchard, Ken y Margret McBride, *The One Minute Apology: The Way to Make Things Better* (Nueva York: William Morrow, 2003).

Capítulo 9

1. Blanchard, Ken, Sheldon Bowles, Don Carew y Eunice Parisi-Carew: *High Five! The Magic of Working Together* (New York: William Morrow, 2001).

2. Johnson, J. V., W. Stewart y E. M. Hall, "Long Term Psychological Work Environment and Cardiovascular Mortality", *American Journal of Public Health* (marzo de 1996).

3. Southers, C., E. Parisi-Carew y D. Carew, *Virtual Teams Handbook* (Escondido, California: The Ken Blanchard Companies, 2002).

4. Despain, J. y J. B. Converse, *And Dignity for All* (Nueva Jersey: Financial Times/Prentice-Hall, 2003).
5. Tuckman, B., "Developmental Sequence in Small Groups", *Psychological Bulletin*, 1964); Lacoursiere, R. B., *The Life Cycle of Groups: Group Development Stage Theory* (Nueva York: Human Science Press, 1980); Stoner, J. y D. Carew, "Stages of Group Development and Indicators of Excellence" (manuscrito inédito, 1991); Whelan, S. A. y J. M. Hochberger, "Validation Studies of Group Development Questionnaire" (Thousand Oaks, California: Small Group Research, 1996).
6. Adaptado de Lacoursiere, R. B., *Ibid*.
7. Wageman, R., "Critical Success Factors for Creating Superb Self-Managing Teams", *Organizational Dynamics*, (verano de 1997).
8. ABC Video Enterprises, *Do You Believe in Miracles?*, 1981. También, *Disney's Miracle*, una película de 2004 que cuenta la historia de Herb Brooks y el equipo olímpico de hockey de los Estados Unidos de 1980.
9. Blanchard, Ken, Don Carew y Eunice Parisi-Carew, *The One Minute Manager Builds High Performing Teams* (New York: William Morrow, 1990).

Capítulo 10

1. Consorcio Internacional para la Investigación sobre Desarrollo Ejecutivo (International Consortium for Executive Development Research).
2. Hall, Gene E. y Susan Loucks, "Teacher Concerns as a Basis for Facilitating and Personalizing Staff Development", Lieberman and Miller, eds. *Staff Development: New Demands, New Realities, New Perspectives* (New York: Teachers College Press, 1978).
3. SAP es la sigla de Sistemas, Aplicaciones, Productos (*Systems, Applications, Products*). Es un sistema central que suministra a los usuarios una aplicación empresarial en tiempo real.
4. En una evolución interesante de las cosas, en 2005, SBC Communications adquirió AT&T, volviendo a reunir así a la venerable empresa telefónica con tres de sus vástagos (SBC estaba compuesta por Southwestern Bell, Pacific Telesis y Ameritech). La compañía fusionada se llama AT&T Inc.

Capítulo 11

1. Para algunos de los trabajos pioneros sobre el liderazgo del cambio, ver Bennis, Warren, *Managing the Dream: reflections on Leadership and Change* (Nueva York, NY: Persus Book Group, 2000), Kotter, John, *Leading Change* (Boston, Massachussèts: Harvard Business School Press, 1996), y Conner, Daryl R., *Managing at the Speed of Change* (Nueva York, NY: Random House, 1993).
2. Blanchard, Ken y Jesse Stoner, *Full Steam Ahead!: Unleash the Power of Vision in Your Company and Your Life* (San Francisco: Berrett-Koehler, 2003).
3. Página web del Departamento de Servicios para la Niñez de Indiana: http://www.in.gov/dcs.

Capítulo 12

1. Una serie de los escritos más maduros de Greenleaf sobre la materia puede hallarse en *The Power of Servant Leadership* (San Francisco: Berrett-Koehler, 1998). El Centro Greenleaf para el Liderazgo de Servicio (www.greenleaf.org) es la fuente para todos sus escritos.
2. Blanchard, Ken y Phil Hodges, *Lead Like Jesus: Lessons from the Greatest Leadership Role Model of All Time* (Nashville: Tennessee: Thomas Nelson, 2005).
3. Rick Warren, *The Purpose Driven Life: What on Earth Am I Here For?* (Grand Rapids, Michigan: Zondervan, 2002).
4. Hayes, Matt y Jeff Stevens, *The Heart of Business* (Bloomington, Indiana: Author House, 2005).
5. Blanchard, Scout, Drea Zigarmi y Vicky Essary, "Leadership-Profit Chain", *Perspectives* (Escondido, California: The Ken Blanchard Companies, 2006).
6. Blanchard, Ken y Sheldon Bowles, *Gung Ho! Turn On the People in Any Organization* (Nueva York: William Morrow, 1998).
7. MacDonald, Gordon, *Ordering Your Private World* (Nashville: Nelson Books, 2003).
8. Greenleaf, Robert, *The International Journal of Servant Leadership*, Vol. 1, No. 1 (Spokane, Washington: 2006).
9. McGee, Robert S., *The Search for Significance* (Nashville, Tennessee: W. Publishing Group, 2003).

10. Collins, Jim, *Good to Great: Why Some Companies Make the Leap —And Others Don't* (Nueva York: Harper Collins, 2001).

11. Blanchard, Ken y Norman Vincent Peale, *The Power of Ethical Management* (Nueva York: William Morrow, 1988).

12. Smith, Fred, *You and Your Network* (Mechanicsburg: Pensilvania: Executive Books, 1998).

13. Blanchard, Ken y Mark Miller, *The Secret: What Great Leaders Know –And Do* (San Francisco: Berrett-Koehler, 2004).

14. Gellerman, Barbara, "How Bad Leadership Happens", *Leader to Leader*, No. 35, (invierno del 2005).

15. Zigarmi, Drea, et al., *The Leader Within: Learning Enough About Yourself to Lead Others* (Upper Saddle River, Nueva Jersey: Prentice-Hall, 2004).

16. Huselid, M. A., "The Impact of Human Resource Management Practices on Turnover, Productivity, and Corporate Financial Performance", *Academy of Management Journal*, 38, 1995.

17. Trist, E., "The Evolution of Socio-technical Systems", Ontario Quality of Working Life Centre, 1981.

18. Buford, Bob, *Halftime* (Grand Rapids, Michigan: Zondervan, 1997).

Capítulo 13

1. Tichy, Noel, *The Leadership Engine: How Winning Companies Build Leaders at Every Level* (Nueva York: HarperCollins, 1997).

2. Susan Fowler desarrolló este proceso para el programa de autoliderazgo situacional ofrecido por las Compañías Ken Blanchard. Para más información, ver www.kenblanchard.com.

3. Blanchard, Ken y Michael O'Connor, *Managing by Values* (San Francisco: Berret-Koehler, 1997).

Evaluación
de la preparación para
el cambio organizacional

Instrucciones: Piense en un esfuerzo actual de cambio en su organización en el cual tenga la oportunidad de influir en el proceso. Califique las siguientes afirmaciones, escribiendo en la casilla al lado de cada una de ellas un número de la escala que figura a continuación. Luego complete el puntaje siguiendo las instrucciones al respecto que aparecen al final.

1 Completamente en desacuerdo	2 En desacuerdo
3 Neutral	4 De acuerdo
5 Completamente de acuerdo	

❑ 1. Las personas que lideran el cambio exploraron varias opciones antes de iniciarlo.

❑ 2. Ésta es la mejor opción.

❑ 3. Este cambio es necesario para la organización.

❑ 4. Hay cierta idea de urgencia asociada con el cambio.

❑ 5. La alta gerencia de la organización apoya con firmeza el cambio.

❑ 6. Tengo confianza en las personas que lideran el cambio.

❑ 7. La comunicación con respecto al cambio es coherente, independientemente de quién la haga.

❑ 8. Tengo una imagen clara de la manera como será

la organización después de que se lleve a cabo el cambio.

❑ 9. Me veo a mí mismo en la "imagen del futuro".

❑ 10. Estoy entusiasmado por el futuro de esta organización.

❑ 11. Entiendo la prioridad de este cambio en relación con otras iniciativas dentro de la organización.

❑ 12. La organización va a experimentar con el cambio y va a hacer una prueba piloto antes de extenderlo a todos.

❑ 13. Los errores se tratarán como oportunidades para aprender, antes que castigarlos como fracasos.

❑ 14. Se me proporcionarán los recursos que necesito para llevar a cabo el cambio (como tiempo, herramientas, entrenamiento y retroalimentación).

❑ 15. Recibiré la capacitación que necesito para crear las nuevas habilidades necesarias para el cambio.

❑ 16. Sé dónde buscar ayuda y/o apoyo si tengo preguntas, preocupaciones o desafíos relacionados con el cambio.

❑ 17. Las personas que lideran el cambio "hacen lo que dicen".

❑ 18. Seré responsable de contribuir al éxito de este cambio.

❑ 19. Se me dará reconocimiento y/o se me recompensará por contribuir al éxito del cambio.

❑ 20. La organización busca constantemente formas de refinar el cambio para mejorar el desempeño.

❑ 21. Tengo confianza en la capacidad de la organización de sostener el cambio.

❑ 22. Creo que una masa crítica de personas defenderá el cambio, en comparación con las que se resistirán a él.

❑ 23. Las personas que lideran el cambio consideran importante dar participación a otros en su planeamiento.

❑ 24. He tenido la oportunidad de manifestar mis preocupaciones con respecto al cambio propuesto.

❑ 25. Tengo la oportunidad de influir sobre las decisiones relacionadas con este cambio.

Puntos adicionales: Mi(s) recomendación(es) para las personas que lideran el cambio es/son:

a. Comience:

b. Deténgase:

c. Continúe:

Instrucciones para el puntaje

1. Calcule el puntaje total de las preguntas 1-25.
2. Interprete su puntaje total. Dependiendo de cuán creativas considere sus recomendaciones, asigne puntos adicionales.

110-125   En este momento el cambio está organizado de modo eficaz. Las razones más comunes por las cuales los intentos de cambio fracasan o se descarrilan han sido atendidas, aumentándose las probabilidades de una implementación exitosa.

86-109   En este momento el cambio está organizado de modo eficaz en algunos aspectos, pero se necesita más trabajo en otros campos para mejorar la probabilidad de una implementación exitosa.

85 o menos En este momento el cambio no está organizado para tener éxito. Se necesita gran cantidad de trabajo en una diversidad de campos para mejorar la probabilidad de una implementación exitosa.

3. Ponga un círculo alrededor de cada una de las preguntas con un puntaje de 3 o menos. Estos campos representan los factores más probables de "descarrilamiento" del cambio.

Agradecimientos

De Ken Blanchard

Éste es uno de los proyectos de autoría más grandes y significativos entre los que me he visto involucrado. Como lo dije en la introducción, este libro aúna el pensamiento de las Compañías Ken Blanchard a lo largo de 25 años. Ciertamente éste no fue un viaje en solitario. Muchas personas contribuyeron a convertir en realidad el sueño de *Liderazgo al más alto nivel*.

Déjeme empezar con mis coautores. La idea de crear una organización donde pudiéramos trabajar con gente que queremos, consentimos y hace una diferencia en las organizaciones nació a principio de los años 70 de ocho de nosotros, profesores universitarios o estudiantes de doctorado de la Universidad de Massachussets en Amherst. Este grupo, incluyéndonos a **Margie** y a mí, y a **Don Carew, Eunice Parisi-Carew, Fred Finch, Laurie Hawkins, Drea Zigarmi** y **Pat Zigarmi,** es lo que denominamos los socios fundadores de las Compañías Ken Blanchard.

A principios de los años 80, este grupo cambió la teoría original del liderazgo situacional a la del liderazgo situacional II, que es la piedra angular de los programas Blanchard de liderazgo. A estos fundadores fue a quienes recurrí cuando pensé por primera vez en escribir este libro. Sin su estímulo y su importante colaboración, este libro habría seguido siendo un sueño.

Después de que los fundadores se dedicaron al libro, invitamos a varios de otros socios consultores y asociados a unírsenos, debido al papel tan importante que han desempeñado en el desarrollo de nuestro trabajo. Abrazos y un gran aprecio a **Scott Blanchard, Susan Fowler, Judd Hoekstra, Fay Kandarian, Alan Randolph** y **Jesse Stoner,** quienes han hecho grandes contribuciones a este libro.

Otro autor contribuyó mucho a que este libro se volviera una realidad. Sin **Martha Lawrence**, editora *senior* de mi equipo, aún estaríamos hablando del libro. Ella lo hizo ser. Alimentó cada sección, cada capítulo y cada palabra. Martha odia la atención y el reconocimiento, pero no tiene alternativa. Todo el que ha trabajado en este libro la adora y reconoce el importante papel que desempeñó. Martha y yo jamás hubiéramos podido hacer lo que hicimos sin el apoyo de otros miembros de nuestro equipo: **Dottie Hamilt, Anna Espino** y **Nancy Jordan.** Ellas, todas, iluminan mi vida.

Otros dos miembros del equipo Blanchard han sido claves para la creación de este libro. En primer lugar, **Richard Andrews,** un trabajador milagroso cuando se trata de escribir contratos donde todos ganan. No sólo se encarga de que "las cosas sean claras y el chocolate espeso", sino que siempre se asegura de que nuestra propiedad intelectual esté protegida. También quisiera agradecer a **Kevin Small,** un nuevo miembro de nuestro equipo, un genio del marketing que ha sido el director constante y un entusiasta de la distribución de este libro.

Como editor, **Tim Moore** es el sueño de todo autor: brillante, perspicaz y siempre estimulante. Un gran abrazo para ti, Tim, y para tu equipo editor de primera en Pearson/ Prentice Hall: **Russ Hall, Susie Abraham, Amy Neidlinger, Lori Lyons** y **Gloria Schurick.**

He tenido el placer de escribir libros conjuntamente con varios autores. Algunos merecen una mención especial:

Paul Hersey, mi socio en el desarrollo del modelo original del liderazgo situacional que condujo al liderazgo situacional II, el concepto fundamental de nuestra compañía.

Spencer Johnson, mi coautor en *The One Minute Manager,* el libro que catapultó mi carrera y nuestra compañía a un nuevo nivel.

Sheldon Bowles, mi coautor en *Clientes incondicionales: Un enfoque revolucionario para la atención al cliente* y *¡A la carga!: Cómo aprovechar al máximo el potencial de las personas de su empresa,* dos éxitos de ventas que han llevado a nuestra compañía por nuevos rumbos.

Jim Ballard, un socio y escritor clave que trabajó conmigo en *Administración por valores: Cómo lograr el éxito organizacional y personal mediante el compromiso con una misión y unos valores compartidos* (escrito conjuntamente con Michael O'Connor), *Everyone's a Coach* (escrito conjuntamente con Don Shula) y *The Heart of a Leader.* También escribimos juntos dos libros: *¡Bien hecho!: Cómo obtener buenos resultados mediante el reconocimiento* (en coautoría con Thad Lacinak y Chuck Thompkins) y *Clientemanía: Nunca es tarde para construir una empresa centrada en el cliente* (escrito en conjunto con Fred Finch). Jim me ha hecho un mejor escritor y ha sido un constante estímulo espiritual.

Bob Lorber, mi coautor en *Putting the One Minute Manager To Work,* el libro de seguimiento del tema del ejecutivo al minuto, que dio inicio a la correspondiente serie.

Margret McBride, mi coautora en *The One Minute Apology* y la agente literaria que me introdujo en la onda de las publicaciones.

Norman Vincent Peale, mi coautor en *The Power of Ethical Management* y una maravillosa inspiración para mi crecimiento espiritual.

Phil Hodges, mi coautor en *Leadership by the Book* (con Hill Hybels), *The Servant Leader* y *Lead Like Jesus,* libros que dieron inicio a mis textos sobre Jesús como uno de los grandes modelos de liderazgo de todos los tiempos y que condujeron a que fundáramos The Center for Faith Walk Leadership.

Mi trabajo con Paul, Spencer, Sheldon, Jim, Bob, Margret, Norman y Phil se cita a lo largo de todo el libro. Todos han tenido un impacto importante en mi pensamiento y en mi vida.

Sobre los autores

Ken Blanchard

Pocas personas han producido mayor impacto sobre la administración cotidiana de las personas y las compañías que el doctor Ken Blanchard. Autor, conferencista y consultor empresarial prominente, gregario y muy buscado, al doctor Blanchard lo caracterizan universalmente sus amigos, colegas y clientes como uno de los individuos más perspicaces, poderosos y compasivos del sector en la actualidad.

Desde su extraordinario éxito de librería con *The One Minute Manager*®, del cual fue coautor con Spencer Johnson (libro del cual se han vendido más de 13 millones de ejemplares y ha permanecido en la lista de los más vendidos durante 20 años) hasta la biblioteca de obras de las cuales ha sido coautor con Sheldon Bowles (entre ellas los exitosos *Clientes Incondicionales* y *¡A la carga!*), el impacto de Blanchard como escritor es de gran alcance. En julio del 2005, se le incluyó en el Salón de la Fama de Amazon como uno de los 25 autores con mayores ventas de todos los tiempos.

El doctor Blanchard es el director espiritual de las Compañías Ken Blanchard, firma internacional de capacitación en gerencia y de consultoría que él y su esposa, la doctora Marjorie Blanchard, fundaron en 1979 en San Diego. También es profesor visitante en su alma máter, la Universidad de Cornell, donde es miembro emérito del Consejo de Administración. Junto con su esposa, imparte un curso sobre liderazgo en el programa de maestría en liderazgo ejecutivo de la Universidad de San Diego. Fue también cofundador de Lidere como Jesús, una organización sin ánimo de lucro dedicada a inspirar y equipar a las personas para trasladar su fe al mercado.

El doctor Blanchard ha recibido muchos premios y honores por sus contribuciones en los campos de la gerencia, el liderazgo y las conferencias.

Marjorie Blanchard

La doctora Marjorie Blanchard ha ganado amplio prestigio en todo el mundo como convincente conferencista motivacional, consumada consultora e instructora en administración, autora de gran éxito en ventas y empresaria. Recibió, junto con su marido, el doctor Kenneth Blanchard, el premio al empresario del año otorgado por la Universidad de Cornell.

Es coautora de *The One Minute Manager Gets Fit* y *Working Well: Managing for Health and High Performance*. La doctora Blanchard es experta en diversos temas y con frecuencia ofrece conferencias sobre liderazgo, equilibrio, manejo del cambio y planeamiento de vida. Como cofundadora de las Compañías Ken Blanchard, ha trabajado de modo diligente con su esposo en el desarrollo de la compañía hasta convertirla en una de las primeras empresas del mundo en consultoría administrativa y capacitación.

La doctora Blanchard encabeza la Oficina del Futuro de la compañía, un grupo de pensadores encargado de modelar el futuro tanto de la industria del entrenamiento como de la empresa.

Ostenta una licenciatura y una maestría de la Universidad de Cornell, y un doctorado de la Universidad de Massachussets.

Scott Blanchard

Scott Blanchard es autor estimulante, un conferencista motivacional, un consumado instructor corporativo y apasionado defensor del entrenamiento en el sitio de trabajo. Fue cofundador de Coaching.com, un servicio de entrenamiento corporativo y desarrollo personal por Internet. Bajo su liderazgo, su organización está revolucionando el entrenamiento corporativo al ofrecer los servicios más avanzados y accesibles del sector, orientados por la investigación.

Scott Blanchard es vicepresidente ejecutivo de las Compañías Ken Blanchard. Como miembro de la familia y propietario parcial, representa a la "siguiente generación", encargada de conducir a la empresa hacia el futuro. Además, Scott es el principal arquitecto de la alianza estratégica de Blanchard con la Ninth House® Network.

Scott Blanchard se educó en la Universidad de Cornell y recibió su maestría en desarrollo organizacional de la American University de Washington D.C.

Donald K. Carew

El doctor Don Carew es fundador de las Compañías Ken Blanchard y profesor emérito de la Universidad de Massachussets en Amherst. Es un destacado y respetado consultor en gerencia, instructor, educador y autor. Los intereses académicos y de consultoría primarios de Carew han radicado en la colaboración y el trabajo en equipo en las organizaciones, el liderazgo y la creación de equipos y organizaciones de alto desempeño. Mientras se desempeñaba como miembro de tiempo completo del cuerpo docente de la Universidad de Massachusetts entre 1969 y 1994, ocupó la cátedra del programa de posgrado en desarrollo de organizaciones. Como consultor, ha trabajado con decenas de organizaciones de los Estados Unidos, México, Canadá y Europa.

Su interés en el trabajo en equipo y en las organizaciones de alta participación data de su adolescencia, cuando trabajó en dos fábricas distintas. Pronto se percató de que los valores democráticos de la participación, la colaboración y la alta participación estaban ausentes de dichas fábricas. Esta persuasión plantó las semillas de los intereses y estudios de toda su carrera. Tales intereses se hicieron más claros a medida que avanzaba en la universidad y en la escuela de posgrado y desarrollaba vínculos con el NTL (National Training Laboratory) Institute. Su compromiso de por vida con el principio de que *las personas tienen derecho a participar en las decisiones que afectan sus vidas* se fortaleció aun más con un internado posdoctoral en el NTL Institute en Bethel, Maine.

El vínculo de Don Carew con la familia Blanchard data de 1966, cuando él y Ken Blanchard eran jóvenes miembros del cuerpo docente de la Universidad de Ohio e iniciaron una amistad que se ha conservado durante 40 años. Carew pasó a la Universidad de Massachusetts in 1969 y Ken Blanchard se incorporó al cuerpo académico en 1970. Fue allí donde nació la idea de crear una organización en la que *se pudiera trabajar con las personas que amaban y que les importaban, y marcar la diferencia en las organizaciones*. Los ocho fundadores de las Compañías Ken Blanchard, entre ellos los esposos que dieron su apellido a la organización, eran todos docentes o estudiantes de doctorado de la Universidad de Massachusetts a principios de los años 70. Las investigaciones sobre desarrollo de grupo adelantadas por Don Carew y Eunice Parisi-Carew constituyeron factor primario en la decisión de los fundadores de las Compañías Ken Blanchard de variar el modelo de liderazgo situacional, de modo que pudiera utilizarse con grupos y equipos, así como con individuos.

Además de enseñar en la Universidad de Massachusetts, Don Carew ha sido miembro del cuerpo docente de las Universidades Estatal de Trenton, de Princeton y de San Diego. Es coautor de dos éxitos de librería: *The One Minute Manager Builds High Performing Teams*, con Ken Blanchard y

Eunice Parisi-Carew, y *High Five*, con Ken Blanchard, Eunice Parisi-Carew y Sheldon Bowles.

Don tiene licenciatura en administración de empresas de la Universidad de Ohio, una maestría en relaciones humanas de la misma universidad y un doctorado en consejería psicológica de la Universidad de Florida. Es miembro asociado del NTL Institute y psicólogo con licencia de Massachusetts.

Eunice Parisi-Carew

La doctora Eunice Parisi-Carew es consumada consultora e instructora en administración y conferencista motivacional muy solicitada.

Con amplia experiencia en muchas facetas del desarrollo gerencial y organizacional, ha diseñado, dirigido y llevado a cabo proyectos de capacitación y consultoría en una serie de importantes corporaciones estadounidenses, entre ellas Merrill Lynch, AT&T, Hyatt Hotels, Transco Energy Company y el Departamento de Salud, Educación y Bienestar.

Recibió su doctorado en educación en ciencias del comportamiento de la Universidad de Massachusetts y es también psicóloga licenciada del mismo estado.

En la actualidad es investigadora de alto rango de la Oficina del Futuro de las Compañías Ken Blanchard. Su función es estudiar las tendencias en cinco o diez años y sus implicaciones para los líderes, las organizaciones y las prácticas empresariales.

Fred Finch

El doctor Fred Finch es autor de *Managing for Organizational Effectiveness: An Experiential Approach*. Cofundador de las Compañías Ken Blanchard, ha sido consultor y educador en liderazgo de la Universidad de Harvard, Merrill Lynch, IBM, Shell International y muchas otras organizaciones de alto perfil. Recibió su doctorado de la Escuela de Administración de

415

Empresas de la Universidad de Washington. Prestó servicio como profesor de administración y comportamiento organizacional durante 14 años en la Escuela de Administración de la Universidad de Massachusetts en Amherst.

Susan Fowler

Susan Fowler es coautora, con Ken Blanchard, de *Self Leadership and the One Minute Manager*, publicado en 2005.

Ha cimentado un sólido y respetable historial como conferencista de fondo y como innovadora diseñadora e impulsora de productos en el campo de la capacitación para el liderazgo. Recibió el "Premio a una vida de logros" por sus creativos diseños de capacitación, de parte de la Norteamerican Society for Games and Simulations. Como consultora asociada de alto nivel de las Compañías Ken Blanchard, Fowler ha llevado a cabo consultorías para clientes como Pfizer, Harley Davidson, MasterCard, AMF Bowling, Dow Chemical, KPMG, Black & Decker, SC Johnson, TJX Retailers, la National Basketball Association de los Estados Unidos y muchas otras. Con anterioridad, había obtenido amplia experiencia mundial como conferencista en seminarios públicos, trabajando en CareerTrack.

Con Ken Blanchard y Laurence Hawkins, creó —y se convirtió en la principal promotora— del liderazgo situacional II, el mejor de su tipo como programa de autoliderazgo y facultamiento personal. Entre sus publicaciones se encuentran *Overcoming Procrastination*, *Mentoring*, *The Team Leader's Idea-a-Day Guide* (con Drea Zigarmi), y *Empowerment* (con Ken Blanchard). Es profesora adjunta del programa Maestría en liderazgo ejecutivo de la Universidad de San Diego.

Laurence Hawkins

El doctor Laurence Hawkins es uno de los fundadores de la Compañías Ken Blanchard, y consultor en gerencia y conferencista motivacional de renombre internacional. Con Ken Blanchard y Susan Fowler, fue autor del programa de autoliderazgo situacional, que se concentra en el facultamiento y la iniciativa cuando no se es el jefe. También es autor, en compañía de esos mismos autores, de *Self Leadership and the One Minute Manager*, publicado en el 2005.

Hawkins ha concentrado gran parte de su trabajo en el campo aeroespacial, particularmente en Lockheed Martin y McDonnell Douglas, y en gigantes farmacéuticos como Pfizer, Merck y GlaxoSmithKline. Su carrera se ha dedicado a aplicar las pautas Blanchard de liderazgo situacional II, liderazgo situacional de equipos y autoliderazgo situacional en el escenario internacional, concentrándose en Europa, América del Sur y Arabia Saudita. En tiempos más recientes ha enseñado las herramientas, los conceptos y la filosofía del autoliderazgo a clientes de la China y Corea, países donde la obediencia está dando paso con rapidez a una cultura de iniciativa y espíritu emprendedor.

Hawkins recibió su licenciatura en historia y literatura estadounidenses del Williams College y su maestría y doctorado en liderazgo y comportamiento organizacional de la Universidad de Massachusetts en Amherst.

Judd Hoekstra

Judd Hoekstra es uno de los expertos de Blanchard en cambio organizacional y coautor de la metodología de consultoría y el programa de capacitación "Manejo de un cambio". El enfoque de Judd hacia el cambio se basa en un compromiso compartido con el principio de Don Carew de que *las personas tienen el derecho de participar en las decisiones que afectan sus vidas* y el concepto de que *aquéllos que hacen el plan de combate, rara vez combaten el plan.*

Aunque está relativamente recién llegado a las Compañías Ken Blanchard, su impacto en la empresa y sus clientes ha sido inmediato y de largo alcance.

Recibió su licenciatura en administración de empresas y marketing de la Universidad de Cornell y se graduó en el programa avanzado de administración de negocios de la Escuela de posgrado Kellogg de Administración.

Fay Kandarian

La doctora Fay Kandarian ha trabajado como consultora en el campo del cambio organizacional, tanto asociada como independientemente, durante los últimos 20 años. Ha sido socia consultora de las Compañías Ken Blanchard desde 1998.

Su amplia experiencia en líneas de producción, en personal de rango medio y con ejecutivos, proporciona puntos de referencia permanente que informan sus consultorías. Entre las áreas en las cuales es experta se encuentran el cambio de sistemas completos, el entrenamiento de ejecutivos, el planeamiento estratégico, el diseño de intervenciones, el liderazgo y el desarrollo de equipos, las habilidades de comunicación y la consulta de procesos.

Trabajando con sus colegas miembros del equipo de organizaciones de alto desempeño, Jesse Stoner, Eunice Parisi-Carew y Don Carew, ayudó a crear el modelo SCORES para organizaciones de alto desempeño y fue coautora del artículo "High Performing Organizations: SCORES". Utilizando el marco conceptual de dicho modelo, investigó con mayor detalle la manera como los líderes aprenden a guiar a sus organizaciones hacia el alto desempeño.

Obtuvo su licenciatura de la Universidad George Washington y tiene una maestría en administración de empresas de la Universidad de New Haven, así como una maestría y un doctorado en educación de la Universidad de Columbia.

Alan Randolph

El doctor Alan Randolph es educador, investigador y consultor en administración, con amplia experiencia y reconocimiento internacional. Su trabajo se concentra en el facultamiento, el liderazgo, el trabajo en equipo y los problemas de administración de proyectos en organizaciones tanto nacionales como internacionales de los sectores público y privado. Ha trabajado en una diversidad de países, entre ellos, y más recientemente, Perú, el Brasil, la China, Alemania, Francia y Polonia.

El doctor Randolph es profesor de administración y empresas internacionales de la Escuela de Negocios Merrick de la Universidad de Baltimore. También es socio consultor de alto nivel de las Compañías Ken Blanchard.

El doctor Randolph es autor o coautor de varios libros, entre ellos *Go Team!: Take Your Team to the Next Level*, *Checkered Flag Projects: 10 Rules for Creating and Managing Projects that Win!*, *Empowerment Takes More Than a Minute*, y *The 3 Keys to Empowerment: Release the Power Within People for Astonishing Results*. Muchos de sus libros han sido éxitos de librería y se han traducido a muchos idiomas en todo el mundo.

Jesse Stoner

La doctora Jesse Stoner es ampliamente conocida como una de las mayores expertas en visión y liderazgo. Muy respetada consultora y escritora sobre administración, Jesse ha trabajado en estrecho contacto con líderes durante más de 20 años, asesorándolos en la creación de organizaciones en las cuales las personas puedan crecer y hacer contribuciones significativas.

Fue coautora, con Ken Blanchard, del éxito editorial *¡A todo vapor! Cómo liderar el poder de la visión en la empresa y en su vida*. También fue coautora de *Creating Your Organization's Future*, programa que ayuda a los equipos de liderazgo a desarrollar una visión compartida para sus departamentos u organizaciones.

Stoner fue miembro del equipo original de la investigación que indagó sobre las características de las organizaciones de alto desempeño. Ayudó a crear el modelo SCORES para organizaciones de alto desempeño, y fue coautora del artículo "High Performing Organizations: SCORES" y de la evaluación, el perfil SCORES de las organizaciones de alto desempeño.

Jesse Stoner recibió grados avanzados en psicología y un doctorado en desarrollo de organizaciones de la Universidad de Massachusetts.

Drea Zigarmi

Ex presidente de Zigarmi Associates Inc., el doctor Drea Zigarmi es director de investigación y desarrollo de las Compañías Ken Blanchard. Su trabajo ha sido crucial para el éxito de la compañía con sus clientes. Casi todos los productos desarrollados en las Compañías Ken Blanchard en los últimos 20 años tienen en ellos su huella. Fue coautor, con Ken Blanchard, del conocido instrumento "Análisis de comportamiento del líder" y del formato "Análisis de tareas de desarrollo", utilizado en todos los seminarios sobre liderazgo situacional.

Ha sido coautor de tres libros: *The Leader Within: Learning Enough About Yourself to Lead Others, The Team Leader's Idea-a-Day Guide* y *Leadership and the One Minute Manager*.

Recibió su licenciatura en ciencias de la Universidad de Norwich y obtuvo una maestría en filosofía y un doctorado en administración y comportamiento organizacional de la Universidad de Massachusetts en Amherst.

Patricia Zigarmi

La doctora Patricia Zigarmi es fundadora de las Compañías Ken Blanchard, donde trabaja actualmente como vicepresidenta de desarrollo empresarial. Ha contribuido al crecimiento de la firma como vicepresidenta de ventas y marketing y vicepresidenta de servicios de consultoría. Es conferencista, consultora, diseñadora de productos, promotora de desarrollo empresarial, estratega de cuentas, instructora y creadora de equipos al servicio de muchos de los clientes de Blanchard, y es mentora de muchos colegas de esta firma.

Pat es coautora de *Leadership and the One Minute Manager*. También diseñó el producto más importante de Blanchard: liderazgo situacional II. Bajo su dirección se han negociado iniciativas continuadas de capacitación y entrenamiento en liderazgo situacional II con muchas empresas globales y con la mayoría de las compañías de la lista de las 500 empresas reseñadas por la revista *Fortune*. También es autora del programa "Manejo de un cambio", de Blanchard, y de una serie de productos de administración del desempeño sobre "Cómo dar retroalimentación" y "Monitorización y evaluación de desempeño".

Recibió su licenciatura en sociología de la Northwestern University y su doctorado en liderazgo y comportamiento organizacional de la Universidad de Massachusetts en Amherst.

SERVICIOS DISPONIBLES

Durante más de 27 años, The Ken Blanchard Companies®
ha estado en el negocio de ayudar a los líderes y a las
organizaciones a liderar al más alto nivel. Proveedora de
capacitación corporativa y ganadora de múltiples reco-
nocimientos, es líder global en aprendizaje en el sitio de
trabajo, productividad, desempeño y eficacia del liderazgo,
y es conocida por su programa de liderazgo situacional
II, el modelo de liderazgo que más se enseña en el mundo. Debido a su capacidad de ayudar a las personas a
sobresalir como autolíderes y como líderes de otros, el
programa de liderazgo situacional II ha sido adoptado
por compañías de la lista de las mejores 500 reseñada
por la revista *Fortune,* así como por organizaciones de
todos los tamaños.

La misión de la compañía es la de liberar el potencial y
la capacidad de personas y organizaciones pára el bien
mayor. Los programas Blanchard®, basados en la creencia
de que las personas son la clave para el logro de objetivos
estratégicos y el impulso de los resultados empresariales,
desarrollan excelencia en cuanto a liderazgo, equipos,
lealtad de los clientes, manejo del cambio y mejora del
desempeño. Las continuas investigaciones de la compañía
apuntan hacia las mejores prácticas para el desarrollo del
sitio de trabajo, a tiempo que sus instructores y entrenadores, de clase mundial, orientan el cambio organizacional y de comportamiento a todos los niveles y ayudan a
las personas a pasar del aprendizaje a la acción. Algunos
ejemplos de compromisos de sus clientes incluyen:

- Volverse los mejores en su tipo mediante el desarrollo
  y la retención del talento clave
- Alimentar una cultura de liderazgo ético y de principios

- Asegurar el manejo del cambio de tal manera que se haga competitivas a las compañías
- Crear una visión que capte la energía y el compromiso de los colaboradores
- Ayudar a las compañías a desarrollar fortaleza en su liderazgo

Los principios de liderazgo de Blanchard se enseñan mediante programas interactivos que combinan evaluaciones de 360 grados, estudios situacionales de caso, retroalimentación de los pares y alineación con los objetivos nucleares de la empresa. Muchos programas de Blanchard mezclan el uso del aprendizaje por medio s electrónicos con la capacitación dirigida por instructores.

La compañía ha proporcionado las mejores prácticas de entrenamiento y mejoramiento del desempeño en más de 50 países. Para muchos de sus clientes, Blanchard ha ayudado a alinear el aprendizaje y las necesidades de desarrollo con las estrategias de negocios para el impacto organizacional de largo plazo. Los socios consultores de Blanchard están también a disposición para desarrollar iniciativas de entrenamiento, asesorar y dar discursos centrales en eventos en todo el mundo.

Sede global
The Ken Blanchard Companies
125 State Place
Escondido, California, USA 92029
www.kenblanchard.com
+1.800.728.6000 desde los Estados Unidos
+1.760.489.5005 desde cualquier parte